Este libro puede resumirse en tres palabras: impacto espiritual exponencial. Lee y aplica su mensaje y tendrá un impacto en tu vida, en las vidas de las personas en las que influyas y en las de muchos otros a los que, a su vez, dar forma para Cristo. *Discípulos Orgánicos* presenta un plan bíblico para cambiarte a ti mismo, a tu iglesia, a tu comunidad y, en última instancia, al mundo.

—Mark Mittelberg,
director ejecutivo del Lee Strobel Center for Evangelism and Applied Apologetics; autor de *Contagious Faith*

Llevo mucho tiempo confiando en el brillante liderazgo en evangelización de Kevin y Sherry Harney. No podría estar más emocionada por su última contribución sobre la conexión holística del discipulado y la evangelización en la iglesia de hoy. Esta obra debería haberse publicado hace mucho tiempo, y no hay nada que se le parezca. Es una obra imprescindible para tu biblioteca ministerial.

—Michelle T. Sánchez,
ministra ejecutiva de Make and Deepen Discilpes,
Evangelical Covenant Church

En un mundo con tanta confusión sobre lo que significa ser un discípulo de Jesús, los Harney no solo arrojan luz, sino que exponen principios y prácticas bíblicas que pueden conducirnos hacia la vida fructífera que anhelamos. Muchos no han visto (ni vivido) la íntima conexión entre la evangelización y el discipulado. *Discípulos Orgánicos* llena este gran vacío.

—Kevin Palau,
presidente de la Asociación Luis Palau

Kevin y Sherry Harney son algunos de los líderes eclesiásticos más genuinos, fieles, llenos de fe y eficaces que conozco. He tenido el privilegio de ver sus corazones y el impacto de su ministerio de primera mano. Cuando hablan, escucho. Son un pozo profundo de verdad y gracia vividas. Crezcamos todos como discípulos orgánicos más eficaces sumergiéndonos juntos en este nuevo e importante libro.

—Craig Springer,
autor de *How to Follow Jesus* y *How to Revive Evangelism*;
director ejecutivo de Alpha USA

¡Me encanta este libro! Es uno de los libros sobre el discipulado más inspiradores y prácticos que he leído nunca. No se trata de una fórmula ni de un sistema, sino que agita tu corazón para que se acerque más a Jesús y a su amor por las personas. Los Harney nos recuerdan que el evangelismo y el discipulado nunca se divorciaron. Están casados y destinados a trabajar en unión a través de la vida del creyente y de la Iglesia. El trenzado de los autores entre la oración, la adoración y la acción guiada por el Espíritu te impulsará en tu día a día y al crear a otros discípulos.

—Nancy Grisham, PhD,
autora de *Thriving*; exmiembro facultativa de Wheaton College

Kevin y Sherry Harney aman al Señor Jesucristo y piensan estratégicamente como multiplicadores de fuerza. *Discípulos Orgánicos* está cuidadosamente diseñado para multiplicar eficazmente la fuerza para el Señor Jesucristo.

—Teniente general Eric P. Wendt (retirado),
Ejército de los Estados Unidos, Fuerzas Especiales*

Durante mucho tiempo, parece que muchos en la Iglesia han enfrentado al discipulado y a la evangelización. En muchas iglesias, parece que se pone más énfasis en el discipulado en detrimento del evangelismo. Sin embargo, como señalan con razón Kevin y Sherry Harney, cuanto más se parezcan los evangélicos a Jesús, más se comprometerán con la misión de Jesús. Mi esperanza y mi oración es que la Iglesia global adopte la visión bíblica expuesta en este libro.

—Josh Laxton, PhD,
codirector del Wheaton College Billy Graham Center;
codirector regional del Lausanne Movement North America

Discípulos Orgánicos ofrece una forma sencilla de ayudar a tu iglesia a levantar y multiplicar sus discípulos. Los siete marcadores proporcionan un lenguaje útil y claro para evaluar dónde os encontráis tú y tu iglesia en vuestro viaje del discipulado, así como para identificar las oportunidades de enseñar y crecer. Me encanta que este libro y, además de estar enraizado teológicamente y basado en la investigación con cientos de iglesias y ministerios, crea el puente entre el discipulado y la evangelización que a menudo se pierde. Este libro te invita no solo a profundizar en tu viaje del discipulado, sino también a ser un discípulo cuyo corazón se sacrifique por la gente que le rodea.

—Eliza Cortés Bast,
pastora; supervisora de Compromiso Misionero Local e Iniciativas Ministeriales Estratégicas, Reformed Church in America

* Esta recomendación es la opinión del teniente general (retirado) Wendt y no implica la recomendación del Departamento de Defensa, del Ejército de EE. UU. o de las Fuerzas Especiales del Ejército de EE. UU.

Al igual que hicieron con el evangelismo con la serie de libros *Organic Outreach*, Kevin y Sherry Harney aportan una aplicación práctica al discipulado tal y como debía ser. *Discípulos Orgánicos* expone el eslabón perdido entre el discipulado y la evangelización, trazando un camino que conduce a los evangélicos a través de uno con el resultado del otro, exactamente lo que Jesús demostró en la Biblia.

—Walt Bennett,
presidente de Organic Outreach International

Me gusta cómo Kevin y Sherry reúnen el evangelismo y el discipulado, creando un enfoque natural, paso a paso, para cumplir la Gran Comisión. A través de las historias de Jesús, mantiene la Biblia como libro de texto, mientras que sus historias personales lo hacen práctico. Este libro es increíblemente valioso.

—Anita Eastlack,
directora ejecutiva de Church Multiplication,
Wesleyan Church

Conozco a Kevin y a Sherry desde hace más de dos décadas, y confío en ellos para que guíen a los evangélicos hacia un discipulado más profundo y para que lleven con valentía al mundo las buenas noticias de Jesús que tanto cambian nuestras vidas. Discípulos Orgánicos te ayudará a hacer ambas cosas.

—Lee Strobel,
autor de *Case for Heaven y del*

Discípulos orgánicos

Otros libros de Kevin y Sherry Harney

LIBROS DE LA TRILOGÍA ORGANIC OUTREACH

Organic Outreach for Ordinary People
Organic Outreach for Churches
Organic Outreach for Families
Evangelismo Orgánico para Todos
Evangelismo Orgánico para Iglesias

LIBROS DE KEVIN Y SHERRY HARNEY

No Is a Beautiful Word
Praying with Eyes Wide Open
Leadership from the Inside Out
Seismic Shifts
Finding a Church You Can Love
The U-Turn Church
Reckless Faith
Empowered by His Presence

Discípulos
orgánicos

SIETE FORMAS DE CRECER ESPIRITUALMENTE
Y COMPARTIR A JESÚS NATURALMENTE

Kevin G. Harney y
Sherry Harney

XULON PRESS

Xulon Press
2301 Lucien Way #415
Maitland, FL 32751
407.339.4217
www.xulonpress.com

Paperback ISBN-13: 978-1-6628-4737-0
Ebook ISBN-13: 978-1-6628-4738-7

Dedicamos este libro a los cientos de personas que nos han cogido de la mano a lo largo de los años y nos han ayudado a ascender en el viaje de parecernos más a Jesús. De maneras grandes y pequeñas, nos habéis mostrado cómo es seguir al Salvador y nos habéis enseñado a ayudar a otras personas a hacer lo mismo.

Son demasiadas personas para mencionarlas a todas, pero hay algunas que han invertido años o décadas en nuestro viaje espiritual. Algunas siguen llevándonos de la mano hasta el día de hoy. Otras están con la gran hueste de testigos animándonos desde el cielo. Por todos vosotros estamos eternamente agradecidos.

Yo (Sherry) dedico este libro a todos aquellos que se han volcado significativamente en mi viaje espiritual, como Sherwin y Joan Vliem, Larry y Marilyn Vliem, Chuck y Jean Van Engen, Elaine Garvelink, Alice Berry, Maria Nyitray, Lucille Patmos, Gayle Deur, Nancy Kreer y Marilyn Hontz.

Yo (Kevin) dedico este libro a los hombres que han invertido graciosamente en mi vida de fe a través de la tutoría y el discipulado, como Doug Drainville, Dan Webster, Jon Byron, Chuck Van Engen, Ron Geschwendt, Warren Burgess, John Schaal, Karl Overbeek y Paul Ceda.

Índice

Agradecimientos

De más de treinta años de ministerio y escritura eclesiásticos, después hemos aprendido que todo es mejor cuando se hace en comunidad. Este libro existe gracias a cinco importantes equipos de personas.

El primero es un grupo fiel de servidores que han ministrado juntos en la iglesia Shoreline de Monterey, California. Este grupo de líderes nos ha ayudado a desarrollar, perfeccionar e implementar los siete marcadores de madurez espiritual. Son Walt Bennett, Greg Broom, Donna Brown, Nate Harney, Zach Harney, Danny Killough, Keith Krueger, Kim McDonald, Dennis McFadden, Roy Pina, Romel Retzlaff, Tyler Smith, Ben Spangler, Shawn Stroud y Nate Tibbs. También queremos dar las gracias a Jacob Perl por su trabajo en el desarrollo de los siete íconos del marcador espiritual. A cada uno de vosotros: vuestra contribución ha tocado más vidas de las que os imagináis a través del ministerio de la Iglesia Shoreline y ahora a través del impacto en el reino de este libro y todos sus recursos relacionados.

El segundo equipo es la familia de Organic Outreach International. Walt Bennett, Tom Green, Robin Maguire y su equipo de voluntarios han sido creativos, apasionados y fervientes con el oró mientras equipaban a los líderes globales para compartir el Evangelio. Nuestros socios y líderes internacionales nos han ayudado a entender lo universales que son estos conceptos en todas las culturas: Steve Murray (Nueva Zelanda), Sudhir Mekala y Jayakumar Garnipudi (India), Che Ko y Va Bi (Myanmar), David Okeyo (Kenia), Peter Rozghon (Ucrania) y otros sacrificados líderes de la Iglesia. Dos pastores importantísimos en Estados Unidos que nos han ayudado a probar cosas nuevas y a seguir perfeccionando nuestro trabajo son Jeff Ludington y Ken Korver.

El tercer equipo son nuestros increíbles socios de Zondervan. Es .asombroso pensar que llevamos tres décadas sirviendo juntos a través de la publicación. Ryan Pazdur, eres un amigo, un hermano y un brillante ejemplo de búsqueda de la excelencia en todas las cosas para la gloria de Jesús. Tu sabiduría y tu corazón por el Evangelio han ayudado a dar forma al mensaje de este libro. Brian Phipps, tu atención al detalle editorial nos inspira y nos da la confianza de que el producto final es siempre mejor que cuando pusiste tus ojos en él. Steve Norman, gracias por revisar y corregir el manuscrito con integridad bíblica y el ánimo de un corazón de pastor. Jesse Hillman y Alexis De Weese, gracias a ambos por ayudarnos a compartir el mensaje de *Discípulos Orgánicos*.

El cuarto grupo de personas son líderes denominacionales y personas influyentes a nivel mundial que han entablado numerosas conversaciones con nosotros sobre la necesidad de recursos que unan el discipulado y la evangelización. Nos han animado y desafiado a escribir este libro y les agradecemos su colaboración en el Evangelio. Algunos de estos líderes son Mark Bane (Church of the Nazarene), Eliza Bast (Reformed Church in America), Anita Eastlack y Kim Gladden (Wesleyan Church), Wes y Claudia Dupin (Daybreak Church), Kevin Palau (Luis Palau Association), Craig Springer (Alpha USA), Michelle Sanchez (Evangelical Covenant Church), Ed Stetzer y Josh Laxton (Wheaton College Billy Graham Center), la junta directiva y los líderes de Living Stones, Nueva Zelanda, y muchas otras personas que nos han inspirado.

El quinto y último equipo son todas las personas que nos han guiado y discipulado y que han invertido en nuestras vidas espirituales a lo largo de los años. Son demasiadas como para nombrarlas a todas, pero su influencia puede verse en casi todas las páginas de este libro.

Prefacio

Un sueño nacido en el corazón de Dios:
Discípulos Orgánicos

Imagina un mundo en el que cada persona que sigue a Jesús crece en madurez espiritual cada día. Imagínate los barrios, los colegios, los lugares de trabajo y todos los entornos en los que entras y que están influenciados por evangélicos que aman, oran y sirven a los que aún no han encontrado al Salvador.

Cada evangélico es un misionero apasionado allí donde se encuentra.

Cada joven creyente en edad escolar orando fielmente para que sus amigos conozcan al Salvador.

Cada adolescente que conoce a Jesús se compromete a amar a sus amigos en el nombre de Jesús.

Todos los matrimonios jóvenes modelan la fe y la fidelidad a sus compañeros de trabajo, vecinos, amigos e hijos.

Cada persona tiene un único objetivo: hacer brillar la luz de Jesús en un mundo oscuro.

Cada nido vacío aprovecha su tiempo y experiencia para llevar la buena noticia del Salvador a su vecino de al lado, a su familia y a los confines de la tierra.

Toda persona mayor amante de Jesús está tan enamorada del Salvador que se siente obligada a compartir su historia y su fidelidad con las personas que encuentra.

El sueño de Dios es asombrosamente sencillo, pero rara vez se realiza. A veces, cuanto más aprendemos los evangélicos, crecemos y nos involucramos en las actividades de la Iglesia, menos nos movemos en el mundo con el amor de Jesús. Para algunos, cuanto más aprenden sobre Jesús, menos hablan de Él con personas que aún no son sus seguidores.

El sueño de *Discípulos Orgánicos* es ayudar a los evangélicos a madurar en Jesús y a hacer brillar su luz en el mundo en cada paso del camino, para que cada creyente, sea cual sea su edad o su lugar de desarrollo espiritual, lleve la gracia, la verdad y las buenas noticias de Dios al mundo. Cuanto más cerca caminemos con Jesús, más cerca debemos caminar con los perdidos de este mundo para que ellos también experimenten las buenas noticias de Jesús el Mesías.

Fundamentos

Tres preguntas épicas

CAPÍTULO 1

¿Cómo sé que estoy creciendo como discípulo?

¿Cómo sabíamos que estábamos creciendo cuando éramos niños? En mi casa (la de Kevin), era sencillo. Todo lo que teníamos que hacer era mirar lo que estaba escrito en la pared. Mi familia tenía una tradición anual. Nuestro padre nos ponía contra la pared del garaje y colocaba una regla sobre nuestras cabezas y hacía una marca en la pared. Junto a la marca, escribía nuestras iniciales y la fecha. Esta tradición creaba una crónica de nuestra estatura. Podíamos escudriñar la pared y ver cuánto había crecido cada uno de nosotros de año en año.

Celebramos el crecimiento. Si no hubiéramos cambiado, nuestros padres se habrían preocupado. Había algo maravilloso en ver, reconocer y regocijarse en el viaje de crecer.

¿Cómo sabemos que estamos creciendo en madurez espiritual?

¿Cómo podemos calibrar si estamos dando pasos adelante para parecernos a Jesús? ¿Es posible ver nuestro carácter y estilo de vida transformados por la presencia y el poder del Salvador?

Cuando llevamos el nombre de Cristo, estamos en un viaje para parecernos más a Jesús. Nuestro estilo de vida, nuestras actitudes, nuestros motivos, nuestras palabras, nuestros sueños y nuestras metas los moldea el soberano del universo. Si lo piensas, ¡es una realidad asombrosa!

¿Cómo podemos alimentar este crecimiento? ¿Qué podemos hacer para asociarnos con Dios y parecernos más a su amado Hijo, Jesús?

Antes de hablar de las prácticas espirituales que nos ayudan a parecernos a nuestro Salvador, debemos mirar en nuestro corazón. Si adoptamos todos los comportamientos correctos, pero nuestro carácter

1

no se parece en nada a Jesús, la hipocresía se apodera de nuestras vidas. Somos fariseos modernos que hablan y hasta caminan, pero nuestros corazones están lejos de Jesús.

El fruto del Espíritu: un paraguas sobre la madurez espiritual

Amor Alegria Paz
Tolerancia Bondad Fidelidad
Mansedumbre Autocontrol

Compromisso Bíblico	Servicio Humilde
Oración Apasionada	Generosidad Alegre
	Comunidad Consistente
Adoración Incondicional	Evangelismo Orgánico

El fruto del Espíritu enumerado en Gálatas 5:22-23 no es opcional ni intercambiable. Sin el fruto del Espíritu creciendo en nosotros, dar pasos hacia adelante en la madurez espiritual se convierte rápidamente en un ejercicio legalista. Si leemos la Biblia todos los días y estudiamos las Escrituras con diligencia para poder alardear de nuestros conocimientos o ganar discusiones con los no creyentes, la disciplina del estudio de la Biblia no nos hará crecer para parecernos más a Jesús. En realidad, se convierte en repulsivo para el Salvador. El compromiso bíblico, cuando no está guiado por el fruto del Espíritu, puede dañar nuestro crecimiento. De la misma manera, si oramos para impresionar a los demás, nos parecemos menos a Jesús.

Cuando nuestras prácticas espirituales están supervisadas por el fruto del Espíritu, nos moldean a la semejanza de nuestro Señor. El fruto del Espíritu es como un paraguas.

Los nueve frutos del Espíritu tienen que ver con nuestro carácter y rigen nuestro proceso de maduración.

En las siguientes secciones de este libro, profundizaremos en siete indicadores bíblicos de madurez espiritual. Se trata de prácticas que todo evangélico debe llevar a cabo con regularidad. Cada una de ellas nos ayuda a parecernos más a Jesús. También nos impulsan a salir al mundo con el amor, la gracia y la verdad de Jesús. Pero si nos lanzamos directamente a los siete marcadores de la madurez espiritual sin abordar la necesidad de crecer en el carácter de nuestro Salvador, podemos acabar allanando el camino hacia un legalismo radical y un orgullo paralizante. En lugar de parecernos más a Jesús y atraer al mundo hacia el Salvador, podríamos acabar llenos de arrogancia espiritual, competencia religiosa y sentimientos de superioridad. Si el Espíritu no nos hace crecer y nos guía, podríamos acabar alejando a la gente de la única esperanza de salvación.

He aquí los nueve rasgos bíblicos del carácter que deben guiar nuestro crecimiento en la madurez espiritual: "Pero el fruto del Espíritu es amor, alegría, paz, paciencia, bondad, fidelidad, mansedumbre y autocontrol. Contra tales cosas no hay ley" (Gal. 5:22-23).

Cuando el fruto del Espíritu florece en nosotros, todos los aspectos de nuestra vida espiritual se fortalecen. Veremos los siete indicadores de madurez espiritual más adelante en este capítulo, pero necesitamos el fruto del Espíritu para nuestro viaje. Cuando el fruto del espíritu florece en nosotros, la comunidad cristiana se llena de gentileza y amabilidad. El servicio se ofrece con alegría. La generosidad se extiende con un corazón lleno de paz y confianza en el Dios que cuida.

Cuando llevamos el nombre de Jesús y somos conocidos como evangélicos, tenemos el potencial de elevar al Salvador y darlo a conocer. Podemos vivir de forma que atraigamos a la gente al corazón de Dios. Pero si se nos conoce como evangélicos y nuestro carácter y estilo de vida no reflejan la gracia de Jesús, damos a la gente una razón fácil para rechazar las pretensiones del Salvador.

Somos sus embajadores. Los portavoces de Dios. La presencia de Jesús en un mundo que necesita desesperadamente ver el rostro del Salvador. La verdad es que ninguno de nosotros es el ejemplo que queremos ser. Todos nos quedamos cortos de fuerzas. Pero con el poder infinito del Espíritu Santo, podemos crecer para parecernos, hablar, pensar, sentir y vivir más como Jesús. En un mundo oscuro, incluso una pequeña luz brilla con fuerza.

La madurez espiritual nos lleva al mundo con Jesús

Jesús siente pasión por los que están perdidos. Todo evangélico fue una vez una oveja descarriada. Jesús vino a buscarnos. Estábamos perdidos y, luego, con una gracia asombrosa, fuimos encontrados. El corazón de

Jesús late por los que aún no han entendido su evangelio y no han abrazado su don de la salvación. Cuanto más cerca caminemos de Jesús, más se romperá nuestro corazón por los perdidos y más se orientará nuestra vida hacia los que aún vagan.

Si crees que tu madurez espiritual se basa solo en la asistencia a la iglesia, el conocimiento bíblico y la ofrenda económica ocasional, hay mucho que aprender. La madurez consiste en parecerse más a Jesús, pensar como el Salvador, sentir con su corazón y seguir sus caminos. La declaración de la misión personal de Jesús era buscar y salvar a los perdidos. Por eso se despojó de sí mismo y vino a este mundo (Filipenses 2; Marcos 10:45).

Los marcadores de la madurez espiritual

En 2013, un equipo de líderes de la Iglesia Shoreline que ministra a niños, adolescentes, jóvenes adultos, parejas, hombres, mujeres y ancianos, estudió las Escrituras y discutió qué indicadores bíblicos nos ayudan a ver si una persona está creciendo en la fe. Ansiábamos identificar los comportamientos y las prácticas que marcan la vida de un evangélico en crecimiento y que se aplican a todas las edades y ámbitos de la vida. Nos preguntamos: "Si estamos creciendo como discípulos, ¿qué indicadores deberían ser evidentes en nuestras vidas?"

Con el tiempo, refinamos nuestra lista y empezamos a compartirla con líderes de nuestra comunidad, de la nación y del mundo. La respuesta fue contundente. Llegamos a siete marcadores principales de crecimiento:

- *Compromiso Bíblico:* aprender a conocer, amar y seguir las enseñanzas de la Escritura
- *Oración Apasionada:* aumentar nuestra capacidad de hablar con

Dios, escuchar a Dios y buscar a Dios con los demás

- *Adoración Incondicional:* desarrollar corazones, labios y vidas que celebren la gloria y la bondad de Dios
- *Servicio Humilde:* extender los actos de bondad y servicio en nombre de Jesús

- *Generosidad Alegre:* reconocer que todo lo que tenemos es un regalo de Dios y aprender a compartir libremente lo que tenemos
- *Comunidad Consistente:* amar al pueblo de Dios y conectar con él regularmente
- *Alcance Orgánico:* compartir la buena noticia de Jesús en el flujo de la vida normal

El desarrollo de cada uno de estos marcadores nos lanza hacia la madurez espiritual. Si queremos dedicarnos plenamente a crecer para ser como Jesús, necesitamos los siete.[1]

Una receta, no un menú

Los restaurantes son divertidos porque podemos ver el menú y elegir lo que más nos apetezca. En un restaurante italiano, podemos cenar espaguetis, raviolis, pollo marsala, pasta con marisco o algún otro plato que dé en el clavo de lo que anhelan nuestras papilas gustativas. Hay algo maravilloso en elegir lo que nos gusta y evitar lo que no.

Pero cuando se trata de la madurez espiritual, Dios no nos da un menú para elegir. Nuestro Creador nos da sabiamente una receta para la madurez espiritual.

Los siete marcadores son los ingredientes de Dios para el crecimiento. No podemos elegir entre ellos.

Cuando nos dan una receta, la idea es seguirla e incluir todos los ingredientes. Si haces las famosas galletas de chocolate de la abuela, pero utilizas almendras en lugar de nueces, y pasas en lugar de pepitas de chocolate, puede que estés haciendo galletas, pero no estás haciendo las famosas galletas de chocolate de la abuela.

Cuando desarrollamos cada uno de los siete marcadores, nos movemos hacia arriba, hacia Dios, hacia dentro, hacia su familia y hacia fuera con las buenas noticias de Jesús. A lo largo de este libro, verás la íntima conexión que existe entre el discipulado (crecimiento espiritual) y el evangelismo (alcanzar el amor de Dios). A medida que leas cada sección, serás desafiado a adorar a Dios con una nueva pasión, a crecer más profundamente como seguidor de Jesús y a compartir las buenas noticias de Jesús de formas nuevas y naturales. A medida que esto ocurra, crecerás. No verás marcas en la pared del garaje con tus iniciales al lado, pero verás un amor creciente por Dios, un compromiso cada vez mayor con las prácticas que conectan tu corazón con Jesús y una asociación cada vez más profunda con el Espíritu Santo para llevar el evangelio a un mundo perdido y roto.

CAPÍTULO 2

¿Es más importante el discipulado que mi relación con Jesús?

S i viajamos solos por esta vida, no estamos en el viaje que Jesús ha planeado para nosotros. El aislamiento y la independencia no son el deseo de Dios. La conexión y la interdependencia son su pasión. ¿Por qué pasó Jesús tanto tiempo con las multitudes, los doce y los tres (Pedro, Santiago y Juan)? ¿Por qué se apresuró Jesús a enseñar a los demás? ¿Será que el discipulado es mucho más grande que nuestra conexión con Jesús?

Todo seguidor de nuestro Señor que quiera crecer en la fe caminará por la vida encerrado de la mano y de corazón a corazón con otras personas. La comunidad es el diseño de Dios, y la fe más rica se forja en la relación con los demás. Todos necesitamos al menos un evangélico en nuestra vida que sea más maduro que nosotros. Esta persona puede ayudarnos a avanzar con oraciones, ánimos, palabras desafiantes y exhortaciones.

Generación 1: necesitamos un mentor espiritual

Como flamante seguidor de Jesús, yo (Kevin) era un estudiante que sacaba malas notas en el instituto. Mi nota media era un 0,75, muy deficiente. Crecí en un hogar sin fe cristiana. Nadie invirtió en mi crecimiento espiritual. El ateísmo intelectual fue el útero en el que me formé. Esta visión del mundo puede crear una vida solitaria para un alumno de instituto.

Por la gracia de Dios, dos chicos muy mayores (estudiantes universitarios) me tomaron de la mano y me ayudaron a avanzar. Puedes llamarlo discipulado, tutoría, amistad o simplemente ayudarme a conocer a Jesús. El término no importa. Lo que importa es que Doug y Glenn eran tipos a los que respetaba y que invirtieron tiempo, atención y sabiduría en mí. Ellos mismos eran niños: ambos eran creyentes bastante nuevos, apenas unos años mayores que yo, pero su atención y su amistad fueron un salvavidas en mi primer viaje con Jesús. Se hicieron amigos míos y empezaron a discipularme incluso antes de que yo fuera un seguidor de Jesús.

Hoy en día tengo dos hombres piadosos que todavía me toman de la mano y me ayudan a crecer. Cada uno de ellos habla conmigo por teléfono con regularidad y me hace rendir cuentas como pastor, líder, marido, padre y vecino. Karl Overbeek es un ministro jubilado de la Reformed Church, y Paul Cedar es también un pastor jubilado que fue líder de la Evangelical Free Church. Ya no tengo quince años. Llevo siendo pastor durante más de tres décadas y ahora soy abuelo. Pero sigo necesitando personas en mi vida que me ayuden a avanzar en mi camino de la fe.

Dios ha puesto en nuestras vidas a personas que pueden tomarnos de la mano y ayudarnos a avanzar, si se lo permitimos. Al igual que los alpinistas que saben que tienen más posibilidades de llegar a la cima si escalan acompañados, nunca debemos viajar solos. Es sabio tener personas en nuestras vidas que posean sabiduría espiritual, que nos enseñen y que modelen cómo es caminar con Jesús a través de las alegrías y los desafíos.

Generación 2: somos responsables de nuestro crecimiento espiritual

Con una mano, nos acercamos y permitimos que alguien nos ayude a avanzar e invierta en nuestro viaje espiritual. Pero no esperamos que esa persona sea la única que nos mantenga en el camino. A medida que el fruto del Espíritu crece en nosotros y desarrollamos los siete marcadores de madurez espiritual, estamos llamados a atender nuestros propios caminos de la fe.

En este libro, examinaremos detenidamente estos indicadores de madurez espiritual y aprenderemos a dar pasos diarios hacia adelante. Con el fruto del Espíritu gobernando nuestro proceso de crecimiento, podemos ascender por el camino para parecernos más a nuestro Salvador.

Generación 3: estamos llamados a invertir en los viajes de los demás

Por un lado, conectamos con un evangélico maduro e invitamos a Dios a utilizar a esa persona en nuestro camino de crecimiento espiritual. Además, nos tomamos en serio nuestro papel en el desarrollo de estilos de vida y prácticas que nos ayuden a crecer en la fe. Pero luego, con la otra mano, devolvemos la mano en el papel sagrado de discipular, orientar, entrenar, ayudar o invertir en la vida de alguien que es más joven en la fe.

Cuando lo hacemos, son bendecidos y fortalecidos. Además, crecemos cuando les ayudamos a aprender la Palabra de Dios, a profundizar en la oración, a adorar con nueva pasión, a encontrar un lugar de servicio, a aprender a ser generosos, a descubrir su lugar en la Iglesia y a compartir la historia de Jesús que cambia la vida.

Esta es una imagen bíblica de un seguidor de Jesús: una persona con una mano creciendo en la fe y su otra mano extendida por debajo y agarrando a alguien que necesita madurar en su fe. ¿Ves la imagen?

¿Puedes imaginar estas tres hermosas generaciones de fe subiendo juntas? ¿Sientes la emoción y la gloria de Dios que se desatan cuando cada creyente es ayudado en su fe (discipulado), asume la responsabilidad de su propio crecimiento (ser discípulo) e invierte en otra persona (discipulado)?

Poco después de convertirme en seguidor de Jesús, Doug y Glenn me dijeron que debería discipular a otra persona. Ahora, ten en cuenta las circunstancias. Solo tenía dieciséis años y llevaba menos de un año como evangélico. Leía la Biblia a diario y estaba aprendiendo a orar, ofreciéndome como ayudante en el grupo de jóvenes de la iglesia, pero aún era muy joven en mi fe. Sin embargo, Dios me trajo a un joven que iba un año por detrás de mí en el colegio y que aún no era seguidor de Jesús. Venía al grupo de jóvenes y era bastante alocado. Empecé a hacer lo que Doug y Glenn habían hecho por mí. Fui un amigo para él. Intenté ser un modelo de Jesús para él (en retrospectiva, mis esfuerzos parecen un poco humorísticos.) Le animé a leer la Biblia y a hacerme preguntas. Al cabo de cinco o seis meses, se convirtió en un seguidor de Jesús. Su historia fue una montaña rusa de altibajos. Este joven, nuevo creyente al que estaba "discipulando" tenía un hermano que era traficante de drogas y le estaba enseñando el "negocio familiar". Cuando este nuevo creyente en edad de instituto oró para recibir a Jesús, se sintió convencido de que no debía traficar con drogas. Se acercó a mí y me dijo "Oye, creo que ya no debería traficar con drogas, pero quizá podría vender lo que aún tengo y dar el dinero a la iglesia". Me miró y me preguntó sinceramente: "¿Qué piensas?".

Le devolví la mirada y le pregunté: "¿Qué te parece a ti?" Pensó y dijo: "¡Creo que debería tirar todo por el retrete!". Afirmé su audaz sabiduría.

La siguiente vez que lo vi, parecía que se había peleado y, claramente, había perdido.

Bajó la mirada, luchando contra las lágrimas. "¡Mi hermano me pegó fuerte!" Me explicó que, cuando su hermano se enteró de que se había hecho evangélico y había tirado las drogas por el retrete, le dio una paliza.

Hablamos, Oramos, y sentí la presencia del Espíritu de Dios en ese santo momento. Le pregunté "Si supieras que tu hermano iba a ganarte, ¿habrías tirado igual de la cadena?".

Me miró a través de las lágrimas y con una mirada inquebrantable dijo firmemente "¡Lo volvería a hacer!"

Sabía que estaba mirando a los ojos de un discípulo de Jesús. Solo llevaba unas semanas en su camino de la fe y ya había tomado su cruz, se había negado a sí mismo y había seguido a su Salvador.

Me sentí humilde e inspirado a vivir con más audacia para Jesús. Tomar la mano de este chico y ayudarle a avanzar en su viaje espiritual hizo crecer mi fe. Aprendí que una de las alegrías de ayudar a una persona a caminar más fielmente con Jesús es que Dios te inspira, te desafía y te hace crecer. Eso me ha ocurrido innumerables veces a lo largo de los años.

Cuatro generaciones de discipulado

En un pequeño versículo, el apóstol Pablo presenta una poderosa imagen de cuatro generaciones de crecimiento espiritual. Escribiendo a su protegido, Timoteo, le dice "Y lo que me has oído decir en presencia de muchos testigos, encomiéndalo a personas de confianza que también estén capacitadas para enseñar a los demás" (2 Tim. 2:2). Llamemos a esto el "estilo de vida 2-2-2". Esta es la imagen. Todo seguidor de Jesús debe comprometerse con al menos cuatro generaciones de fe todo el tiempo:

- *Generación 1:* invitamos o permitimos que un creyente más maduro nos ayude a crecer en la fe.

- *Generación 2:* nos ocupamos de nuestros propios viajes de fe y crecimiento espiritual.

- *Generación 3:* tomamos la mano de una persona que necesite crecer en la fe.

- *Generación 4:* educamos y equipamos a la persona de la generación 3 para que viva de esta misma manera y para que ayude a otra persona a crecer en su relación con Jesús.

¿Puedes ver las cuatro generaciones del discipulado al leer este versículo? Léelo despacio y deja que Dios te aclare su visión para tu vida: "Y lo que me habéis oído decir en presencia de muchos testigos, confiadlo a personas de confianza que también estén capacitadas.

- *Generación 1:* Pablo enseña e invierte en Timoteo, un joven pastor.
- *Generación 2:* Timoteo recibe la influencia de Pablo y crece como seguidor de Jesús.
- *Generación 3:* Timoteo confía lo que está aprendiendo a otras personas de confianza.
- *Generación 4:* estas personas de confianza enseñan a otras.

¡Esta cadena de discipulado es poderosa! ¡Es una cadena mundial! Es el plan de Dios para ti y para mí y para cada seguidor de Jesús.

Generación 4: estamos llamados a invertir en otras personas que seguirán a Jesús

Cuando Pablo pinta el cuadro de cuatro generaciones de discipulado, la cuarta generación no pretende ser la definitiva. Es una imagen de la influencia espiritual continua de generación en generación hasta que Jesús vuelva. Mientras Timoteo discipula a otras personas, los educa para que hagan lo mismo. Toman otra mano y ayudan a la persona de abajo a subir a la cima del crecimiento espiritual.

Cuando los seguidores de Jesús adoptan este enfoque de la vida, ¡el crecimiento será imparable! Te preguntarás "¿Qué puedo enseñar a otra persona? ¿Cómo puedo ser un ejemplo? ¿Qué habilidades, estilo de vida y pasos debo seguir? Las siete secciones principales de este libro responderán a esas preguntas.

La belleza de la fe familiar

Mi viaje (el de Sherry) ha sido bastante diferente al de Kevin. Crecí en una familia saturada de amor a Dios, compromiso con la Iglesia y participación en la misión de Jesús. Mis padres, Sherwin y Joan Vliem, amaban al Señor y procuraron criarme en la fe desde el momento en que nací. Mis padres sirvieron fielmente en nuestra iglesia. Ambos enseñaron en la escuela dominical para niños y jóvenes durante muchos años. No tenían mucho dinero, pero daban con alegría y fe. Iban a la iglesia todos los domingos y nos educaron a mí y a mis hermanos para que hiciéramos lo mismo. Teníamos devociones en familia en la mesa cada noche. Dieron ejemplo de oración durante todo el día.

Cuando Kevin y yo comenzamos una familia, construí sobre los cimientos que ya tenía de mis padres. Me habían discipulado durante todos los años que viví en su casa y siguen teniendo una influencia significativa en mi fe a día de hoy. Kevin y yo nos unimos para hacer todo lo posible por dirigir a nuestros tres hijos hacia Jesús. Por la gracia de Dios, cada uno de nuestros hijos llegó a seguir a Jesús de una forma que se ajustaba a sus temperamentos y personalidades. Cada uno se casó con una encantadora mujer cristiana y ahora están sirviendo a Jesús en los lugares a los que Dios les ha llamado.[2] Kevin y yo tenemos el honor de invertir en la vida de cada uno de nuestros hijos (y ahora de nuestras nueras). Oramos por ellos y con ellos. Hablamos de lo que estamos aprendiendo de la Palabra de Dios mientras caminamos por la vida. Todos ellos saben que pueden recurrir a nosotros en busca de sabiduría y perspectiva en cualquier momento.

Ahora soy abuela y la alegría de ver cómo nuestros hijos enseñan a sus hijos a conocer y amar a Jesús es una delicia más allá de Dios. En este mundo loco e incierto, anhelo que la próxima generación construya su vida sobre la sólida roca de Jesucristo.

¿Puedes ver las cuatro generaciones del discipulado? Mis padres me tomaron de la mano (y las manos de mi hermano, Mark, y de mi hermana, Dawn). Hicieron todo lo que pudieron para ayudarnos a crecer en la fe. Hoy mi hermana, Dawn, y yo, caminamos con Jesús y tratamos de transmitir la fe a la siguiente generación. Nuestro hermano pequeño, Mark (que medía 1,80m), perdió su batalla contra el cáncer, pero ganó la última batalla y ahora está con Jesús. Su mujer y sus dos hijas se aferran a Jesús en sus alegrías y en sus momentos de dolor.

Kevin y yo tomamos las manos de cada uno de nuestros hijos (y ahora de sus mujeres) y todos están creciendo en la fe. La cuarta generación es la que se está desarrollando ahora, ya que nuestros hijos han escuchado la llamada a discipular a sus hijos y a hacer todo lo posible por llevarlos al corazón y a los brazos del Salvador.

Me encanta cómo este legado generacional de la fe familiar está claramente pintado en el Salmo 78. Lee estas palabras y observa cuatro generaciones de discipulado:

> Decretó estatutos para Jacob
> y estableció la ley en Israel, que
> ordenó a nuestros antepasados
> que enseñaran a sus hijos,
> para que la siguiente generación la conociera,
> incluso a los niños que aún no habían nacido,

y ellos, a su vez, se lo decían a sus hijos.
Entonces pondrían su confianza en Dios y no olvidarían sus actos,
sino que cumplirían sus mandatos.

-Salmo 78:5-7

¿Qué pasaría si cada evangélico abrazara esta llamada? ¿Qué pasaría si todos creciéramos en el fruto del Espíritu? ¿Y si cada uno de nosotros cogiera una mano para ayudarnos a crecer, y si extendieran una mano para ayudar a otro a crecer y enseñaran a esa persona a tomar la mano de otro? ¿Y si todos creciéramos en los siete marcadores espirituales y ayudáramos a los demás a hacer lo mismo?

Este es el sueño de los *Discípulos Orgánicos*. Este es el deseo del corazón de Dios.

CAPÍTULO 3

¿Cuál es la relación entre discipulado y evangelismo?

Después de que Jesús resucitara de entre los muertos, victorioso sobre la tumba, el infierno y el poder de Satanás, dio instrucciones a sus seguidores. Una de las últimas cosas que dijo es "Se me ha dado toda la autoridad en el cielo y en la tierra. Por tanto, id y haced discípulos a todas las naciones, bautizándolos en el nombre del Padre y del Hijo y del Espíritu Santo, y enseñándoles a obedecer todo lo que os he mandado. Y ciertamente yo estoy con vosotros todos los días, hasta el fin del mundo" (Mateo 28,18-20).

Con estas palabras, Jesús elevó tanto el discipulado como la evangelización y aclaró su conexión. He aquí una forma útil de ver la relación entre estos dos elevados e importantes llamamientos.

- El evangelismo y el discipulado no son enemigos.
- El evangelismo y el discipulado no son solo amigos.
- El evangelismo y el discipulado son compañeros de matrimonio.

Considerar el evangelismo y el discipulado como enemigos es una tontería. Cuando una iglesia o un pastor dice "En realidad somos una iglesia de discipulado", y dan a entender que dejan el alcance a otras iglesias, no están siguiendo el mandato de Jesús. Nunca debemos contraponer el discipulado y la evangelización. No están reñidos. Es igual de peligroso decir que tu iglesia se dedica exclusivamente a la evangelización y que no ofrece oportunidades sólidas para que los creyentes maduren. Esto es

15

abdicar del corazón de nuestra misión en los demás. Esto tampoco agrada a Dios. El evangelismo y el discipulado no son enemigos.

Cuando decimos que el evangelismo y el discipulado no son solo amigos, queremos decir que la amistad no es una descripción suficientemente íntima de su relación. El evangelismo y el discipulado no son amigos que salen de vez en cuando. No son amigos que se toman un café cuando encuentran el momento. La única imagen que capta la conexión pactada y espiritual entre estas dos prácticas es el matrimonio. El evangelismo y el discipulado están unidos en el corazón de Dios. Son inseparables. Tenemos que afirmar esta visión bíblica y perseguirla.

Por supuesto, pocos creyentes y líderes eclesiásticos declaran descaradamente que no planifican la extensión significativa o el crecimiento espiritual de los creyentes, pero sus prácticas suelen revelar un compromiso con uno de ellos por encima del otro.

El futuro de la Iglesia requiere líderes que reconozcan que el verdadero discipulado mueve a la gente con el evangelio. Al mismo tiempo, las iglesias evangelistas siempre están haciendo crecer a los discípulos y ayudándoles a parecerse más al Salvador. Evangelización y discipulado son un matrimonio.

Conectar los puntos

A medida que avancemos en el resto de este libro, verás rápidamente un ritmo en cada una de las siete partes principales. Dado que el discipulado consiste en parecerse más a Jesús, comenzamos cada parte examinando los Evangelios y las prácticas de nuestro Salvador. Veremos que Jesús ejemplifica poderosamente la madurez espiritual, como debe ser, porque fue Dios con nosotros. Si quieres una imagen cristalina del compromiso bíblico, mira a Jesús. La oración apasionada se perfeccionó en el Hijo de Dios. Nuestro Salvador nos mostró que es digno de ser adorado de todo corazón. Jesús fue un modelo de servicio humilde mientras vivía, lavaba los pies y moría en una cruz. Nadie que haya pisado esta tierra ha mostrado una generosidad más alegre que el Cordero de Dios, que vino a dar su vida y a quitar los pecados del mundo. Aquel que es muy Dios de muy Dios y que existe eternamente en perfecta comunidad con el Padre y el

Espíritu Santo, entró en comunidad coherente con los pecadores comunes, las mujeres marginadas, los líderes religiosos y los irreligiosos. La Palabra viva de Dios vino a mostrarnos que la extensión orgánica es algo que todos podemos hacer.

Si el discipulado consiste en dar pasos diarios para parecerse más a Jesús, necesitamos una visión clara de nuestro Salvador y de cómo exhibió cada uno de los marcadores de la madurez espiritual. Tendrás esa visión en el primer capítulo de las siete partes principales de este libro.

En el segundo capítulo de cada parte, centraremos nuestra atención en cómo podría ser si siguiéramos el ejemplo de nuestro Salvador. Dado que Jesús modeló cada una de estas siete prácticas a la perfección, observaremos nuestras vidas para ver cómo podemos dar pasos para parecernos más a Él. Identificaremos algunos de los obstáculos que se interponen en el camino y aprenderemos cómo podemos crecer en cada uno de los marcadores de madurez.

El tercer y último capítulo de cada una de las siete partes principales trata de cómo el verdadero crecimiento espiritual nos impulsa hacia el exterior con la buena noticia de Jesús. Esto completa el cuadro. En cada área de la madurez espiritual, miramos a Jesús como nuestro ejemplo, aprendemos a andar por sus caminos y luego le seguimos al mundo para

Un punto importante de claridad

A veces, la mejor manera de aclarar lo que queremos decir con un término es precisar lo que no queremos decir. Cuando utilizamos el término *discipulado*, no nos referimos a un proceso rígido en el que una persona tiene completa autoridad espiritual sobre la vida de otra persona. El discipulado orgánico es mucho más dinámico. El discipulado ocurre cada vez que un creyente toma la mano de otro y le ayuda a acercarse a Jesús. Incluso podemos discipular a una persona antes de que ponga su fe en Jesús. El discipulado es amplio y hermoso. A veces es más formal y ocurre regularmente a lo largo del tiempo. También puede ser a corto plazo. Para tener una idea de lo que queremos decir, he aquí algunos ejemplos de discipulado tal como lo definimos:

- Cuando un padre dedica tiempo cada noche a enseñar a su hijo a orar y le lee historias bíblicas, esto es discipulado.

- Cuando un maestro de escuela dominical prepara con oración una lección cada semana y presenta con pasión la verdad bíblica a un pequeño grupo de niños, esto es discipulado.

- Cuando un estudiante universitario invierte en la vida de un estudiante de secundaria y pasa tiempo con ellos uno a uno modelando la oración, el amor por la Palabra de Dios, la adoración apasionada, un estilo de vida de generosidad y el amor por los perdidos, esto es discipulado.

- Cuando un pastor prepara un sermón bíblico cada semana y predica con pasión y fidelidad a un cuerpo de creyentes, esto es discipulado.

- Cuando un seguidor de Jesús comprometido entabla una relación auténtica con un no creyente y ora por él, ora con él, comparte cosas que está aprendiendo en la iglesia y en su lectura de la Biblia, esto es discipulado.

- Cuando una pareja que ha perdido a un hijo en un trágico accidente comienza un ministerio de duelo nacido de su dolor y su pérdida, y ve cómo decenas de evangélicos y también de no creyentes se reúnen semanalmente para caminar juntos en un viaje de curación que se inserta en la enseñanza de las Escrituras, la presencia del Espíritu Santo y el amor de la comunidad cristiana, esto es discipulado.

- Cuando una persona acepta ser mentor de un nuevo creyente y lo lleva a través de un estudio bíblico básico y pasa tiempo con él para responder a sus preguntas, esto es discipulado.

- Cuando un profesor de escuela cristiana o un padre que educa en casa educa a sus hijos (y a veces a otros niños) de forma que injerta a Jesús en cada parte del aprendizaje y de la vida, esto es discipulado.

- Cuando el propietario de una empresa o un líder empresarial comparte su amor por Jesús y su fe cristiana con palabras y acciones a lo largo de meses y años, esto es discipulado.

- Cuando los abuelos oran por y con sus nietos, comparten historias de fe y modelan lo que significa seguir a Jesús en todos los ámbitos de la vida, esto es discipulado.

La lista podría seguir y seguir, pero ya te haces una idea. El discipulado consiste en ayudar a las personas a acercarse a Jesús, y puede ocurrir de innumerables maneras. Cuando tomamos la mano de alguien y lo guiamos más cerca de Jesús, está creciendo como discípulo.

El término *orgánico* significa "natural". Cuando algo se hace de forma que encaja con lo que somos y se alinea con la forma en que Dios nos ha hecho, es orgánico. El discipulado orgánico consiste en ayudar a las personas a parecerse más a Jesús en el flujo natural de la vida, de forma que se ajuste a lo que son y a lo que Dios ha diseñado que sean.

Una bonificación maravillosa

Como regalo para ti y para tu iglesia, hemos trabajado con un equipo de líderes de la Shoreline Church, donde dirigimos y servimos, y hemos desarrollado una sencilla autoevaluación de crecimiento espiritual de los siete marcadores de madurez espiritual. Hay una versión para estudiantes y otra para adultos, y en solo quince minutos responderás a la serie de preguntas de forma orante y reflexiva, recibiendo información inmediata sobre cómo te va en cada uno de los siete marcadores de madurez. También recibirás ideas prácticas sobre cómo dar los siguientes pasos de crecimiento espiritual. Puedes encontrar la evaluación gratuita en línea, tanto para estudiantes como para adultos, en las siguientes páginas web:

Autoevaluación para adultos y alumnos: https://www.organicoutreach. org/assessments/

No hagas la autoevaluación tú solo. Invita a la persona que te influye espiritualmente a hacerla también. Habla de ello con ella. Luego invita a una persona a la que estés discipulando a que haga la autoevaluación y los dos podéis utilizarla como inicio de la conversación. Podéis deleitaros en las áreas de crecimiento. Y podéis establecer objetivos en las áreas en las que cada uno quiera avanzar.

PARTE 1

Compromiso bíblico

El poder de un mensaje perenne en un mundo incierto

L a Biblia es la verdad del cielo inspirada por el Espíritu Santo. Jesús es la Palabra viva de Dios, y mientras caminó por esta tierra, amó la Palabra escrita. La conocía, la citaba y dejaba que las Escrituras le hablaran a Él y a través de Él. Como sus seguidores, debemos conocer las Escrituras, amarlas y seguir lo que enseñan. Al hacerlo, el mundo verá un mensaje de verdad inmutable en un mundo de incertidumbre radical. La Palabra de Dios nos enviará a la misión de Jesús y nos enseñará cómo vivir en el mundo para que la luz de Jesús brille con fuerza.

CAPÍTULO 4

La palabra viva amaba la palabra escrita

Conocer a tu familia por primera vez puede ser una aventura emocionante. Hace muchos años, decidimos que era hora de que nuestros tres hijos conocieran a su bisabuela en su residencia de ancianos. Kevin tenía dos abuelas: a una la llamábamos Granny y a la otra la llamábamos Grandma. Granny era cariñosa, generosa y divertida; todo lo que crees que debe tener una abuela maravillosa. Grandma, en cambio, no tenía esas entrañables cualidades: una vida difícil, y aunque algunas personas renacen de las adversidades, este no era el caso de Grandma. Sin embargo, como vivimos tres años cerca de ella después de casarnos, yo (Sherry) me empeñé en desarrollar una relación con ella. En su mayor parte, creía que había traspasado parte de su escudo exterior y me sentía bastante bien sobre cómo nos llevábamos.

El día que le presentamos a nuestros hijos, cuando entramos por primera vez en su habitación, habíamos acordado que yo me acercaría a ella y haría todas las presentaciones. Me incliné sobre su cama y le expliqué que aquellos tres niños llenos de ilusión eran sus bisnietos, y que habían volado desde Michigan hasta California para conocerla en persona.

Aunque nunca fue lo que se dice una persona feliz, su respuesta inmediata me pilló totalmente desprevenida. Cerró el puño y me intentó golpear. Casi me da en la barbilla, pero me aparté justo a tiempo. A continuación, me insultó. Tendrías que haber visto los ojos de los niños. Kevin nos pidió a los chicos y a mí que saliéramos al pasillo para poder charlar un poco con su abuela.

Uno de los miembros del personal oyó la trifulca y se acercó a los chicos para ayudarles a entender lo que acababa de ocurrir. Pronto me di cuenta de que, aunque su corazón era bondadoso, sus esfuerzos se quedaban cortos respecto a cómo queríamos que nuestros hijos procesaran este momento. Empezó a explicar que "las personas mayores simplemente se vuelven así. Con el tiempo, pueden volverse malos". En ese momento, Kevin salió al pasillo y escuchó la explicación de la cuidadora sobre el mal comportamiento de la abuela. La interrumpió. "No, chicos, Grandma siempre ha sido un poco mala. Quiero a mi abuela, pero no tengo recuerdos de que sea muy amable". Kevin explicó a nuestros hijos que, cuando la gente se hace mayor, la mayoría de las veces se convierte en lo que ha sido toda su vida. "Si alguien ha sido dulce y amable, el tiempo y las luchas de la vida normalmente le hacen más amable, e incluso puede volverse más dulce. Lo que hay en el interior crece con el tiempo".

Grandma tuvo una vida dura. Estaba envejeciendo, así que le mostramos compasión. Pero queríamos que nuestros hijos supieran que el tiempo y las presiones de la vida no tienen por qué amargarnos o enfadarnos. Aprovechamos este momento para enseñar a nuestros hijos que lo que somos a lo largo de la vida tiende a salir a la luz cuando nos acercamos al final, para bien o para mal.

Esta realidad se demostró ciertamente cuando Jesús llegó al final de su vida.

En su momento más oscuro, la Escritura brotó de Jesús

Mientras nuestro Señor colgaba de una tosca cruz de madera, luchando por cada aliento, acercándose al final de su vida en esta tierra, jadeó "Dios mío, Dios mío, ¿por qué me has abandonado?" (Mateo 27:46). Mientras el peso aplastante de nuestro pecado recaía sobre el inmaculado Cordero de Dios, en un momento de sufrimiento que le aturdía, ¿qué pasaba por la mente de Jesús? ¿Qué palabras estaban en sus labios? ¿Qué fluía de Él? Jesús oró la Palabra de Dios. El Salmo 22 es un salmo mesiánico profético inspirado por el Espíritu Santo casi mil años antes. Fue escrito por el rey David y estuvo en el corazón y los labios de nuestro Salvador mientras soportaba el castigo que merecíamos. Mientras Jesús era aplastado, lo que brotó de Él fue sangre y Escritura.

Al igual que el Señor al que seguimos, podemos dirigir nuestro corazón a las Escrituras en momentos de pérdida, dolor, abandono y tristeza. Jesús nos ofrece una poderosa imagen de lamento honesto y conversación auténtica con el Padre. Meditar y citar las Escrituras en los momentos más oscuros era el camino de Jesús, y debería ser el nuestro también.

Jesús amaba la Palabra de Dios escrita (las Escrituras del Antiguo Testamento). Habló las mismas palabras de Dios porque era Dios en carne. Además, a Jesús se le llama el Verbo de Dios, la imagen y representación exactas de Dios, la forma perfecta para Dios de comunicarse con su creación (Juan 1:1). Al leer los cuatro relatos de la vida de Jesús (Mateo, Marcos, Lucas y Juan), descubres que el Salvador tenía un amor apasionado por las Escrituras y una relación íntima con la Palabra escrita de Dios.

Jesús cumplió las Escrituras

Una y otra vez, los escritores de los evangelios se inspiraron en la profecía que hablaba del Mesías venidero. Relacionaron la encarnación, la vida, la muerte y la resurrección de Jesús con acontecimientos concretos para que todo el mundo pudiera ver que Jesús era el Salvador prometido del mundo. He aquí una pequeña muestra de cómo los escritores de los evangelios nos mostraron que Jesús cumplía las promesas del Antiguo Testamento:

- El Mesías nacería en Belén (Mateo 2:6).
- Sería llamado a salir de Egipto (Mateo 2:14-15).
- Una luz del cielo entraría en un mundo oscuro (Mateo 4:15-17).
- Vendría la esperanza de las naciones (Mateo 12:17-21).
- Hablaría en parábolas (Mateo 13).
- Vendría humildemente sobre un asno (Mateo 21:4-5).
- Se cumpliría todo lo escrito sobre él en los Profetas (Lucas 18:31).
- Mientras Jesús estaba en la cruz, dividirían sus ropas, tendría sed y no se rompería ni uno de sus huesos (Juan 19:23-37).
- Debe sufrir y luego resucitar al tercer día (Lucas 24:46).

La vida de Jesús estaba tan estrechamente ligada a las Escrituras que era el cumplimiento de las profecías y promesas del Antiguo Testamento.

Jesús citó el Antiguo Testamento en conversaciones teológicas

Además de ser el cumplimiento de las Escrituras, Jesús conocía las palabras del Antiguo Testamento. Estaban en su corazón y en sus labios. A lo largo de los relatos de la vida de Jesús, nuestro Salvador pronunció las palabras del Antiguo Testamento. Conocía su verdad y su autoridad.

Cuando los líderes religiosos intentaron poner a prueba a Jesús y atraparlo, le preguntaron: "¿Cuál es el mayor mandamiento de la Ley?" (Mateo 22:36). Jesús respondió citando el gran credo de Israel "Escucha, Israel: El Señor nuestro Dios, el Señor es uno. Ama al Señor, tu Dios, con todo tu corazón, con toda tu alma y con todas tus fuerzas" (Deut. 6,4-5). Cuando Jesús continuó en una discusión rabínica sobre el Mesías, preguntó a los líderes religiosos en qué creían. Cuando dijeron que el Mesías era el hijo de David, el antiguo rey de Israel, Jesús citó el Salmo 110. Este relato se encuentra en los tres primeros evangelios. Cuando Jesús habló con convicción sobre la hipocresía de los fariseos y los maestros de la ley, citó al profeta Isaías, diciendo: "Esta gente me honra con los labios, pero su corazón está lejos de mí" (Marcos 7:6, citando a Isa. 29:13). Jesús sabía que la Escritura debía ser la autoridad final, por lo que la mantenía encerrada en su corazón, viva en su mente y a menudo en sus labios.

Cuando la gente estaba confundida sobre quién era Él, el Salvador les señalaba el Antiguo Testamento para aclarar su comprensión. Después de hablar en parábolas proféticas y severas, Jesús miró a los maestros de la ley y a los sumos sacerdotes y dijo "La piedra que desecharon los constructores se ha convertido en la piedra angular" (Lucas 20:17, citando el Salmo 118:22). Jesús utilizó la verdad de la Palabra de Dios para dejar claro quién era, y los líderes religiosos captaron el mensaje. Cuando Jesús citó esta Escritura, estaban dispuestos a arrestarlo, porque sabían que estaba hablando de ellos.

Para Jesús, las palabras del Antiguo Testamento eran poderosas, celestiales y formaban parte de sus conversaciones cotidianas. Como seguidores suyos que quieren ser como Él, debemos estar preparados con la Palabra de Dios siempre viva en nuestros corazones. Aunque la gente no esté de acuerdo o se ofenda, hay poder en la Palabra de Dios. Al igual que nuestro Salvador, debemos decir las palabras de la Escritura a menudo y con confianza.

Jesús conocía el poder de las Escrituras en las batallas espirituales

En el capítulo 4 de Mateo y de Lucas, encontramos a Jesús en el desierto siendo tentado por el diablo. En tres ocasiones, el maligno intentó tentar a Jesús para que deshonrara al Padre. En cada uno de estos encuentros, Jesús respondió con algunas de las palabras más poderosas que alguien puede declarar en medio de la guerra espiritual: "¡Está escrito!" Jesús citó el libro del Deuteronomio las tres veces. Así es, el Deuteronomio, un libro que a muchos evangélicos les resulta difícil de leer, lleno de leyes y reglamentos para el culto Israelita (Deut. 8:3; 6:16; 6:13). Sin embargo, Jesús hizo un buen uso de las Escrituras para luchar contra su enemigo. En medio de esta pelea espiritual, satanás intentó manipular las Escrituras y citarlas de nuevo contra Jesús. ¡Mala idea! Jesús contraatacó con las Escrituras y el enemigo se dio la vuelta y corrió hacia las colinas.

Qué ejemplo para todos los que llevan el nombre de evangélicos. Nuestro Salvador sabía que la Escritura es un arma poderosa contra el enemigo. Jesús citaba la Biblia cuando el enemigo estaba cerca. Lo mismo deberíamos hacer nosotros.

Jesús se refirió a personajes y acontecimientos del Antiguo Testamento

En nuestro mundo, algunas personas hacen referencia a historias e ideas bíblicas sin siquiera saberlo. "Esa persona es un buen samaritano" (Lucas 10:2537). "Haz a los demás lo que quieras que te hagan a ti" (Mateo 7:12). "Escatima la vara, malcría al niño" (Prov. 13:24). "Comed, bebed y alegraos" (Ecl. 8:15). "La escritura está en la pared" (Dan. 5:5). Todas estas frases están sacadas de la Biblia.

Jesús hizo referencias bíblicas durante el transcurso de las conversaciones normales. A veces ni siquiera nos damos cuenta de que lo hace. Jesús habló del rey David comiendo el pan sagrado; de ayudar a una oveja a salir de un pozo en sábado; de una generación malvada que busca una señal; de los Diez Mandamientos; de los días de Noé; de Elías y la viuda; de Eliseo y el leproso; de la ciudad de Nínive; del maná en el desierto; y de muchos otros relatos y acontecimientos del Antiguo Testamento y de la historia de Israel. Es sorprendente la frecuencia con la que Jesús mencionó algo de las Escrituras durante una conversación.

Jesús defendió la autoridad de la Biblia

A lo largo de la historia de la Iglesia, ha habido quienes cuestionan la importancia y la autoridad del Antiguo Testamento, poniendo en duda la relevancia o el valor de los dos primeros tercios de la Biblia. Celebran el Nuevo Testamento, pero no parecen tan entusiasmados con el Antiguo. Sin embargo, Jesús afirmó la verdad inspirada por el Espíritu Santo de todas las Escrituras, y en una época en la que la única Biblia existente era la que hoy llamamos Antiguo Testamento. En el Sermón de la Montaña, el más famoso e importante jamás predicado, Jesús aclaró su visión de las Escrituras: "No penséis que he venido a abolir la Ley o los Profetas; no he venido a abolirlos, sino a cumplirlos. Porque en verdad os digo que, hasta que desaparezcan el cielo y la tierra, no desaparecerá de la Ley ni la más pequeña letra, ni el más mínimo trazo de una pluma, hasta que todo se cumpla. Por eso, quien deje de lado uno de estos mandamientos más pequeños y enseñe a los demás en consecuencia, será llamado el más pequeño en el reino de los cielos, pero quien practique y enseñe estos mandamientos será llamado grande en el reino de los cielos (Mateo 5:17-19). Nuestro Señor nunca nos animó a prescindir de las enseñanzas de Moisés ni de los escritos proféticos. Al contrario, vino a cumplir lo que Moisés y los profetas habían escrito y a hacer comprensible su enseñanza. Nuestro Salvador ayudó a la gente a seguir las enseñanzas de las Escrituras y dejó claro que cada frase, palabra y letra del Antiguo Testamento debían apreciarse y abrazarse. Nada debía dejarse de lado ni tratarse como una autoridad secundaria o menor.

Nuestro Salvador dio una severa advertencia y una palabra de bendición. No dejes de lado ni ignores ninguno de los mandatos de Dios. Si lo haces, prepárate para ser el más pequeño en el reino de los cielos. Pero Jesús afirmó que los que cumplen los mandamientos y enseñan a otros a hacerlo serán llamados los más grandes en el reino de los cielos. Al seguir a Jesús el Mesías, aprenderemos a elevar el valor de cada palabra de la Biblia.

Por supuesto, no podemos leer el Antiguo Testamento (ni el Nuevo Testamento) de forma simplista. Debemos comprender el contexto histórico. La Biblia revela progresivamente quién es Dios, por lo que leemos el Antiguo Testamento a la luz del Nuevo y en el contexto de lo que ha hecho Jesús. Al cumplir la ley, Jesús también cumplió el propósito de las leyes ceremoniales y cívicas que regían a Israel. Estas siguen siendo para nosotros ejemplos del carácter de Dios, cuando se entienden en su contexto, pero no son directamente aplicables a los seguidores de Cristo como lo eran cuando Dios las dio por primera vez a su pueblo. Por otra parte, muchas de las leyes del Antiguo Testamento revelan una verdad que es intemporal y que nos habla más directamente a nosotros hoy, revelando el carácter inmutable del Dios que dio la ley. Muchas de estas leyes son reafirmadas por la iglesia del Nuevo Testamento.

La Biblia siempre será nuestra autoridad, pero debemos comprender no solo lo que dice, sino también lo que significa para la Iglesia y los creyentes de hoy. Esto se consigue cuando la estudiamos detenidamente, la interpretamos con sabiduría y la seguimos con fidelidad.

Jesús corrigió las visiones deformadas de las Escrituras

En la época de Jesús, muchas personas religiosas con funciones de liderazgo se consideraban expertas en todo lo relacionado con Dios. Se les llamaba maestros de la ley, fariseos, saduceos y otros títulos. Cuando Jesús se encontraba con estas personas, a menudo mantenía con ellas ardientes conversaciones, desacuerdos sobre cómo interpretar la Biblia. Jesús se apresuraba a hacer preguntas, a menudo más rápido en hacerlas, que en darlas. Y corregía a los que abusaban y manipulaban las Escrituras.

En un encuentro con los fariseos y los maestros de la ley, Jesús les llamó la atención por dejar que sus tradiciones creadas por el hombre tuvieran prioridad sobre las enseñanzas de la Biblia (Mateo 15:1-9). Estos líderes manipularon las Escrituras, envolviéndolas en la tradición que habían creado e intentando esconder su dinero mediante un vacío legal para no tener que seguir la ley de Dios y ayudar a sus propios padres en tiempos de necesidad. Sus palabras repetían las Escrituras, pero sus corazones no estaban en consonancia con la ley de Dios. Momentos como este partieron el corazón del Salvador y a menudo le enfadaron. Decía la verdad, llamando a la gente a alinear su vida con la de Dios.

Muchas veces Jesús dijo: "¿No habéis leído nunca...?" (Mateo 21:16,42). Lo preguntó para señalar que la gente no seguía a los profetas ni las Escrituras. Era como si no se hubieran molestado en leer la revelación de Dios. O bien no se habían tomado el tiempo de leer las Escrituras, o no habían comprendido lo que Dios enseñaba. Jesús también se enfrentó a los líderes religiosos y les dijo claramente a estos "expertos en las Escrituras": "No conocéis las Escrituras" (Mateo 22:29; Marcos 12:24). En el Evangelio de Juan, Jesús les dijo que la Palabra de Dios señala claramente al Mesías y, sin embargo, no vieron en absoluto que el Mesías estaba delante de ellos (Juan 5:39-40). Jesús corrigió a los expertos del Antiguo Testamento incluso si ello les ofendía.

Jesús enseñó las Escrituras cada vez que pudo

A lo largo de los Evangelios, vemos a Jesús enseñando las Escrituras del Antiguo Testamento. Cuando lees el trepidante Evangelio de Marcos (el más corto de los cuatro relatos), encuentras a Jesús enseñando en una gran variedad de escenarios:

- El marco formal del culto de la sinagoga (Marcos 1:21, 39; 6:2).
- En casas repletas de gente (Marcos 2:2).
- A sus seguidores mientras caminaban (Marcos 2:23-28).
- Ante multitudes (Marcos 6:34).
- Mientras iba de pueblo en pueblo (Marcos 6:6b).

A Jesús le gustaba predicar y enseñar y lo hacía siempre que podía. El Evangelio de Lucas nos dice que enseñar en la zona del templo llegó a ser peligroso para Jesús, porque muchos de los líderes religiosos querían que lo mataran, pero a pesar del peligro, "todos los días enseñaba en el templo" (Lucas 19:47). El poder de la Palabra de Dios era tan grande y su verdad tan necesaria que Jesús siguió predicando y enseñando a pesar de las consecuencias.

La próxima vez que leas los relatos evangélicos, anota cada vez que Jesús diga: "Está escrito". Y presta especial atención cuando Jesús comience una conversación o un momento de enseñanza con las palabras: "Habéis oído que se dijo". Esto es un código para decir: "Voy a enseñar o predicar a partir de las Escrituras del Antiguo Testamento". Si prestas atención a estas pistas, verás el amor de Jesús por la Palabra de Dios. Y cuanto más leas los Evangelios, más te darás cuenta de que la Palabra de Dios viva amaba profundamente la Palabra de Dios escrita.

Y nosotros también deberíamos hacerlo.

CAPÍTULO 5

Tantas Biblias para tan poco tiempo

K enton era un estudiante de segundo año de instituto cuando se convirtió en seguidor de Jesús. Tenía mucha energía, era un chico divertido que salía de una familia secular y con un trasfondo duro. Yo (Kevin) estaba haciendo todo lo posible por estrechar la mano de este joven y ayudarle a crecer en la fe cristiana, así que le conseguí su primera Biblia y le expliqué que era la verdad de Dios de principio a fin. Le animé a profundizar y le prometí: "Kenton, si creas un plan de lectura y te comprometes a aprender de la Biblia a diario, yo leeré todo lo que hagas para que podamos hablar de ello cada semana y aprender juntos". Se comprometió a leer diez capítulos al día (un poco más de lo que yo esperaba) y cumplió ese compromiso. Siete días y setenta capítulos después, lo pasamos muy bien hablando y orando sobre lo que estaba aprendiendo. Había muchas cosas que no entendía y acudía a nuestras reuniones con muchas preguntas. También hubo momentos de profunda convicción y ánimo cuando el Espíritu Santo habló a este joven creyente. Durante las siguientes semanas y un par de cientos de capítulos más de la Biblia, leímos, nos reunimos, hablamos, oramos y nos deleitamos con el poder y la claridad de las Escrituras. Kenton estaba entusiasmado y su hambre por la Palabra de Dios encendió mi propia fe y mi pasión por las Escrituras. La siguiente vez que nos reunimos, todo esto se detuvo de golpe. Kenton había dejado de leer la Biblia. Ni un solo capítulo desde la última vez que nos habíamos reunido. Le pregunté por qué, y su respuesta fue a la vez dolorosa y refrescante. Me dijo: "Al leer la Biblia, no dejo de encontrarme con pasajes que señalan cosas que hago mal. Me siento mal cuando leo estas partes de la Biblia. No quiero dejar de hacer estas cosas. Las disfruto". Dijo: "También sigo leyendo pasajes que me dicen que haga algunas cosas que no quiero empezar a hacer. Así que dejé de leer la Biblia".

¡Vaya! ¡Qué honestidad! Este nuevo seguidor no se quejaba porque la Biblia le pareciera irrelevante o difícil de entender. Su problema era que era demasiado clara y condenatoria, tan condenatoria que le dolía seguir leyendo. Dios le estaba mostrando a Kenton comportamientos que eran erróneos y a los que debía poner fin. El Espíritu Santo le susurraba nuevos comportamientos y prácticas que debía iniciar. Su respuesta a este dilema existencial fue cerrar la Biblia, guardarla en una estantería y negarse a seguir leyendo.

En realidad, tenía sentido. ¡El cambio es doloroso!

Amar, conocer y seguir

¿Cómo sé que me estoy pareciendo más al Salvador? ¿Cómo puedo estar seguro de que sigo sus pasos como discípulo que madura? Un indicador claro y poderoso es que estoy creciendo para amar, conocer y seguir las Escrituras con una pasión cada vez mayor.[3]

Hay tres elementos del compromiso bíblico que se relacionan directamente con nuestro crecimiento y madurez espiritual. En primer lugar, debemos *amar* la Palabra de Dios. David, en el Salmo 119:97, declara con confiada audacia: "¡Oh, cómo amo tu ley! Medito en ella todo el día". El Salmo 119 es el capítulo más largo de la Biblia. Está justo en la mitad y trata de la Biblia. Amar la Palabra escrita de Dios es bueno y correcto. Es la verdad inspirada por el Espíritu y nos enseña cómo seguir a nuestro Salvador. Aunque nunca adoremos la Biblia, debemos amarla. En segundo lugar, comprometerse con la Escritura significa que *sabemos* lo que dice. No basta con tener un compromiso emocional con este libro celestial, poseer unos cuantos ejemplares (o una docena) o declarar nuestro compromiso con las enseñanzas de la Escritura. Tenemos que deleitarnos con ella, digerirla y dejar que las palabras de la Biblia formen lo que somos.

Conocer retazos de la Biblia no es un verdadero compromiso. Crecer como seguidor del Salvador es conocer la historia de la Biblia de principio a fin: La belleza y el drama del Génesis. La opresión y la libertad del Éxodo. El sacrificio y la adoración del Levítico. El dolor del profeta Oseas. Las lágrimas de Jeremías. La visión de Jesús pintada por Isaías. La convicción de Dios escrita por Malaquías. La teología de Juan. La historia de la Iglesia saturada de Espíritu registrada en los Hechos. Las cartas del apóstol Pablo. La visión de Jesús pintada en Hebreos. El drama apocalíptico del Apocalipsis. Conocer cada libro de la Biblia formará nuestra fe y moldeará nuestra vida.

Cualquier seguidor de Jesús que anhele fortalecerse en la fe adoptará la práctica de estudiar esta asombrosamente bella colección de sesenta y seis libros escritos a lo largo de los siglos por personas muy diferentes en contextos variados, pero todos inspirados por el Espíritu Santo. Conocer la Biblia es más que ser capaz de regurgitar unos cuantos textos que nos inspiren. Es más que tomar unos cuantos versículos fuera de contexto e imprimirlos en una placa. Es conocer toda la historia. Nuestro Salvador conocía las Escrituras de principio a fin y sus seguidores deberían hacerlo también.

El tercer aspecto de este marcador espiritual es que *seguimos* las enseñanzas de la Biblia. No solo amamos la Palabra de Dios y entendemos lo que enseña, sino que ponemos en práctica lo que aprendemos. Santiago lo expresa de esta manera: "No os limitéis a escuchar la palabra, y así os engañéis. Haced lo que dice" (Santiago 1:22). Nuestra forma de pensar, nuestros motivos, nuestros sueños y nuestras acciones deben estar formados por este libro de Dios.

Todo seguidor de Jesús se topará con textos bíblicos que le molesten. El estudiante de instituto que cree en Jesús pero se "enamora" y experimenta la explosión de hormonas que conlleva un primer romance, se enfrentará a la llamada bíblica a la santidad, la pureza sexual y la fidelidad en un mundo que les tienta con la libertad sexual y el éxtasis romántico. Los estudiantes universitarios que crecieron amando y siguiendo a Jesús se toparán con profesores empeñados en destruir su fe y socavar las enseñanzas de la Biblia. Los jóvenes que leen la Biblia y creen que es verdadera se verán desafiados a abandonar su fe y adoptar una visión del mundo más "racional". Los adultos de cualquier edad descubrirán que viven en un mundo que cuestiona sus convicciones bíblicas y su estilo de vida.

Los discípulos de Jesús deben sortear los innumerables asaltos a la Biblia que nuestro mundo, el diablo y nuestras propias mentes racionalizadoras aportan para cuestionar lo que leemos y oímos de Dios. Debemos aprender a seguir las enseñanzas de las Escrituras en nuestra vida diaria, incluso cuando nuestra sabiduría humana se resista. Debemos aprender a enmendar nuestra forma de hablar, nuestras actitudes, nuestras acciones y nuestro estilo de vida para alinearnos con las enseñanzas de la Biblia, incluso cuando el mundo no lo entienda y nosotros no comprendamos del todo por qué.

Tantas Biblias para tan poco tiempo (cómo diseñar un plan). Es posible que alguien sea un nuevo seguidor de Jesús y también esté profundamente inmerso en las Escrituras. Al mismo tiempo, una persona puede ser creyente durante décadas, ir fielmente a la iglesia y, sin embargo, no conocer realmente la Palabra de Dios. La diferencia está en decidir profundizar en las Escrituras, leer con regularidad y tener un plan de crecimiento personal en la Palabra de Dios. Ese plan puede incluir el uso de herramientas como un plan de lectura bíblica de un año, una Biblia cronológica, un plan en línea o una de las docenas de otras herramientas y recursos[4]

Conocer el panorama general. En 2010, nuestra iglesia desarrolló una experiencia bíblica de un día de duración, titulada El Gran cuadro de la Biblia. En un solo día, enseñamos a nuestra iglesia toda la arrolladora historia de la Palabra de Dios. Explicamos la Biblia con once movimientos de principio a fin, desde la creación hasta la consumación. Muchas personas pudieron dar sentido a la Biblia por primera vez. Habían pasado años, a veces décadas, rebotando de versículo en versículo y de capítulo en capítulo, pero nunca habían aprendido cómo encaja toda la Biblia. Una vez que comprendieron la historia épica más amplia, pudieron encajar los pasajes, los personajes, las profecías y la poesía en su lugar adecuado en la historia de Dios.[5] Durante esta temporada de ministerio, también llevamos a nuestra iglesia a un viaje cronológico de treinta y dos semanas a través de la Biblia llamado *La historia*.[6] De nuevo, toda la congregación adquirió un nuevo punto de vista, al ver cómo la Biblia encaja histórica y cronológicamente.

La Biblia está organizada por diferentes géneros, y los sesenta y seis libros no están ordenados según una línea de tiempo histórica (esto es especialmente cierto en el caso del Antiguo Testamento). Esto hace que los lectores modernos tengan dificultades para comprender cómo encaja todo. Por ejemplo, los libros que componen la literatura sapiencial (Job, Salmos, Proverbios, Eclesiastés y Cantar de los Cantares) están agrupados en la Biblia, pero estos libros abarcan siglos de historia bíblica. Lo mismo ocurre con los Profetas, tanto mayores como menores.

Los seguidores de Jesús necesitan conocer el argumento de las Escrituras. Y cuando lo hacemos, el mensaje de la presencia, el poder, el amor, la misión y el plan redentor de Dios adquiere un significado más profundo. ¡Y tiene mucho más sentido!

De la merienda a la fiesta

Un "aperitivo bíblico" es como nos referimos a alguien que tiene una comida espiritual a la semana. Comen cuando van a la iglesia y alguien les da de comer, pero eso es todo lo que comen. Esta persona se dirige a la desnutrición espiritual. Por muy bueno que sea un sermón, no es suficiente para mantener la salud espiritual. Los seguidores de Jesús que anhelan la vitalidad espiritual deben alimentarse regularmente de la Palabra de Dios. Encontramos fuerza y poder cuando consumimos las Escrituras cada día, a veces más de una vez al día. Leer la Palabra de Dios por la mañana, al empezar el día, marca el tono y la trayectoria de nuestro pensamiento. Utilizar el tiempo libre para memorizar y meditar en las palabras de la Biblia mientras conducimos, esperamos en una cola o realizamos una en el trabajo recalibra nuestras actitudes y procesos de pensamiento. Leer y reflexionar sobre un capítulo de los Salmos o de los Proverbios mientras nos relajamos al final del día y nos preparamos para ir a la cama nos da paz y perspectiva. Piensa en esto: ¿cuál es la mejor manera de terminar el día: quedarse dormido en el teléfono o la tableta en medio de un espectáculo, o dormitar tranquilamente con la Palabra de Dios en la mano, la mente y el corazón?

Una percha en tu cerebro. Georgia era una gran maestra de la Biblia y mentora de niños. Tenía una forma única de comunicar las verdades que se encuentran en la Palabra de Dios. Un día, mientras enseñaba un concepto bíblico complejo, dijo: "Si esto no tiene sentido para ti ahora mismo, ponlo en una percha en la parte posterior de tu cerebro y déjalo ahí. No lo olvides, pero tampoco te preocupes. Cuando llegue el momento, puedes sacar la idea de la percha, mirarla y pensar y orar más sobre ella". Explicó que la mente y el corazón de Dios son tan grandes que no podemos comprender plenamente todo lo que enseña en la Biblia. De hecho, no deberíamos esperar hacerlo. Terminó diciendo: "Aunque no tenga sentido durante mucho tiempo, puedes preguntar a Jesús sobre ello cuando llegues al cielo". Este es un gran consejo bíblico para niños *y* adultos.

Información y transformación. Es fácil que muchos de nosotros nos convirtamos en adictos al conocimiento, obsesionándonos con aprender más y más información bíblica. Por supuesto, no hay nada malo en estudiar la Biblia y saber muchas cosas sobre el texto de las Escrituras, el contexto y el significado para sus lectores originales. Todo esto es sano y bueno, pero existe el peligro de que adquirir conocimientos y saber hechos se convierta en el fin. Empezamos a amar la información que reunimos por sí misma y no experimentamos la transformación. Algo está desequilibrado.

El compromiso bíblico y el conocimiento de las Escrituras deben conducir a una vida transformada. Nuestra forma de pensar cambia. La compasión crece. El servicio humilde fluye. La gracia, asombrosa y gratuita, se derrama de nosotros a los demás. La santidad se convierte en nuestra visión. La convicción de la verdad bíblica debería atravesar nuestras almas mucho antes de que corramos a compartir un poderoso texto bíblico con otra persona.

¿Exégesis o eiségesis? Hay dos formas principales de leer la Biblia. La primera es dejar que el mensaje, la verdad y el significado salgan del texto bíblico. Los teólogos llaman a esto *exégesis*. El objetivo de un discípulo de Jesús es hacer todo lo posible para invitar al Espíritu Santo a hablar a nuestros corazones, mentes y vidas. Seguimos lo que Dios enseña en su Palabra. Incluso cuando es desafiante o se opone a nuestras preferencias o nociones preconcebidas, estamos llamados a ajustar nuestras vidas a la enseñanza de la Biblia.

La segunda forma en que algunas personas leen las Escrituras es imponiendo sus opiniones, deseos y nociones preconcebidas al texto. Decidimos lo que creemos o lo que queremos que diga la Biblia, buscamos fragmentos de la Biblia (normalmente fuera de contexto) que sean de nuestra misma opinión sobre un tema y luego manipulamos la Biblia para que se alinee con lo que pensamos. Los teólogos llaman a esto *eiségesis*. Este enfoque es una forma peligrosa de mala práctica espiritual.

El camino de un discípulo consiste en decidir no imponer nunca nuestros gustos, nuestras preferencias o nuestras prácticas pecaminosas a la Biblia. En cambio, nos sometemos a lo que Dios enseña claramente en su Palabra. Si nuestras opiniones y la Palabra de Dios entran en conflicto, un discípulo dobla la rodilla ante Jesús y adapta su estilo de vida a la voluntad de Dios revelada en la Biblia.

¿Distraído o diligente? ¿Me paso más tiempo viendo programas en servicios de transmisión como Netflix®, Amazon® y Hulu® que deleitándome con la Palabra de Dios? ¿Conozco mejor los personajes de mi comedia o drama favorito que las vidas y enseñanzas de Eliseo, Ester, Malaquías, María, Esteban y Pedro? ¿Cuánto tiempo dedico a los videojuegos o a las redes sociales en comparación con el tiempo que invierto cada día en el encuentro con Dios a través de las Escrituras inspiradas por el Espíritu? ¿Me distraen las infinitas opciones de entretenimiento que nuestro mundo hace tan fácilmente accesibles?

Si me distraigo fácilmente, necesito diseñar un plan. Establecer un compromiso es el primero de los siete marcadores de madurez espiritual que estamos considerando. Y lo ponemos en primer lugar porque todos los demás marcadores se basan en este. Si no tuviéramos la Biblia, no sabríamos claramente cómo parecernos más a Jesús. Si no aprendemos a deleitarnos con las Escrituras, nunca aprenderemos el camino que nuestro Salvador quiere que recorramos.

El desafío de 4 generaciones (2-2-2)

El estudio personal de la Biblia debería formar parte de nuestra vida y ser un placer para todo seguidor de Jesús. Los discípulos orgánicos no solo estudian la Biblia, sino que, como hemos visto antes, siguen 2 Timoteo 2:2 y se dan la mano con otras personas para aprender y vivir las Escrituras en comunidad. Hay innumerables formas de hacerlo, pero estas son un par de ideas que harán que fluya el jugo creativo.

Más allá del "síndrome de Popeye". En 1919, E. C. Segar creó un personaje de dibujos animados llamado Popeye el marino. Esta tira cómica y el personaje llevan ya más de cien años con nosotros. Popeye era un "superhéroe" único que adquiría su fuerza comiendo espinacas. Cuando abría una lata de esta verdura de color verde oscuro y se la metía en la boca, era imparable. Los dibujos animados eran divertidos para los niños y una forma estupenda de que los padres hicieran que sus hijos comieran verduras a la hora de cenar.

Ahora bien, la idea de que comer una sola lata de espinacas hará que una persona sea inmediatamente super fuerte es absurda. Pero así es como solemos abordar nuestro compromiso con la Palabra de Dios. Es igualmente absurdo que pensemos que un rápido tentempié de las Escrituras nos capacitará para mantenernos fuertes por Jesús contra las fuerzas del Infierno, nuestro desafiante mundo y nuestras inclinaciones pecaminosas. La fuerza física proviene de una alimentación sana día tras día, comida tras comida, durante meses. Del mismo modo, la madurez y la estabilidad espiritual llegan cuando leemos, estudiamos, abrazamos y seguimos la Palabra de Dios día tras día, semana tras semana, mes tras mes y año tras año.

Si te estás uniendo a alguien para influirle espiritualmente (o estás siendo influenciado por esa persona), ambos debéis profundizar en las Escrituras a diario y rendir cuentas el uno al otro. Hablad de lo que estáis aprendiendo y de cómo está afectando a vuestra vida. Comparte dónde te está convenciendo o animando el Espíritu Santo. Haz preguntas que te lleven a profundizar en el texto. Compartid vuestras aplicaciones personales entre vosotros e invitad a la oración y a la rendición de cuentas. A medida que pasen los meses y los años, esto conducirá al crecimiento en vuestras vidas.[7] *Memorizar e interiorizar las Escrituras.* De niña, yo (Sherry) fui discipulada por mis dos padres. Me ayudaron a progresar en los siete marcadores del crecimiento espiritual. Empecé a memorizar versículos de la Biblia en la escuela dominical y conservo buenos recuerdos de las formas creativas en que nuestros profesores de la escuela bíblica de vacaciones nos ayudaban a memorizar versículos. Recuerdo cuando mi padre decidió que iba a memorizar todo el libro de Segunda de Pedro. Aunque no estaba segura de poder hacerlo, quería intentarlo. A lo largo de más de un año, se sumergió en este libro del Nuevo Testamento. Llegó a formar parte de él hasta el punto de que se extendió a su corazón, a su mente y a muchas de sus conversaciones. Para mí, como hija suya, era inspirador verle memorizar las Escrituras. Y me animó con su ejemplo a hacer lo mismo.

Mientras Kevin y yo criábamos a nuestros hijos, intentamos ofrecerles un estilo de vida similar de memorización, meditación e interiorización de la Biblia. Nuestros hijos me cuentan ahora que me recuerdan de pie junto al fregadero, con un versículo escrito en la encimera, intentando memorizar o meditar mientras lavaba los platos. Hasta el día de hoy, siempre hay al menos uno o dos pasajes pegados en la pared con los que me ejército y trabajo en mi memorización de los versículos de la Biblia.

Mis padres y los líderes de la iglesia me tomaron de la mano cuando era joven y me guiaron en la memorización de la Biblia, y luego abracé esta disciplina por mi cuenta. Ahora sigo animando a mis hijos y nueras con la esperanza de que animen a otros mediante su testimonio e influencia.

Hubo una temporada en la que nuestro hijo mayor y su mujer se encontraban en un momento de transición. Mientras se preparaban para mudarse al otro lado del país, vivieron con nosotros durante unos meses. Durante este tiempo, nos encantó que nos visitara nuestro amigo John Grooters. John es productor de cine y nos regaló una copia de su última película. Una noche, mi nuera Christine y yo decidimos ver la película. Se titulaba *Tortured for Christ*, y fue aleccionadora. Cuenta la historia de

Richard Wurmbrand, un pastor rumano que defendió su fe y el Evangelio mientras el comunismo se extendía por su país y destruía las iglesias.

Cuando Wurmbrand se dio cuenta de que había una alta probabilidad de que acabara pasando un tiempo considerable en prisión, memorizó un versículo de la Biblia para cada día del año. Richard se dio cuenta de que había 366 versículos en la Biblia que nos instruyen a no temer. El día en que fue detenido, hizo una pregunta: "¿Qué fecha es?". No explicó por qué en aquel momento, pero ese día empezó a meditar en el primero de los 366 pasajes que había memorizado para ese momento. El versículo era el Salmo 56:3: "Cuando tengo miedo, pongo mi confianza en ti".

Este pastor audaz y fiel experimentó de primera mano el valor de la memorización de las Escrituras, y esta práctica le fortaleció en tiempos difíciles de sufrimiento y persecución. En total, Wurmbrand pasó catorce años en prisión. No se le permitió tener una Biblia, pero llevaba la Palabra de Dios con él en su corazón y en su mente. Aunque le torturaron regularmente y le exigieron que rechazara su fe, Wurmbrand se negó. Sus opresores hicieron todo lo posible para obligarle a dar nombres de otros evangélicos, pero él no quiso. Y cuando finalmente fue liberado, comenzó un ministerio que sigue sirviendo a la iglesia clandestina perseguida hasta hoy, llamado La Voz de los Mártires.[8]

Después de que Christine y yo viéramos esta poderosa película, decidimos empezar un viaje para memorizar la Biblia juntos. Nos pareció que lo mejor era empezar con un versículo por semana. Llevamos más de dos años haciéndolo. Antes podíamos trabajar juntas en persona, pero como ya no vivimos cerca la una de la otra, simplemente recitamos nuestros versículos por teléfono o por FaceTime.

La práctica de memorizar las Escrituras sigue siendo una gran bendición en mi vida. Mis padres y los líderes de la iglesia me modelaron y enseñaron el valor de la memorización de las Escrituras. Lo tomé en mi corazón y lo adopté como parte de mi vida. Y pude tomar la mano de mi nuera y pasar tiempo haciendo memorización bíblica con ella. Pronto, lo que hemos hecho tendrá un impacto en una cuarta generación cuando ella comparta esta práctica con su propia familia y con otras personas. ¿Puedes ver la alegría del discipulado a través de las generaciones?

El resto de la historia

Quizás te preguntes qué le pasó a Kenton, ese estudiante de instituto que dejó de leer la Biblia cuando descubrió que algunas de las verdades que estaba aprendiendo le incomodaban. Después de que yo (Kevin) hablara con él sobre la realidad de que las Escrituras pueden convencernos y desafiarnos, hablamos de cómo la Palabra de Dios nos protege y nos guía para vivir como Dios nos ha diseñado. Hablamos de cómo la Palabra de Dios nos muestra el buen camino a seguir, incluso cuando no nos sentimos preparados para dar el siguiente paso. Kenton decidió que volvería a leer la Biblia a diario y que haría lo posible por seguir lo que estaba aprendiendo. Su pasión creció cuando empezó a leer de nuevo, llegando a leer varios capítulos al día. Aunque yo estaba discipulando a Kenton, su rápido crecimiento y diligencia me impulsaron a leer aún más las Escrituras, y ambos crecimos en el proceso. ¡Qué alegría es darse la mano con los demás y caminar en comunidad a medida que crece nuestro compromiso bíblico!

CAPÍTULO 6

El mundo necesita buenas noticias

Yo (Kevin) estaba comiendo con mi amigo Ed Stetzer, hablando de una próxima conferencia patrocinada por el Wheaton College Billy Graham Center. Tenía pensado decir algo durante mi presentación en la conferencia, pero quería comentárselo a Ed primero. Ed es un pensador líder en misiología global, y lo que es mejor, es directo y contundente, como lo soy yo. Sabía que me daría su opinión sincera.

Esta es la afirmación que pensaba hacer. "Mucha gente parece creer que si conseguimos que los evangélicos crezcan profundamente en su madurez espiritual, empezarán a compartir su fe de forma natural y espontánea con personas que aún no son cristianas.

¡Todas las pruebas indican lo contrario!"

Ed me escuchó y mantuvimos una conversación reflexiva sobre esto durante la mayor parte de nuestra comida. Hablamos de cómo el hecho de parecerse más a Jesús debería impulsar a los creyentes hacia el mundo con las buenas noticias de nuestro Salvador. Soñamos con el impacto que podría tener el hecho de que cada evangélico que profundizara como discípulo estuviera también más equipado para articular su fe y el mensaje de salvación. Discutimos formas de ayudar a conectar el discipulado con la evangelización, de modo que cada seguidor de Jesús que madura aumente su compromiso para hacer brillar su luz en favor del Salvador.

Sin embargo, también estuvimos de acuerdo en que, lamentablemente, parece haber una enorme desconexión espiritual. Ed y yo discutimos la realidad de que muchas personas que están creciendo en su conocimiento de la Biblia, yendo a la iglesia con regularidad y tratando de aumentar su intimidad con Jesús, no se están uniendo a su misión de buscar y salvar a los perdidos. Aunque debería haber un vínculo, en gran parte del discipulado que se da en la Iglesia hoy en día, no parece haber una relación entre la madurez espiritual (al menos como la definen muchos hoy en día) y la actividad evangelizadora. En cambio, hay muchas pruebas de que cuanto más tiempo sigue una persona a Jesús, más desconectada está del mundo y de las personas que Jesús vino a salvar.

Esa conversación fue uno de los factores que nos llevó a escribir este libro. Sherry y yo creemos que el acercamiento a Jesús debería mover al evangélico hacia el mundo. Caminar íntimamente con Jesús debería mover nuestros pasos hacia donde va Jesús: hacia las ovejas dolidas, perdidas y errantes que necesitan al Buen Pastor.[9]

Cuanto más amemos, leamos y sigamos la Biblia, más deberíamos sentirnos movidos a compartir nuestra fe con los demás de forma orgánica. Asistir a estudios bíblicos, escuchar sermones y leer nuestras Biblias debería impulsarnos a salir hacia los perdidos.

Nuestro mundo anhela una buena noticia

Cada generación tiene su ración de malas noticias. Esto nunca cambiará. Lo que ha cambiado es la forma en que recibimos las noticias y el interminable bombardeo de malas noticias que nos llega sin cesar. Si tenemos un teléfono, llevamos un potente dispositivo que dispara boletín tras boletín de malas noticias en nuestros bolsillos y carteras. Recibimos malas noticias locales, nacionales y mundiales las veinticuatro horas del día. Esto puede dejarnos desanimados y deprimidos.

Se necesitan desesperadamente buenas noticias. Por desgracia, los guardianes que deciden lo que se considera noticia no parecen muy interesados en compartir historias positivas, esperanzadoras y que den vida. El dominio de las buenas noticias, en su mayor parte, se ha dejado en manos de la Iglesia. Es hora de intervenir para compartir lo que el mundo anhela recibir, porque la Biblia está cargada de buenas noticias. *Evangelio*, el mensaje de Jesús, significa literalmente "buenas noticias". Tenemos historias diarias de la gracia, la presencia, el poder y la bondad de Dios que podemos compartir. Los seguidores de Jesús que se deleitan con las enseñanzas de la Biblia y reciben ese mensaje en lo más profundo de sus almas, oirán la llamada del Espíritu Santo para compartir esta asombrosa noticia con los que aún no han conocido al Salvador.

Sumergirnos en las Escrituras fusiona la misión de Dios con nuestras almas. Un mentor nuestro, el Dr. Charles Van Engen, escribió un poderoso libro como parte de su tesis doctoral.[10] El título, *God's Missionary People*, revela el objetivo del libro. El Dr. Van Engen cree que cuando los evangélicos miran de cerca las Escrituras y siguen al Salvador, nos veremos como misioneros. Cuando veamos el rostro de Jesús y seamos capturados por su corazón, nuestras vidas se volverán naturalmente hacia los perdidos. Cada día se convierte en una oportunidad para hacer brillar la luz de Jesús y compartir su evangelio.

Cuando vemos a nuestro Creador tal y como lo revela la Biblia, como un Dios misionero, anhelamos ser como aquel cuyo nombre llevamos. Esto significa que estaremos en misión en todo momento y en todo lugar. Al igual que Jesús dejó voluntariamente la gloria del cielo y se despojó de ella, nosotros también dejaremos de lado nuestros gustos, deseos, comodidades, preferencias y sueños. En nombre de Jesús, llevaremos sus buenas noticias a un mundo perdido, herido, roto y hambriento.

Algunas personas tratan el Antiguo y el Nuevo Testamento como si fueran mensajes radicalmente diferentes. Incluso hay quienes evitan los dos primeros tercios de la Biblia porque no entienden cómo se sincroniza con el último tercio. La verdad es que tanto el Antiguo como el Nuevo Testamento están inspirados por el mismo Dios, cuentan aspectos diferentes de la misma historia y están saturados del corazón misionero del Todopoderoso. Todos los temas que encuentras en el Nuevo Testamento comienzan en el Antiguo. Todo mensaje proclamado en el Antiguo Testamento culmina en el Nuevo. Desde las primeras palabras del Antiguo Testamento - "En el principio, Dios..."- hasta las imágenes finales de la visión del Apocalipsis, vemos el corazón de nuestro Dios.

El Dios de la Biblia es amoroso hasta la médula y más allá. Dios está presente y comprometido. Nuestro Dios ama el mundo que hizo y a las personas que hay en él (Juan 3:16). Cuando Adán y Eva se rebelaron y se apartaron de su voluntad y presencia, comenzó el plan redentor de Dios.

Cuando un seguidor de Jesús se toma en serio el compromiso bíblico y se sumerge en las Escrituras, el mensaje del Evangelio aparece una y otra vez. El hilo escarlata de la redención se teje a lo largo de este libro, desde los primeros capítulos del Génesis, cuando Dios sacrificó un animal e hizo que se cubriera la desnudez de sus hijos, hasta el cordero de Pascua, pasando por la cruz de Jesús. Desde la llamada de Abraham a ser un conducto de la bendición de Dios a todos los pueblos de la tierra (Gn. 12:1-3) hasta el encargo de Jesús a sus seguidores de hacer discípulos a todas las naciones (Mateo 28:19-20), el corazón de Dios es inquebrantable.

Cuando llenemos nuestras mentes y corazones con la verdad de la Biblia, encenderemos un fuego evangélico que arda en nuestras almas. Amaremos a las naciones con la pasión del Padre. Compartiremos las buenas noticias con la guía del Espíritu Santo. Seguiremos las huellas del Salvador, que se negó a sí mismo, tomó la cruz y caminó hacia un mundo oscuro, iluminándolo con la verdad y la esperanza.

La narración bíblica nos invita a entrar en la búsqueda de Dios de los perdidos. El Dios de la Biblia nunca es pasivo. Siempre está en movimiento. Cuando Adán y Eva se rebelaron y cayeron en desgracia, Dios fue a buscarlos. Cuando se escondieron, los buscó. Cuando se acobardaron, gritó: "¿Dónde estás?". (Gn. 3:9). Cuando estaban desnudos, los vistió (Gn. 3:21). Cuando nuestros primeros padres estuvieron al borde de otro fracaso, Dios les protegió (Gn. 3:22-24). Desde el principio, Dios protegió a los hijos que amaba.

Cuando fue necesario ofrecer un pago perfecto e infinito por el pecado, Dios actuó. Jesús, la segunda persona de la Trinidad, dejó la gloria del cielo y tomó carne humana. Se despojó de sí mismo (Fil. 2:7) y vino como uno de nosotros para poder cargar con nuestro pecado, nuestra vergüenza y nuestro juicio. Mientras Jesús caminaba por esta tierra, invitó a sus seguidores a participar en su misión. Los pescadores comunes pasaron de pescar carpas y tilapias a pescar mujeres y hombres. Envió a sus discípulos a predicar la buena nueva del reino de Dios y a revelar el poder del Espíritu. Jesús era un hombre de acción, y llamó a su pueblo a unirse a él para compartir las buenas noticias con el mundo.

Cuando Jesús articuló su declaración de misión personal, la expresó de esta manera "Porque el Hijo del Hombre no ha venido a ser servido, sino a servir y a dar su vida en rescate por muchos" (Marcos 10: 45). Jesús vino con el singular propósito de buscar y salvar a las personas perdidas, a costa de su propia vida.

Cuando el Salvador murió en la cruz, luchó contra las fuerzas del infierno, de Satanás y del mal. Hizo justos a los pecadores al convertirse en pecado por nosotros (2 Cor. 5:21). Cuando resucitó, la victoria fue ganada y el pecado fue derrotado. La cortina divisoria entre Dios y las personas se rasgó de arriba a abajo, y el acceso a la presencia misma de Dios se abrió para cualquiera que venga por la fe en Jesús (Mateo 27:51). Todo el mensaje de la Biblia se centra en el plan redentor de Dios para llegar a las personas perdidas y abrirles un camino para que vuelvan a casa. Cuando este mensaje echa raíces en el corazón de un seguidor de Jesús, nos vemos obligados a unirnos a Dios en su compromiso de buscar y salvar a los perdidos. *Las Escrituras pintan un cuadro del amor de Dios por cada persona.* Vivimos en un mundo que divide a las personas con creciente precisión. Este proceso de tratar a las personas como si sus identidades de grupo, su composición genética y sus antecedentes personales tuvieran una importancia primordial, crea cuñas, no unidad. Si no tenemos cuidado, los prejuicios y las preferencias se apoderarán de nuestros corazones y nos llevarán a tratar a unas personas mejor que a otras basándose en estas distinciones periféricas.

En el corazón de Dios solo hay dos clases de personas. Están los que Dios ama y se deleita en ellos porque han venido a él por la fe en Jesús. Y están aquellos a los que Dios ama y que aún no han venido a él. Nada más.

Cuando leemos la Biblia, descubrimos que nuestro Padre celestial ama a su creación y anhela que nadie perezca, sino que todo ser humano se salve poniendo su fe en Jesús (2 Pedro 3:9). En el mismo principio, vemos que Dios hizo a los seres humanos a su imagen y semejanza y anhelaba que esta buena creación permaneciera en relación con él (Gn. 1:27, 31). Cuando Jesús caminó por esta tierra, se nos recuerda que "tanto amó Dios al mundo que dio a Su Hijo unigénito, para que todo el que crea en él no perezca, sino que tenga vida eterna" (Juan 3:16). La salvación no es universal, pero el amor de Dios y la oferta de salvación sí lo son.

Un estudiante serio de la Biblia verá el amor de Dios en todo el Antiguo y el Nuevo Testamento. Lo que debería asombrarnos al leer la Biblia no es que Dios juzgue el pecado, sino que ofrezca la gracia tan gratuitamente. La paciencia de Dios es desconcertante. Su bondad es magnética. Su amor es asombroso. Su gracia sigue siendo asombrosa. La verdad de la Biblia nos despierta a las realidades eternas. El cielo es real, y también lo es el infierno. Este mundo llegará a su fin y todo ser humano pasará la eternidad en la gloria de la presencia de Dios o separado de su belleza y bondad (Mateo 25:46; Jn. 3:36; 5:24, 28-29; Rom. 2:6-8). Cuando leemos la Biblia, se nos recuerda que Dios es un juez perfecto y justo (2 Tim. 4:1, 8) y que hará que todas las cosas sean correctas al final de los tiempos.[11]

Durante siglos, los evangélicos se sintieron movidos a tender la mano y compartir su fe con las personas que amaban porque no querían verlas perdidas eternamente. Los creyentes se arriesgaban a un conflicto relacional o a la pérdida de una amistad porque aceptaban la enseñanza bíblica de que el infierno es real y que las personas reales van allí si no son salvadas por Jesús. Hoy en día, muchos feligreses han adoptado un universalismo suave o manifiesto que crea la falsa esperanza de que todas las personas acabarán algún día en el cielo.

Esta noción errónea solo puede estar adoptada y mantenida por personas que ignoran la clara enseñanza bíblica o evitan la Biblia por completo.

Cuando no leemos la Biblia con constancia y detenimiento, nos perdemos la gloria, la belleza y la esperanza de la vida eterna que se pinta con claridad en las Escrituras (Heb. 11:10, 16; Ap. 21:21). Si permitimos que nuestros ojos se centren en las distracciones brillantes y resplandecientes de este mundo, podemos olvidar que esta vida es una niebla que pasará. Como describe C. S. Lewis en su brillante libro sobre el Infierno y el cielo, El gran divorcio, el cielo es más sólido, tangible, hermoso y real que cualquier cosa que podamos experimentar en este mundo. Al leer la Biblia y tomarla en serio, nos enfrentamos a la aleccionadora realidad de que el infierno es real. También abrazamos la alegre verdad de que el cielo se ofrece a cualquiera que reciba el don de la gracia ofrecido por Jesús el Mesías. Ambas cosas nos impulsarán a orar con más audacia por los perdidos, a acercarnos más a nuestro prójimo y a compartir de forma más coherente el mensaje de salvación de Dios, la buena nueva de Jesús.

Siguiendo la Palabra de Dios, somos luces en la oscuridad

Los evangélicos que aman las Escrituras, que leen la Biblia con constancia y que siguen lo que enseña se distinguen de los demás de forma maravillosa, y esto suele abrir las puertas a las conversaciones espirituales. Los creyentes que siguen el camino de Jesús y las enseñanzas de la Palabra de Dios tienen un aspecto diferente.

En un mundo egoísta, los evangélicos bíblicos sirven con humildad. Profundizaremos en este tema en la parte 4 de este libro, pero cuando leemos la Biblia, descubrimos que nuestro Señor se preocupó por los que sufrían, lavó los pies de la gente y ofreció su vida en una cruz por los enemigos que no lo merecían. Luego nos llamó a vivir como él. Los evangélicos están obligados a servir a los demás con sacrificio, y este estilo de vida destaca hoy en día. Cuando vemos una oportunidad de ayudar a alguien, y no hay recompensa terrenal o pago, nos ofrecemos a ayudar. Cuando alguien nos pregunta: "¿Por qué harías eso?", podemos hablar con ellos sobre aquel que nos sirvió hasta el punto de llevar una cruz y dar su vida. La vida bíblica conduce naturalmente a conversaciones espirituales.

Los seguidores de Jesús destacarán cuando perdonemos a los demás como Jesús nos perdonó a nosotros. Una y otra vez, las Escrituras llaman a los seguidores de Jesús a extender el perdón con gracia. El propio Jesús hizo hincapié en esto cuando enseñó a sus discípulos a orar (Mateo 6:5-14). El mensaje de la gracia y la clara enseñanza de que hemos sido perdonados saturan las páginas de la Biblia. Cada vez que extendemos el perdón, revelamos la presencia de Jesús. Cuando tratamos a una persona que nos ha hecho daño de forma que refleje el corazón del Salvador, es una luz penetrante en un mundo oscuro e implacable. Cuando otras personas toman represalias, los evangélicos siguen a Jesús en el camino del perdón y del amor. Esto abre la puerta a la curación en las relaciones y crea un lugar para compartir sobre el Salvador, que llevó nuestra vergüenza, aceptó nuestro juicio y nos perdonó.

Brillamos con la luz de Jesús cuando la alegría fluye de nuestros corazones, incluso en tiempos difíciles. Uno de los ejemplos más hermosos de la alegría que conduce a la evangelización se encuentra en Hechos 16. Pablo y Silas habían sido desnudados, golpeados con varas y azotados públicamente. Después de esto, los metieron en la cárcel. En medio de la noche, los encadenaron en la parte más oscura y profunda de la cárcel. Estaban aturdidos por un dolor impensable. Y oraban en voz alta y cantaban canciones de alabanza a Dios.

La alegría de Pablo y Silas en la persecución se convirtió en un testimonio para los demás presos y, finalmente, para el carcelero. Antes de que llegara la mañana, Pablo y Silas eran libres, y el carcelero y su familia eran nuevos seguidores de Jesús. Es algo único en una persona alegre que sea capaz de mantenerse fuerte incluso cuando la golpean. Las puertas se abren para el Evangelio cuando un creyente sigue la exhortación bíblica de "alegrarse siempre en el Señor" (Fil. 4:4). Como ocurre en la mayoría de los casos, el comportamiento bíblico abre la puerta a una conversación espiritual y a compartir las buenas noticias de Jesús. Pablo y Silas añadieron palabras a su testimonio y llamaron al carcelero y a su familia a "creer en el Señor Jesucristo". Y cuando lo hicieron, sus vidas y su futuro eterno se transformaron.

Destacamos cuando mostramos paz en un mundo de confusión. Vivimos en una época de perpetuo conflicto y polarización y, en numerosas situaciones, es difícil encontrar la paz. Cuando los discípulos de Jesús atraviesan los tiempos difíciles con una sensación de calma y confianza, eso llama la atención. Tenemos esta paz de otro mundo porque, al leer las Escrituras, se nos recuerda constantemente quiénes somos. Se nos asegura nuestra salvación. Se nos habla del amor de Dios por nosotros y de su gracia en nosotros, de su misericordia hacia nosotros y de su cariño por sus hijas e hijos. Nuestra paz no se basa en las circunstancias ni en las decisiones que van en nuestra dirección, ni en la seguridad de que nunca sufriremos. En cambio, está arraigada en la audaz certeza de quiénes somos y adónde vamos. El cielo es nuestro hogar y nada puede arrebatárnoslo. Cuando la gente nos pregunta por qué podemos estar tan llenos de paz en medio de la confusión, hablamos del Salvador, que nos ha llamado suyos y nos ha preparado un lugar en el cielo.

Invitamos a la curiosidad cuando la sabiduría celestial guía nuestras elecciones diarias. Cuando nos deleitamos con la verdad de las Escrituras, encontramos respuestas a las preguntas de la vida y sabiduría para ayudarnos a navegar por las situaciones turbulentas a las que nos enfrentamos cada día. La enseñanza inmutable y duradera de la Biblia es como un ancla en una tormenta. Las personas que no tienen amarres morales se sienten a la deriva en un mundo relativista. Pero los evangélicos tenemos la verdad para seguir y la sabiduría celestial para guiarnos.

A lo largo de los años, muchos amigos, vecinos y familiares no creyentes han acudido a nosotros en busca de conocimientos y sabiduría para afrontar una situación difícil de crianza. En lugar de dar nuestros propios consejos, una y otra vez les hemos remitido a las enseñanzas de la Biblia. Como amamos, conocemos y seguimos la Biblia, hemos podido compartirla con padres no creyentes, y ellos también han visto cómo les guiaba la sabiduría de Dios. Esto conduce inevitablemente a conversaciones más profundas sobre la Biblia, la fe y Jesús. Si amamos la Palabra de Dios, aprenderemos a amar a cada persona que nos permita encontrar. Si conocemos las Escrituras, oiremos la llamada a ir y hacer discípulos de todas las naciones. Si seguimos las enseñanzas de la Biblia, seguiremos los pasos de Jesús, que nos llevan a las ovejas rotas, heridas, olvidadas y perdidas que él anhela salvar. El compromiso bíblico nos lleva al mundo con el corazón y el mensaje de Jesús.

PARTE 2

Una oración apasionada

Cómo hablar con Dios abre nuestro corazón al mundo

Jesús estaba en constante comunicación con su Padre y oraba por sus seguidores y por aquellos que seguían alejados de la comunión con Dios. Como discípulos, orar debería ser como respirar. Podemos vivir en íntima comunicación con el Dios que nos hizo y nos ama. A medida que crezcamos en el marcador espiritual de la oración apasionada, nos encontraremos orando por y con aquellos que aún necesitan descubrir y abrazar la asombrosa gracia de Jesús.

CAPÍTULO 7

Hablar con Dios Padre

C uando Kevin y yo escribimos este libro, llevábamos treinta y siete años casados y nos conocíamos desde hace treinta y nueve. A lo largo de todos esos años, la oración ha sido una parte importante de nuestra relación. Ambos orábamos por nuestros futuros cónyuges antes de conocernos. Antes de nuestra primera cita, en verano de 1982, ya habíamos orado juntos, incluso mientras nos hacíamos amigos. Cuando salíamos a distancia y vivíamos en zonas horarias diferentes, fijábamos una hora cada día en la que sabíamos que oraríamos al mismo tiempo. Eso nos hacía sentirnos más unidos aunque estuviéramos a tres mil kilómetros de distancia. Una vez casados, decidimos que orar como pareja sería una prioridad para nosotros. Después de casi dos décadas, tres hijos y años de asociación en el ministerio, mantuvimos la buena costumbre de sacar tiempo para sentarnos a orar como pareja unas cuantas veces a la semana.

Entonces algo cambió. Nuestro ritmo de oración cambió. En lugar de fijar una hora para sentarnos juntos y orar sobre temas concretos, empezamos a orar a lo largo del día. Cuando surgía una necesidad, hablábamos con Dios, aunque estuviéramos conduciendo o dando un paseo. Si nos sorprendía la alegría, dábamos las gracias a Jesús y celebrábamos su bondad en ese mismo momento, tanto si estábamos juntos como si nos separaban miles de kilómetros. Cuando hablábamos de uno de nuestros hijos, de un reto ministerial o de una decisión, pasábamos de forma natural a la oración y luego volvíamos a la conversación. Desde ese cambio en nuestra vida de oración, hemos pasado de orar como pareja unas pocas veces a la semana a hacerlo muchas veces.

Ahora rara vez decimos: "Vamos a orar". En cambio, uno de nosotros empieza a orar y el otro se une. A veces no damos un "amén" oficial, porque tenemos la sensación de que no hemos acabado de orar. Ahora ambos hablamos con Dios de esta manera con un número cada vez mayor de nuestros amigos evangélicos y compañeros de ministerio. Estamos descubriendo que la invitación del apóstol Pablo a "orar continuamente" (1 Tesalonicenses 5:17) consiste en sentirse libre para hablar con nuestro Padre celestial durante el flujo de la vida cotidiana.

Aprendimos esta práctica de oración observando a Jesús. A lo largo de los Evangelios, encontramos al Salvador en comunión con su Padre. Jesús oraba constantemente. A veces en medio de una multitud, otras veces con un pequeño grupo, y regularmente en momentos de soledad. Nuestro Señor oraba con sus seguidores más cercanos y delante de personas que sentían curiosidad espiritual. La oración formaba parte del estilo de vida de Jesús, y debería serlo también para nosotros.

Jesús oró durante el flujo de la vida cotidiana

Al leer los cuatro relatos evangélicos, encontrarás a Jesús orando a lo largo de su jornada. Nuestro Salvador hablaba con el Padre en pequeñas ráfagas de unas pocas frases (Mateo 11:25-26) y en extensas y largas oraciones (Juan 17). Oraba por las comidas y los milagros (Mateo 14:19). Jesús clamó al Padre mientras curaba a la gente (Marcos 7:34), y adoptó las Escrituras como su oración mientras sufría en la cruz (Mateo 27:46). El Señor de la gloria oró por sí mismo (Marcos 14:32-36), por sus seguidores (Juan 17:6-19) y por ti y por mí (Juan 17:2026). La oración brotó de Jesús en todas y cada una de las situaciones.

Yo (Sherry) empecé a notar que Jesús oraba a menudo con los ojos bien abiertos. Cuando curó los oídos de un hombre sordo, el Salvador "miró al cielo" (Marcos 7:34). Cuando alimentaba a los cinco mil y daba gracias al Padre, "miraba al cielo" (Lucas 9: 16). Cuando Jesús elevó la oración más larga registrada en los Evangelios, "miraba hacia el cielo" (Juan 17:1). Cuando la oración se eleva en cada situación, a menudo tendremos los ojos abiertos como nuestro Salvador.

Hace unos años, escribí un libro titulado *Praying with Eyes Wide Open*.[12] Uno de los temas del libro es que orar continuamente significa mantener los ojos abiertos parte del tiempo que hablamos con Dios. Si oramos solo cuando tenemos los ojos cerrados, limitaremos en gran medida los momentos y lugares en los que podemos hablar con nuestro Creador. Mientras estaba escribiendo ese libro, un querido amigo de nuestra familia, Nabeel Qureshi, estuvo en nuestra casa, y tuvimos una maravillosa conversación sobre algunos de los temas del libro. Le dije: "Que yo sepa, no hay ningún pasaje en toda la Biblia que nos pida que cerremos los ojos cuando recemos. No puedo encontrar un solo ejemplo en la Biblia que diga que la gente cerraba los ojos mientras oraba".

En aquel momento, Nabeel (quien se fue con Jesús tras una batalla contra el cáncer de estómago) estaba haciendo un programa de doctorado en Nuevo Testamento en Oxford. Me dijo que no estaba seguro de que yo tuviera razón en esta idea, pero que investigaría un poco. Algún tiempo después, Nabeel se puso en contacto conmigo para comunicarme que, tras su investigación, no pudo encontrar ni un solo pasaje de la Biblia que nos indique que cerremos los ojos cuando recemos. Además, no pudo encontrar ningún ejemplo de personas que cerraran los ojos cuando oraban.

Esto no significa que cerrar los ojos en la oración sea malo. A mí me gusta cerrar los ojos en ciertos momentos de oración porque me ayuda a concentrarme. La exhortación para orar continuamente significa que todas las posturas son apropiadas si vamos a vivir esta llamada.

La prioridad de la oración

Hay una cita popular que a menudo se atribuye al gran reformador Martín Lutero: "Tengo tanto que hacer que pasaré las tres primeras horas orando". La oración no debe contrastar con los momentos en los que hablamos con el Señor con los ojos abiertos (y cerrados) durante el transcurso del día. Además de la conversación constante de Jesús con Dios, también dio prioridad a reservar tiempo para una intensa comunión en la oración.

Al principio del Evangelio de Marcos, se nos ofrece una visión de un día de la vida de nuestro Salvador. En el Sabbat, Jesús fue a la sinagoga a predicar. En mitad del servicio, liberó a un hombre de un ataque demoníaco (Marcos 1:21-28). Desde la sinagoga, Jesús fue a casa de Simón y Andrés. En lugar de permitirle descansar, el Señor acabó dirigiendo un tiempo de curación para la suegra de Pedro (Marcos 1:29-31). Esa misma tarde, cuando el Sabbat se completó y la gente pudo volver a moverse, la multitud acudió a la casa donde se alojaban Jesús y los discípulos. Se produjo una reunión de avivamiento y Jesús curó a muchos y liberó a otros de los demonios hasta bien entrada la noche (Marcos 1:32-34).

Después de todo eso, podríamos esperar que Jesús pusiera un cartel de No molestar y se tomara un merecido descanso. En cambio, a primera hora de la mañana siguiente, antes de que saliera el sol, el Salvador se levantó y se dirigió a un lugar tranquilo y solitario con una cosa en mente. Necesitaba, quería y se sentía obligado a hablar con su Padre en oración (Marcos 1:35-37). Jesús convirtió en una práctica el encontrar importantes espacios de tiempo para estar cara a cara con el Padre y estar en comunión con él.

A medida que Jesús curaba a la gente, liberaba a las personas y enseñaba la buena nueva, las multitudes crecían y se multiplicaban las demandas sobre él. Sin embargo, incluso mientras su popularidad crecía y su notoriedad se expandía, Jesús seguía sacando tiempo para el silencio y la oración. En el Evangelio de Lucas, justo después de que Jesús curara a un hombre con lepra, nos enteramos de que se corrió la voz sobre el Señor y las multitudes crecían (Lucas 5:12-15). Pero Lucas escribe que, en medio de toda esta actividad, "Jesús se retiraba a menudo a lugares solitarios y oraba" (v. 16). Más adelante, en el mismo Evangelio, leemos la conversación de Jesús con sus discípulos sobre quién era realmente (Lucas 9:18-20). Cuando Lucas prepara la escena, escribe: "Una vez que Jesús estaba orando en privado..." (v. 18). Estos sutiles matices dejan muy claro que Jesús no solo oraba en el ritmo habitual de la vida, sino que también daba prioridad a los momentos de conversación a solas con su Padre.

La oración en los grandes momentos

Llegar a una encrucijada, tomar decisiones importantes, experimentar momentos de profunda alegría, enfrentarse a un dolor que se le antoja al corazón... estos momentos son oportunidades propicias para la oración.

Un repaso a los tres años de ministerio público de Jesús revela que nuestro Salvador buscó el rostro del Padre y clamó a él en las principales decisiones y momentos decisivos de su vida.

Llamando a sus apóstoles (Lucas 6:12-16). Cuando Jesús expandió su ministerio, llamó a doce hombres para que estuvieran con él y compartieran el trabajo.

Como preludio a esta decisión, Jesús subió a la ladera de una montaña y pasó la noche orando a Dios.

La transfiguración (Lucas 9:28-36). Jesús llevó a tres de sus amigos más cercanos a una montaña y allí se reveló su gloria. La apariencia de Jesús brilló con gloria celestial, como un rayo. Moisés y Elías aparecieron y hablaron con el Señor, y Dios Padre habló, y todos oyeron su afirmación sobre Jesús. ¡Fue un gran acontecimiento! ¿Te has dado cuenta de cómo empezó esta experiencia? Jesús llevó a estos tres hombres a la montaña para orar (v. 28). Todo lo demás que ocurrió surgió de ese tiempo de oración.

La resurrección de Lázaro (Juan 11:38-44). Jesús habló en voz alta: "¡Lázaro, sal!" y un hombre que llevaba cuatro días muerto se levantó y salió de la tumba. ¡Asombroso! Una vez más, es bueno rebobinar y ver lo que hizo nuestro Salvador antes de este asombroso milagro. Juan recoge las palabras de nuestro Señor: "Padre, te agradezco que me hayas escuchado. Sabía que siempre me oyes, pero he dicho esto para que la gente que está aquí crea que tú me has enviado" (vv. 41- 42). Jesús oró en voz alta para que todos pudieran escuchar y dar gloria al Padre.

El jardín de Getsemaní, preparándose para la cruz (Mateo 26:36-46; Marcos 14:32-42; Lucas 22:39-46). Uno de los ejemplos más impresionantes de oración en la vida de Jesús se produce justo antes de que fuera a la cruz. Tres de los escritores de los evangelios recogen este momento de oración cuando Jesús fue al jardín de Getsemaní con algunos de sus amigos más cercanos y compañeros de ministerio. Oró apasionadamente a su Padre una y otra vez. Su oración consistía en que se le quitara el cáliz del sufrimiento, pero solo si ésta era la voluntad del Padre. Durante este tiempo de agonía, dolor, problemas y batalla espiritual, el sudor de Jesús se convirtió en gotas de sangre y cayó al suelo (Lucas 22:44). No solo oró en este tiempo de intensa lucha, sino que también pidió a los discípulos que oraran para no caer en la tentación. Fue en este tiempo de oración cuando Jesús resolvió firmemente beber el cáliz e ir a la cruz.

En la cruz (Lucas 23:34, 46; Marcos 15:34). Mientras Jesús colgaba de la cruz, cargando con nuestros pecados y experimentando el juicio que merecíamos, habló siete veces. Tres de estas "palabras desde la cruz" iban dirigidas a su Padre: eran oraciones. En el dolor físico y la agonía espiritual de su sufrimiento, Jesús pidió a su Padre que perdonara a los pecadores que no sabían lo que le hacían: una oración de gracia. Mientras jadeaba bajo la asfixiante tortura de la crucifixión, nuestro Señor oró las primeras palabras del Salmo 22 y preguntó por qué estaba abandonado: una oración de soledad. Al acercarse al final de su vida, Jesús dijo a su Padre que ponía su espíritu en sus manos, una oración de entrega. En estas últimas horas de su vida en esta tierra, Jesús habló continuamente con su Padre.

Ser discípulo significa tratar de vivir como nuestro Señor. orar antes, durante y después de los grandes momentos de la vida era un comportamiento normal.

Jesús oró por Sus seguidores

En Juan 17, encontramos la oración más larga de la que se tiene constancia de nuestro Salvador, a menudo llamada la Oración del Sumo Sacerdote. Jesús centró Su oración en el Evangelio, en sus seguidores y en los que un día depositarían su fe en él. Muchos evangélicos, a lo largo de los siglos, han utilizado la Oración del Señor (Mateo 6:9-13) como modelo para hablar con Dios. Se trata de una maravillosa disciplina espiritual y sería prudente añadir también esta poderosa Oración del Sumo Sacerdote de Jesús para ayudar a dar forma a nuestras conversaciones con Dios. Jesús comienza esta oración centrándose en la verdad y la buena noticia de la salvación que se encuentra solo en él. Jesús clama: "Padre, ha llegado la hora. Glorifica a tu Hijo, para que tu Hijo te glorifique a ti" (Juan 17:1). La buena noticia del Evangelio da gloria a Dios cada vez que alguien la proclama, la escucha o la recibe. Jesús reconoce que tiene autoridad para dar la vida eterna y que esta vida llega a través de su conocimiento. Nuestro Salvador continúa declarando que su obra en la tierra estará completa. Antes de volver a la presencia del Padre, terminará su misión. Poco después, en la cruz, Jesús declarará: "Está consumado" (Juan 19:30).

A continuación, nuestro Señor ora por sus discípulos (Juan 17: 6-19). Esta oración se extiende a todos los seguidores de Jesús en todos los lugares y en todo momento, y sabemos que nuestro Señor sigue intercediendo por nosotros hoy (Rom. 8:34). Toma nota de cinco cosas que Jesús ora por sus seguidores y deja que estas oraciones te animen, inspiren y desafíen.

1. *Jesús ora pidiendo protección contra el maligno.* Aunque seamos enviados al mundo y vivamos en un entorno difícil, nuestro Salvador ora para que el propio nombre de nuestro Dios nos proteja.

2. *Nuestro Señor pide que experimentemos la unidad como pueblo de Dios.* Jesús llega a pedir que seamos uno con los demás creyentes, como Jesús es uno con el Padre. Es una imagen asombrosa de la unidad.

3. *El Salvador pide que sus seguidores conozcan la profundidad de la alegría más allá de su imaginación.* Jesús quiere que tú y yo experimentemos la medida completa de su alegría en nosotros.

4. *Jesús ora para que seamos santificados por la verdad de su Palabra.* En un mundo de confusión, compromiso y engaño, nuestro Salvador ora para que estemos saturados de la verdad de su Palabra.

5. *Por último, el gran Evangelista y Pastor de las ovejas ora por nosotros al enviarnos al mundo.* Compara nuestro envío con el modo en que el Padre envió a su Hijo al mundo. ¡Es una gran llamada!

Repasa las cosas que oró Jesús (y sigue orando) por ti como su discípulo. Jesús oraba esto cuando caminaba por la tierra hace dos mil años y sigue intercediendo por estas cosas para nosotros hoy. Por último, vemos cómo el Señor de la mies dirige su corazón y sus oraciones a todos los que llegarían a la fe en los años, décadas y siglos venideros (Juan 17:20-26). Jesús ora por los que escucharían las buenas noticias del Evangelio a través de los discípulos en esa generación y en todas las generaciones venideras. Esto es lo que Jesús oró por ti antes de que pusieras tu fe en él. Es lo que ora por tus amigos, vecinos y familiares que aún no han recibido su asombrosa gracia.

- Que encuentren la *unidad,* la cohesión y el verdadero amor de familia. Jesús sabe que toda persona perdida está desconectada y necesita la pertenencia. Ora para que encuentren su lugar de verdadera paz y significado en la familia de Dios.

- Que descubran la *intimidad* con su Creador. Nuestro Señor sabe que toda alma anhela unirse a Dios y recuperar la relación con él. Jesús ora para que esto sea una realidad para cada oveja errante.

- Que se conviertan en un *testimonio* para el mundo. Jesús se deleita en la fe y el discipulado generacional. Aquí mismo, en esta asombrosa oración, oímos al Señor de la gloria orar por sus discípulos. También eleva a los que llegarían a la fe a través de su testimonio. Por último, ora para que estos nuevos seguidores ayuden al mundo a ver quién es Jesús, para que también puedan abrazarlo. Jesús pinta un cuadro de manos unidas mientras una generación tras otra llega a la fe.

Todo seguidor de Jesús puede aprender de esta oración. Debemos alegrarnos de que Jesús, el Señor de la gloria, rece esto por nosotros y por cada persona perdida. Podemos utilizarla como guía cuando recemos por los seres queridos que aún no conocen a Jesús. Quizá quieras hacer una pausa, ahora mismo, y pensar en una persona que te importe y que aún no haya recibido la asombrosa gracia de Jesús. Luego, únete a Jesús y ora para que conozca, ame y siga al Salvador.

CAPÍTULO 8

¿Quiere Dios de verdad escucharme?

E l 9 de diciembre de 2006, la banda U2 actuó en el Aloha Stadium. Era el último espectáculo de la gira mundial *Vertigo*, que duró dos años. Más de 45 000 personas asistieron a este evento con las entradas agotadas, ¡y resulta que nosotros éramos dos de ellos! Un amigo cercano nos había invitado a unirnos a un grupo de líderes ministeriales durante unos días en Hawái, y él cubrió los gastos. Nos unimos a ellos para vivir este increíble concierto, único en la vida, bajo el cielo hawaiano.

Cuando por fin volvimos al hotel, una hora de tráfico después del concierto, estábamos dispuestos a dar por terminada la noche. Cuando estábamos a punto de dormirnos, yo (Kevin) me di cuenta de que me había dejado la cartera en el coche de alquiler y había dejado las ventanillas bajadas. Me apresuré a ir al aparcamiento y cogí rápidamente la cartera. Mientras volvía al hotel, me topé con dos de las mujeres que formaban parte de nuestro grupo. Estaban mirando un mapa y les pregunté qué estaban haciendo. Dijeron que tenían una invitación para asistir a la fiesta posterior con U2 y Pearl Jam en el USS *Missouri* y que estaban intentando averiguar cómo llegar allí.

Era bastante más de medianoche. Conocía la ruta a Pearl Harbor, así que me ofrecí a llevarlas y a dormir en el coche mientras ellas iban a la fiesta. Agradecieron el ofrecimiento y lo aceptaron, e incluso nos invitaron a Sherry y a mí a unirnos a ellas. Resultó que tenían cuatro pases, pero sus maridos estaban demasiado cansados. Una vez más, nos dejamos llevar, ya que sin ellas no podríamos haber ido.

Cuando llegamos, la fiesta estaba terminando. Los miembros de ambas bandas se mostraron amables y discretos. Tuvimos la oportunidad de conocer a los miembros de Pearl Jam e incluso tuvimos una agradable charla con el guitarrista principal de U2, The Edge, y su esposa. Todo el mundo estaba en la cubierta del barco (que también es el lugar donde se rindió el Imperio de Japón al final de la Segunda Guerra Mundial). La única persona que faltaba, que supiéramos, era Bono, la voz de U2.

Nos enteramos de que disponía de un espacio privado y de que se llevaba a la gente a una hora determinada para visitarle. Un encuentro con Bono requería una invitación adicional y una escolta hasta su local. Las dos mujeres que nos habían invitado también tenían invitaciones para reunirse con Bono, pero no estábamos en esa lista. Disfrutaron de un gran encuentro con él y se disculparon profusamente por no poder acompañarlas. Les aseguramos que nos sentíamos indescriptiblemente honrados de haber podido asistir al concierto y a la fiesta posterior. No teníamos ninguna queja.

Cuando Sherry y yo hablamos de esta experiencia, nos llevó a una interesante comparación de aquella noche en Hawái con el antiguo templo de Jerusalén. Ambos habíamos asistido a universidades y seminarios evangélicos y habíamos estudiado la arquitectura y utilidad del templo. Reconocimos algunas similitudes entre nuestra noche en el concierto de U2 y el patio del templo.

En tiempos de Jesús, el templo tenía una serie de barreras y puntos de parada. Todo el mundo estaba invitado a entrar en el patio de los gentiles. Como recordó Jesús a la gente de su época, este espacio del templo estaba destinado a ser un lugar de oración para las naciones (Mateo 21:12-13). Se invitaba a las mujeres judías a acercarse al lugar sagrado, más allá del patio, pero había un punto en el que ellas también debían detenerse. Los hombres judíos podían acercarse aún más al templo, pero había un punto en el que no podían ir más lejos y solo se invitaba a los sacerdotes. En el propio templo, una cortina separaba el lugar santísimo, y solo el sumo sacerdote podía entrar en ese espacio, y solo una vez al año (Heb. 9:7). En este lugar descansaba el arca de la alianza, donde el antiguo pueblo judío creía que residía la presencia de Dios. La cortina era un punto de división, un símbolo de la separación entre un pueblo pecador y un Dios perfectamente santo.

Cuando Jesús murió en la cruz, en el momento en que entregó su espíritu, la cortina del templo que impedía el acceso de la gente al lugar santísimo se rasgó en dos, de arriba a abajo (Mateo 27:51). Esto fue una invitación divina, una señal física de que el camino hacia Dios Todopoderoso estaba ahora abierto y ya no había división. Dios nos da la bienvenida a sí mismo, y todo ser humano tiene acceso a la presencia de Dios mediante la fe en Jesús.

Hay muchas invitaciones que Sherry y yo no hemos recibido en nuestra vida. Nunca hemos estado en la Casa Blanca. La reina no nos ha invitado a tomar el té en el Palacio de Buckingham. O, si lo ha hecho, nuestra invitación se perdió en el correo. Aquella noche en Hawái, sabíamos que los responsables de Bono no habían dado su aprobación para que nos reuniéramos con él. Nos dejamos llevar por amigos y conocidos a Hawái, al concierto e incluso a la fiesta posterior. Pero seguía habiendo una línea divisoria entre nosotros y Bono. Y, sinceramente, nos parecía bien.

Pero el Dios del universo envió a su único Hijo para que entrara en la historia humana y diera su vida por todos nosotros. Rompió la cortina en dos, con manos divinas, de arriba abajo. El camino hacia Dios está ahora abierto. Él es nuestro Abba, nuestro Padre, y mediante la fe en Jesús, siempre somos bienvenidos. El lugar santísimo es accesible, y el Dios santísimo nos recibe con los brazos abiertos. Sherry y yo preferimos eso a una sesión de diez minutos con una estrella del rock cuando sea.

Si alguna vez te preguntas si Dios quiere saber de ti o pasar tiempo contigo, recuerda lo que hizo para abrirte el camino y llevarte a sí mismo. Cada vez que ores, declara con confianza que los brazos de Dios están abiertos y que eres bienvenido a su presencia.

¿Cuándo quiere Dios escucharnos?

Dios nunca quiso que nuestra fe quedara relegada a una experiencia de un día a la semana. Desde luego, no quiere que limitemos nuestra relación con Él a una sola hora durante un servicio de adoración formal. La fe bíblica consiste en conectar con nuestro Hacedor todo el día, todos los días. Cuando el apóstol Pablo escribió: "Orad continuamente", no estaba diciendo que tengamos que hablar con Dios cada segundo de cada día. La buena noticia es que podemos hablar con Él en cualquier momento. Dios está siempre disponible. Su puerta está abierta, su corazón está dispuesto, y lo sabemos porque la cortina se ha rasgado en dos.

En las primeras páginas de la Biblia, se animaba a los padres a enseñar la fe a sus hijos en casa y mientras paseaban por el camino. Esto era un recordatorio de que la relación con Dios debe experimentarse en todo momento y en todo lugar. Para ayudarnos a entrar en comunión con nuestro Hacedor, se nos anima a poner recordatorios en nuestras casas para desencadenar conversaciones sobre Dios y para recordarnos que debemos orarle (Dt. 6:4-9).

La Biblia está llena de historias de personas que oran en tiempos de victoria, en momentos de derrota e incluso en medio de la batalla. Los Salmos son una colección de oraciones para cada situación y estación de la vida. ¿Por qué crees que Dios dedicó el libro más largo de la Biblia (los Salmos) al tema de la oración? ¿Por qué nos da Dios tantos ejemplos de oraciones que pueden elevarse en los momentos más dulces de alegría y en los más profundos de dolor? El mensaje es claro. Dios quiere saber de nosotros. La oración es para el ahora. Cada momento es el momento perfecto para hablar con Dios. Si has hecho una pausa en tu lectura en este momento y has clamado a Dios, puedes estar 100 % seguro de que su oído está dirigido y sintonizado contigo.

Una de las mejores formas de empezar un buen día es la oración. Hace unos veinte años, yo (Sherry) empecé a orar a primera hora de la mañana. La forma en que comenzó fue tan graciosa como sorprendente. Una noche, mientras me dormía, estaba escuchando un sermón. Me estaba desvaneciendo, así que solo captaba trozos del mensaje. Recuerdo que oí al pastor preguntar: "¿Te imaginas lo que Dios podría hacer si todos los que escuchan este mensaje se levantaran mañana por la mañana, se pusieran de rodillas y empezaran el día orando?". Poco después, me quedé dormida. A la mañana siguiente, cuando me desperté, me encontré de rodillas junto a mi cama. No tenía ningún pensamiento ni recuerdo consciente de haberme levantado de la cama. Sin embargo, cuando abrí los ojos, ya estaba de rodillas. Un vago recuerdo de lo que había oído en el sermón de la noche anterior inundó mi mente, y recuerdo que pensé: "Esto es muy bonito". Me tomé un tiempo para orar allí, junto a mi cama, y luego me levanté con una nueva perspectiva para afrontar el día.

Aquella noche me dormí agotada y sin pensar en lo que había pasado aquella mañana. Para mi asombro, cuando me desperté al día siguiente, estaba de nuevo de rodillas. Fue misterioso y emocionante a la vez. Me pareció un pequeño milagro. Volví a orar y me adentré en el día con un nuevo entusiasmo.

La tercera mañana, cuando me desperté, esperaba encontrarme de rodillas. En cambio, al abrir los ojos, me di cuenta de que estaba tumbada de espaldas, bajo las sábanas, en la cama. Recuerdo que una palabra pasó por mi mente: "¡Maldición!" Esperaba tener otro día cuando me despertara de rodillas.

En ese momento, oí que Dios me hablaba. No oigo a Dios con los oídos, pero sí recibo fuertes impresiones en mi corazón e incluso percibo palabras que estoy segura de que sean susurros del Espíritu Santo. Lo que oí en mi corazón fueron estas tres palabras: "Ahora tú eliges". Confiaba en que esto provenía del Señor, así que me levanté de la cama y me arrodillé y comencé mi día en oración: "Sí, Señor, elegiré empezar mi día de rodillas, hablando contigo como primera cosa que hago. Y me comprometo a hacerlo durante el resto de mi vida". Desde entonces, ha sido una práctica diaria. Lo único que ha cambiado desde aquel día es la sensación de que el Señor me había llamado a leer Efesios 6:10-18 después de orar a primera hora de la mañana. Este pasaje trata de ponerse la armadura espiritual y mantenerse fuerte por Jesús. Es la forma que tiene Dios de recordarme la realidad de la batalla y de decirme que, con él, me mantendré en pie.

Como seguidores del Salvador, podemos empezar el día hablando con Dios. Podemos terminar cada día elevando oraciones de agradecimiento, de alabanza, de confesión, de súplica o de lo que nos dicte el corazón. Y, por supuesto, podemos orar todo el día desde que nos levantamos hasta que nos vamos a dormir. El punto de partida de una vida saturada de oración apasionada es saber que Dios anhela saber de nosotros todo el tiempo, sea cual sea nuestra experiencia.

¿Qué quiere Dios escuchar de nosotros?

Si hablamos con Dios en cada situación, necesitamos una gran variedad de formas de orar. Unos simples guiones memorizados no funcionan. El "Ahora voy a dormir y ruego al Señor que guarde mi alma" empieza a cansar en poco tiempo. Tenemos que aprender a ser sinceros y decirle a Dios todo lo que hay en nuestro corazón. Esta es una de las razones por las que el libro de los Salmos es tan apreciado. Abarca todas las emociones y situaciones que podamos imaginar, y quizá algunas que no podamos.

Cuando nos sentimos *agradecidos* y somos profundamente conscientes de las cosas buenas que ha hecho Dios y de su generosa provisión o protección, las oraciones brotan de nuestros corazones y labios. Los Salmos contienen muchos ejemplos de oraciones individuales y comunitarias de acción de gracias (18, 30, 34, 40, 66, 92, 116 y 138, entre otros). Podemos hacer de las oraciones de agradecimiento una respuesta reflexiva en el ritmo de cada día. Para cultivar una actitud de agradecimiento, quizá quieras escribir una lista de agradecimiento a Dios al principio o al final del día.

Todos tenemos momentos en los que reconocemos que nuestros corazones, mentes o acciones se han desviado del camino. Aunque somos salvados por la gracia y limpiados por el sacrificio de Jesús, seguimos pecando y necesitamos hacer tiempo para la confesión. Este tipo de oración es purificadora para el alma y honra a Dios. El Salmo 51 fue elevado por David después de haber tomado a la mujer de otro hombre y de haber puesto a su marido en una situación en la que su vida se apagaría. La oración de confesión de David puede guiarnos para descubrir la profundidad y la sinceridad de los gritos a Dios que proceden de un corazón verdaderamente arrepentido. La confesión es tan importante que Santiago llama a los creyentes a tener valor para confesar sus pecados entre ellos y luego orar unos por otros (Santiago 5:16).

Cuando la gloria de Dios irrumpe en nuestras vidas y vislumbramos a nuestro santo, amoroso, poderoso y bondadoso Salvador, estallan las oraciones de *alabanza*. Dios se deleita cuando sus hijos celebran quién es, su carácter y sus atributos. Muchos salmos se centran en la alabanza (95, 96, 98, 100 y 147-50, junto con otros). Si mantenemos nuestro corazón atento a la presencia y a las bondades de Dios, descubriremos que surgen de forma natural y frecuente.

Cuando la pérdida se abate, el dolor se instala y no se va, y el desánimo o la depresión persisten en nuestras almas, Dios nos invita a elevar oraciones de *lamento*. Son oraciones sinceras que expresan nuestro dolor, miedo, tristeza y lucha. La mayoría de las oraciones de lamento también reconocen que Dios está en el trono y que se puede confiar en él, aunque la situación sea dolorosa y parezca insoportable. Lo sorprendente es que, de todas las oraciones del libro de los Salmos, el lamento es la más común. Más de un tercio de los salmos son lamentos (3, 4, 12, 13, 22, 31, 39, 42-44, 57, 61, 71, 77, 80, 94 y muchos más). Con demasiada frecuencia, los evangélicos creen que deben enterrar su dolor y negarlo. Dios nos invita a acudir a Él con una honestidad sin filtros y a derramar nuestro corazón ante Él.[13] Los lamentos casi siempre terminan con una expresión de confianza en que Dios es soberano y está en el trono.

Todos tenemos momentos en los que necesitamos desesperadamente orientación. Nos enfrentamos a situaciones que simplemente no podemos gestionar. En el libro de Santiago, Dios nos llama a orarle con confianza cuando nos falte sabiduría (Santiago 1:5). Las oraciones por la *sabiduría* también están modeladas en el libro de los Salmos (37, 49, 73, 112, 127, 128, 133 y otros). Dios quiere que acudamos a Él para que nos guíe y dirija cuando tomemos decisiones complejas y también para las pequeñas elecciones de la vida.

El libro de los Salmos también ofrece oraciones para los momentos en los que la injusticia y el mal están cerca. Son las llamadas oraciones *imprecatorias* (35, 69, 83, 88, 109, 137, 140 y 143, entre otras). Podemos sentirnos un poco incómodos al leer estos gritos crudos y afilados a Dios. Algunas de estas oraciones incluyen expresiones como "golpea a mis enemigos", "avergüénzalos" y "rómpeles los dientes". En las oraciones imprecatorias suele haber una llamada a la justicia. Una cosa preciosa de estos gritos estremecedores a Dios es que nos enseñan a acudir a Él en los momentos más duros y a no retener nada. Nos muestran que hay veces en que es mejor llevar nuestra ira al trono de Dios y no a la puerta de la persona que nos ha herido.

¿Por qué nos daría Dios un libro en la Biblia que ofrezca ejemplos de oraciones para cada situación y estación? Él quiere escucharlas sin importar lo que nos depare el día. Dios sabe que tendremos momentos de éxtasis y momentos de tristeza. Ambos son momentos perfectos para hablar con Él. Tendremos victorias y pérdidas profundas. La oración debe acompañar estos momentos. Sin importar lo que afrontemos, la oración puede ser nuestra práctica continua.

Lecciones de oración de Jesús

La vida de un discípulo consiste en un crecimiento continuo a medida que nos parecemos más a Jesús. Él fue el modelo del marcador de la oración apasionada. No solo vivió como un ejemplo de comunión constante e íntima con el Padre, sino que también nos enseñó sobre la oración. Puedes leer los cuatro evangelios y hacer tu propio estudio de las lecciones de oración de Jesús, pero aquí hay algunas cosas que hemos aprendido sobre la oración a partir de nuestro estudio de la vida de Jesús.

El poder de la oración (Marcos 11:22-25). La oración puede arrojar montañas al mar, liberar a las personas de una posesión demoníaca, sanar cuerpos, restaurar relaciones rotas, desatar el poder celestial y mucho más. El único límite de la oración que honra a Dios es el poder de Dios, y Él es omnipotente. Jesús quiere que sepamos que hay más poder en la oración del que soñamos. Al orar, debemos hacerlo con una fe absoluta en que Dios puede hacer todas las cosas. Esto no significa que podamos exigir lo que hará Dios. Pedimos con fe y Dios determina qué oraciones recibirán un sí celestial.

Solo con la oración (Marcos 9:14-29). Hay ocasiones en las que nuestras capacidades, esfuerzos y anhelos más sinceros no lograrán lo que Dios desea en este mundo. Algunas cosas solo se consiguen mediante la oración y el poder celestial que ésta desencadena. Los discípulos de Jesús aprendieron esto cuando intentaron atender a un muchacho que estaba poseído por un espíritu maligno. Al parecer, habían probado todo lo que se les ocurría, excepto la oración. Cuando Jesús entró en escena y expulsó al demonio, los discípulos le preguntaron por qué no les fue bien. Jesús fue tajante: "Este tipo solo puede salvarse con la oración" (v. 29). Cuando llegamos a un punto en el que nada de lo que intentamos parece funcionar, ¿por qué no orar? O mejor aún, ¿por qué no empezar con la oración?

Oración loca (Lucas 6:27-31). Jesús hizo algunas declaraciones que debieron de sonar francamente locas cuando salieron de su boca. "Amad a vuestros enemigos". "Haced el bien a los que os odian". "Si alguien os abofetea en una mejilla, poned también la otra". Justo en medio de esta serie de declaraciones aparentemente absurdas, Jesús dijo: "Oren por los que os maltratan". En el contexto de este pasaje, no parece que Jesús les pidiera que elevaran una oración imprecatoria (oración para pedir el juicio de Dios). Más bien quería que oraran una oración de bendición y gracia. Una de las lecciones sobre la oración que Jesús quiere enseñarnos es que debemos orar por las personas que quieren hacernos daño o que ya nos han hecho daño. En lugar de una respuesta instintiva de represalia, deberían brotar de nuestros corazones y labios - oraciones reflexivas de gracia.

Oración descarada y audaz (Lucas 11:1-13). En los primeros trece versículos de Lucas 11, encontramos algunas de las enseñanzas más sorprendentes sobre la oración ofrecidas por nuestro Salvador. Comienza con Jesús orando y los discípulos pidiéndole que les enseñe a orar. A continuación, encontramos el registro de Lucas de la Oración del Señor (la versión que se encuentra en Mateo 6 es más conocida). Después de esto, Jesús cuenta una historia sobre la oración. La conclusión es obvia: cuando oramos, debemos pedir con "descarada audacia", como hace el amigo en la historia. Llamando. Sigue pidiendo. Sé audaz. Está claro que la historia que nos cuenta Jesús trata de la oración, porque todo lo que hay antes y después de esta historia se centra en la oración. Dios ama a sus hijos. Quiere darles buenos regalos. Nuestra parte es pedir con una confianza audaz.

La oración persistente (Lucas 18:1-8). Más adelante, en el Evangelio de Lucas, Jesús enseñó otra lección mediante una historia sobre la oración. Esta vez se trataba de una viuda que acudía a un juez en busca de justicia. Era implacable. Estaba claro que nunca se detendría. Así que el juez cedió.

Respondió a su petición. Jesús nos está enseñando a no rendirnos nunca cuando recemos. El objetivo de la historia no es decir que Dios responde porque se cansa de nuestros lloriqueos y de nuestras implacables peticiones. Dios no se parece en nada al juez de la historia. Nuestro Dios es un Padre amoroso y anhela bendecir a sus hijos, por lo que nunca debemos dejar de pedir. Nuestras oraciones no son una molestia para nuestro Padre amoroso.

Hemos aprendido esta lección durante cuarenta y cuatro años de oración. Mi padre (el de Kevin) crio a sus cinco hijos como agnósticos o ateos. Uno a uno, cada uno de nosotros se convirtió en seguidor de Jesús, y tres de nosotros acabamos haciendo algún tipo de servicio evangélico. Todos oramos por nuestro padre fiel y persistentemente, durante meses, años y décadas. Hubo varias veces en las que parecía que nunca abriría su corazón al amor, la gracia y la amistad de Jesús. No dejamos de orar. Otros se unieron a nosotros. Sherry hizo de la oración por mi padre una parte tan importante de su vida como la mía. Miles de evangélicos fieles se unieron. Creo que puede haber habido decenas de miles de personas en todo el mundo orando fielmente por la salvación de mi padre, porque en todos los lugares en los que Sherry y yo hablamos durante las últimas tres décadas, pedimos a la gente que rece por mi padre, Terry.

Cuarenta y cuatro años después de que yo me convirtiera en evangélico, mi padre recibió a Jesús como amigo, líder y perdonador de sus pecados. Sherry y yo tuvimos el honor de estar con él cuando entregó su corazón al Salvador a los ochenta y cuatro años. Mi padre se fue con Jesús solo un mes tras recibir este regalo de la gracia. Estamos profundamente agradecidos por las plegarias persistentes de tantos.

Oración rendida (Mateo 26:36–46). Cuando Jesús se acercaba al final de su vida, elevó un ejemplo de plegaria que debería influenciar a todos sus seguidores. «No sea como yo quiero, sino como tú». Recemos lo que recemos, debería estar envuelto en el lenguaje y la actitud de completa rendición. Tenemos fallos y podemos orar egoistica o incorrectamente. Solo Dios es omnisciente y tiene la sabiduría necesaria para comandar el universo. Cuando nos sometemos a su voluntad, crecemos como discípulos.

Oraciones trampolín (Mateo 6:9–13). Cuando los discípulos pidieron a Jesús que les enseñara a orar, estaba claro que no les estaba dando una plegaria memorizada para regurgitar una y otra vez como un mantra al que no se presta atención. Desafortunadamente, algunas personas han convertido la Plegaria del Señor en lo que Jesús denunció. La Plegaria del Señor debe ser un trampolín hacia las aguas profundas de la conversación con nuestro Padre en el Cielo. Cada línea lleva una riqueza de significado que puede llevarnos a miles de plegarias diferentes

Cuando oramos, «Danos hoy nuestro pan de cada día,» es un trampolín para plegarias más específicas para nosotros y los que amamos. «Señor, nuestra hija tiene dificultades en su trabajo y en sus finanzas. Por favor, dale el trabajo correcto y estabilidad financiera para que pueda llegar a fin de mes». O, «Nuestra iglesia tiene dificultades para respetar el presupuesto de nuestro clero, pero creemos que quieres que sirvamos a los miembros de nuestra iglesia y los que se encuentran perdidos en nuestra comunidad. Por favor, ayuda a tu gente a crecer en generosidad para ofrecer lo que la iglesia necesita». Te puedes hacer una idea. Jesús dio oraciones de ejemplo, no para memorizarse y repetirse, sino para lanzarnos a plegarias sentidas.

Solo una nota rápida para los que están en una tradición de iglesia que eleva la Plegaria del Señor todas las semanas durante la misa. No hay nada malo en memorizar una oración y recitarla en la comunidad, pero hay que asegurarse de dejar que el tema de la oración te lleve a una comunicación más profunda con Dios, más allá de la mera recitación de palabras.

Oración evangelista (Mateo 9:35–38). Jesús enseñó a sus discípulos a orar para una mayor recogida de almas. Se trataba de un deseo en el corazón de nuestro Salvador y debería ser una parte clave de nuestras vidas de oración. Lo que es interesante es que Jesús también nos llama a orar por nosotros mismos. Con compasión en su corazón y consciencia de las necesidades de las ovejas perdidas, nuestro Salvador dijo, «Pide al Señor de la recogida, por ello, que envíe trabajadores a su campo de recogida» (v. 38). Jesús entendía que un problema significativo de la ecuación evangelista es que muchos de sus discípulos no salen a los campos. Tenemos que orar por nosotros mismos. «Dios, en tu poder, muéveme, úsame. Aquí estoy, ¡envíame!»[14]

Alineamiento divino en oración. Sin importar el tipo de oración que alcemos, un seguidor con fe del Salvador siempre hará una cosa regularmente: Oramos en nombre de Jesús. Nuestro Señor dijo: «Y hará

Discípulos orgánicos

Discípulos orgánicos

lo que pidas en mi nombre, para que el Padre pueda glorificarse en el Hijo. Puedes pedirme lo que quieras en mi nombre y lo haré» (Juan 14:13–14).

¿Qué significa orar en nombre de Jesús? No significa que conseguirás lo que quieras si añades las palabras «en nombre de Jesús» al final de la oración. Usar el nombre de Jesús no es una manera de santificar todas las oraciones para que Dios se vea obligado a decir que sí.

En el mundo antiguo, el nombre de una persona era el reflejo de su carácter. Hablar en nombre de alguien era representar a esa persona a un nivel básico. Hacer algo en nombre de otra persona era alinearse con su voluntad, deseos y anhelos. Cuando oramos en nombre de Jesús, estamos diciendo, «Esta es una plegaria que honra a Jesús. Viene de su corazón, se alinea con su voluntad, por lo que oró en su nombre glorioso».

orar en nombre de Jesús es lo opuesto a lo que algunas personas piensan. No es hacer una lista de nuestros deseos y caprichos y usar la autoridad del nombre de Jesús para conseguir lo que queramos. Es encontrar el alineamiento divino en la oración elevando esas cosas que honran a Jesús y se sincronizan con su sabia voluntad. Cuando lo hacemos, estamos orando en su nombre, incluso si no terminamos nuestra oración con las palabras,

«En nombre de Jesús».

Avisos de oración

No solo nos enseña nuestro Señor cómo orar, sino que nos ama lo suficiente como para dar algunos avisos aleccionadores sobre cómo no orar y qué no es orar.

Oraciones sin actuación (Mateo 6:5–6). Jesús dejó claro que la oración es estar en comunión con Dios, no impresionar a la gente. Algunas personas religiosas en su día sabían cómo elevar oraciones extraordinarias en el lugar preciso, con las palabras precisas, frente a las personas precisas. Cuando terminaban, todo el mundo quedaba hipnotizado, excepto Dios. Su Creador sabía que no estaban hablándole, sino actuando delante de otras personas. Jesús no dejó lugar a dudas sobre el hecho de que debemos asegurarnos de que nuestras plegarias sean a Dios, para Dios y no para impresionar a los que puedan estar escuchando.

Ten cuidado con la repetición sin pensar (Mateo 6:7–8). La clave para adentrarse en la oración no es memorizar como un loro la misma oración una y otra vez. En los tiempos de Jesús, había personas que hacían esto. Habían establecido oraciones para ciertos momentos, lugares y situaciones. Solo tenían que buscar la oración precisa para el entorno correcto y recitarla. Pero estas recitaciones no tenían corazón ni participación mental, ni siquiera un sentido de hablar a Dios. Se trataba de amontonar las palabras correctas y decirlas repetidamente. Jesús lo dejó claro: no farfulles y amontones palabras vacías y pienses que estás hablando con Dios, sino participa en una comunicación con significado con el Dios a quien le encanta oírte.

Sin oraciones orgullosas (Lucas 18:9–14). A Jesús le encantaban las historias y comprendía su poder para enseñar y dar verdad a nuestras almas. En un momento de enseñanza sentida, Jesús contó una historia sobre dos hombres que fueron a orar. Uno era un líder religioso, quien se irguió frente al Señor y elevó una oración que celebraba lo increíble, devoto y generoso que era. El otro era un recaudador de impuestos que era profundamente consciente de su propio pecado e imperfección. Se acercó a Dios con una humildad profunda y un espíritu dócil. Jesús lo dejó claro: Dios recibió complacido las oraciones del segundo hombre.

Reto de 4 generaciones (2-2-2)

¿Cómo unimos las manos en oración con los que nos influencian en nuestro desarrollo espiritual? ¿Cómo colaboramos con las personas que buscan ayuda para crecer en el indicador de oración apasionada?

Haz que la oración sea como una conversación. Yo (Kevin) tengo el honor de invertir en el crecimiento espiritual de los miembros de la junta de nuestra iglesia. En particular, hay dos hombres en nuestro equipo de liderazgo que han hecho de «miembros perdurables». Esto significa que están exentos de la regla de no servir más de dos términos seguidos. Ambos estaban en la junta cuando llegué y han seguido sirviendo durante muchos años.

Comencé a pasar tiempo con cada uno de ellos y oramos juntos de manera regular. A veces, era en un entorno social, mientras en otras ocasiones, hacíamos trabajo de la iglesia. Sea cual fuere el entorno, la oración parecía fluir naturalmente en nuestro tiempo juntos. Durante los años, se volvió tan natural que me vi orando con ellos como Sherry y yo oramos. No tenía que decir, «Vamos a orar», sino que simplemente estábamos hablando y pasaba directamente al oró. Durante nuestro tiempo juntos, a menudo podíamos acabar orando de tres a cuatro veces.

Alrededor a una década en nuestra amistad y relación, ambos hombres comenzaron a hacer los mismo. Nunca hablamos sobre ello, pasó solo. Ambos comenzaron a pasar al oró conmigo durante nuestro tiempo juntos. A menudo, no hay un momento particular cuando alguien dice: «Vamos a orar» ni se comporte una necesidad específica. Simplemente oramos. A veces, decimos «amén» y otras veces simplemente seguimos con la conversación. Es hermoso.

Haz las oraciones de la comida una práctica diaria. Puede parecer una práctica perdida, pero hay algo íntimo y honroso para Dios en la oración en la mesa. Yo (Sherry) crecí en un hogar en el que cenábamos en familiar todas las noches. Mi madre y padre lideraban la oración antes de cada comida. Aprendimos a reconocer que la comida en la mesa era un regalo de Dios. Puede que mis hermanos y yo nos retorciéramos algo, pero podíamos sentir lo sagrado de este momento al ver a adultos hablar con Dios como un amigo. Aprendimos que las cosas pasaban en nuestras vidas, familia y el mundo porque la gente oraba. Fuimos testigos de ello todos los días.

Kevin y yo llevamos esta práctica a nuestra vida diaria. Dimos importancia a las comidas en torno a la mesa y siempre oramos juntos en familia. Invitábamos a nuestros tres hijos a elevar oraciones de frases cortas de agradecimiento. A menudo orábamos por los dos niños que nuestra familia apadrinaba. Sus fotos estaban en nuestro frigorífico y éramos familiares con sus caras y necesidades. Como progenitores, Kevin y yo tomamos las manos de nuestros hijos y les enseñamos lo que había aprendido de mis padres.

Cuando estábamos ocupados con esta parte del libro, fuimos a Michigan a visitar a nuestro hijo más joven, Nate, y su mujer, Brynne, así como sus dos hermosos hijos, Coen y Piper. Piper está empezando a decir sus primeras palabras, pero Coen habla bastante y le encanta orar. A veces, tras orar con él, dice: «¡Más oración, Maga!» (Maga era el intento temprano des Coen de decir «Grandma» (abuela), pero cambió el orden de las sílabas. Nos hacía reír todas las veces, por lo que decidió que le gustaba y se quedó.) Durante nuestra visita, compartimos una comida con ellos y, Nate lideró a la familia en oración. Pidió que todos eleváramos una oración de agradecimiento. Cuando era el turno de Coen para orar, dijo: «Gracias por los *dumplings*». Fue una alegría escucharla y creemos que a Dios le encantó esta sencillas y sentida oración.

Veamos este hermoso camino de oración intergeneracional. Sherwin y Joan Vliem me enseñaron a mí y a mis hermanos el valor de la oración familiar en la mesa. Kevin y yo se lo enseñamos a nuestros tres hijos, Zach, Josh y Nate. Nate y Brynne están enseñando ahora a Coen y Piper, y Coen se está uniendo a las oraciones de la familia. Puedes hacer los cálculos, pero yo cuento cuatro generaciones. Manos y corazones unidos creciendo en la fe. Oh, ¡la belleza del discipulado!

orar en alto

Seguramente sorprendiera a la mayoría de las personas que me conocen bien, pero yo (Sherry) tenía miedo de orar en alto cuando comencé la universidad. Fui asistente residente (AR) en una de las residencias de Calvin University en Grand Rapids, Michigan, y me emocionaba animar a las mujeres jóvenes de mi piso, apoyarlas y ser su amiga. Esa primera semana, descubrí que se esperaba que liderara una oración en nuestras reuniones de la residencia. Solo pensar en hacerlo me hacía sentir enferma. Amaba a Jesús, leía la Biblia fielmente y me emocionaba mi fe, pero no estaba a gusto orando en alto.

Compartí este miedo con mi compañera de habitación Connie, una mujer joven devota que también fue asignada para ser una AR en nuestro piso, quien hizo algo maravilloso. Me discipuló. Connie dijo, «Sherry, tú y yo vamos a orar juntas, en alto, todas las mañanas. Lo haremos hasta que te sientas a gusto».

Tomó mi mano y me dirigió en una oración apasionada y, a través de esa experiencia, maduré. Cuando tuvimos nuestra primera reunión de piso, lideré la oración para todas. Fue un regalo increíble de una querida amiga cristiana.

Durante los últimos veinte años, he tenido el honor de enseñar a mucha gente a crecer en paz y confianza en la oración, incluido aprender cómo orar en alto. He tenido el privilegio aleccionador de escribir un libro sobre la oración y hablar a muchas personas sobre este tema. No estaría donde estoy hoy en mi vida de oración si no fuera por personas como mi compañera de habitación, quien tomó mi mano y me ayudó a escalar en mi camino de fe.

¿Cuál es tu próximo paso para profundizar en tu compromiso con la oración apasionada? ¿Quién sujeta tu mano y te ayuda a crecer en esta hermosa parte de tu camino de fe? ¿Qué mano estás sujetando para ayudar a esa persona a conectar más íntimamente con Dios? ¿Cómo será diferente el mundo en diez años, o en cien, por tus oraciones y ayuda a los demás a buscar a Dios en la oración con una pasión creciente?

CAPÍTULO 9

Orar por y con el mundo

En 2019, justo antes de que llegara la pandemia COVID-19, tuvimos la increíble oportunidad de llevar a cabo una serie de formaciones evangelistas para estudiantes, pastores, líderes de iglesia, denominacionales y profesores de seminario.[15] Los participantes tenían ganas de aprender y permanecieron atentos durante las diez horas de aprendizaje. Una de las ideas que enseñé (Sherry) fue cómo Dios asiste cuando oramos con personas que no son cristianas. La idea de hablar a Dios, en alto, con no creyentes es nueva para muchos seguidores de Jesús. Invariablemente, cuando la gente comprende este concepto, le emociona y lleva a un mundo completamente nuevo de oración y evangelismo.

Como evangélicos, creemos en la oración. Incluso podemos atrevernos a decir a amigos no creyentes que oraremos por ellos. Pero entrar en un momento de oración con no evangélicos puede parecer pasarse de la raya. La verdad es que tanto Kevin como yo a menudo pedimos a no creyentes que recen con nosotros y casi todos ellos dicen que sí. Durante los años, esto ha incluido cientos de personas, desde ateístas acérrimos hasta agnósticos curiosos, pasando por gente amable que no piensa mucho sobre las cosas espirituales. No solo aceptan la oración, sino que claramente significa mucho para ellos. A menudo lloran cuando oramos para ellos. Es un momento lleno de gracia.

Enseñé este concepto en una formación intensiva de *Organic Outreach* y reté a todos los participantes a pedir al Señor cada mañana que les ayudara a abrir puertas para orar con personas que están lejos de Dios. Una de las mujeres se tomó este reto en serio y encontró una oportunidad el día siguiente cuando volvía a casa de la formación. Envió un e-mail y me dio permiso para compartirlo con los demás:

Hola, Kevin y Sherry:

Acabo de asistir a la formación en Melbourne. Quiero compartir, Sherry, que recé la oración que nos animaste a orar esta mañana cuando me levanté para el segundo día de formación. Cuando salíamos de la conferencia para andar hasta la estación de tren, estábamos buscando un café para llevar. Nos paramos en un lugar, pero mi marido decidió seguir mirando. Unos pocos metros más adelante, pasamos a una señorita sentada en los peldaños de un edificio, llorando y mirando el teléfono. Cruzamos la mirada antes de que volviese a mirar el teléfono rápidamente.

Andamos algunos pasos más y dije a mi marido: «Esa chica está llorando». Me preguntó si quería ir y hablar con ella y Dios me dio el coraje para hacerlo. Seguía teniendo la última charla que diste en la conferencia en la mente, por lo que le pregunté si estaba bien, si podía hacer algo o si le gustaría hablar conmigo, a lo que respondió: «No, no, estaré bien». Me sentí empujada a preguntar de nuevo: «¿Estás segura?».

Entonces me dijo que estaba teniendo un ataque de pánico y que debería estar en el trabajo y su jefe/a se estaría preguntando dónde estaría y tenía que llamar y explicarlo. Así que citando de la conferencia dije que era cristiana y que Dios me había ayudado en momentos como ese y le pregunté si le gustaría que orase por ella, a lo que respondió: «Sí, estaría bien». Deliberadamente dejé los ojos abiertos y recé para que viniera a ella la paz y el consuelo de Dios y para que fuera capaz de hacer esa llamada e ir al trabajo. Me miró durante toda la oración y, cuando terminé, una hermosa sonrisa se dibujó en su rostro. Dijo: «Gracias, me ha ayudado mucho». Le di un ligero abrazo y dije: «Recuerda que he orado a Jesús y que, si tienes dificultades, puedes llamarle y se reunirá contigo». La dejé sonriendo en el peldaño, sintiendo que mi tarea había terminado. Más tarde, empecé a preguntarme si Dios la había puesto ahí para mí, más que a mí para ella.

Orar con personas hambrientas espiritualmente

Esta dulce mujer, sentada en las escaleras en medio de un ataque de pánico, es solo una de las innumerables personas que necesitan un toque de la presencia y gracia de Dios. ¿A cuántas personas pasamos porque no vemos su necesidad? Cada vez que un evangélico ora junto con no creyentes, Dios asiste. Podríamos llenar el resto del libro con historias de cosas increíbles que Dios ha hecho en estos momentos sagrados de oración. En vez de contarte historias, queremos ayudarte a crear tus propias oportunidades.

El primer paso para construir una práctica para liberar la presencia de Dios mediante la oración con personas hambrientas espiritualmente es creer que muchas de ellas aceptarán la oración y dirán que sí cuando les preguntemos. El único modo de crear esta convicción es empezar a ofrecer oraciones y ver qué pasa. Con el tiempo, verás que la mayoría de las personas están abiertas a la oración. Si no, lo peor que la mayoría de nosotros tendremos que experimentar es que alguien diga: «¡No, gracias! No es lo mío». Pocos de nosotros se enfrentarán a una persecución real solo por ofrecer una oración.

El segundo paso es mantener los ojos y el corazón abierto. Considera empezar el día pidiendo al Espíritu que te ayude a ralentizar tu ritmo y darte cuenta de momentos en los que puedas ofrecer una oración.

Podemos pedir al Espíritu Santo que nos muestre cuándo una persona sentada sola en las escaleras puede necesitar una oración, una palabra de gracia y un toque de Jesús. Puede que no lo sepamos, pero Dios está listo para guiarnos.

El tercer paso es tener el coraje para preguntar. «Gracias por contarme sobre el nacimiento de tu nieta. Sería un honor para mí decir una pequeña oración para ella y para ti, si te parece bien».

«Siento oír que tu padre tenga cáncer. Me encantaría orar por tu padre si te sientes a gusto con ello. No tenemos que cerrar los ojos. Dios está aquí con nosotros y oye el llanto de tu corazón. ¿Te parece bien?». Puedes querer desarrollar una práctica de ofrecimiento de plegarias a tu camarero/a cuando llegues a comer en un restaurante...

«Ey, cuando llegue nuestra comida, vamos a decir una oración rápida. Si tienes alguna necesidad o alegría que quieras compartir con nosotros, nos encantaría orar para ti. Sin presión, solo dinos algo si quieres». Muchos camareros compartirán una necesidad rápidamente. Algunas de las solicitudes de oración serán sorprendentemente personales. Algunos camareros se ajetrean y no vuelven al tema. Si paso eso, no lo fuerces. Tu parte es hacer la oferta y realizarla si comparten algo.

El cuarto paso es orar. No uses lenguaje religioso, no des un sermón, se conciso y pide a Dios que vaya al área de su vida que compartan y ora en nombre de Jesús. Es increíble cómo se muestra Dios y se mueve en esos momentos dulces.

El quinto y paso final es la continuación. Si oraste por un problema de salud, pregunta a esa persona la próxima vez que la veas por su salud. Si elevaste un agradecimiento por el nacimiento de un nieto/a y pediste a Dios que trajera alegría a la nueva abuela o abuelo, pregunta cómo está el pequeño. Mantén su necesidad de oración en tu corazón y realiza la continuación cuando sea apropiado.

Tenemos muchos amigos que han aprendido a hacer este mismo tipo de compromiso de oración donde viven. Walt Bennett, el CEO de Organic Outreach International, y su mujer, Liz, tuvieron una experiencia dinámica al orar con una persona espiritualmente hambrienta. Era la cajera más seca y gruñona en la tienda a la que iban. Walt y Liz estaban determinados a conocerla mejor, por lo que se ponían en su cola cada vez que la veía, incluso si era la más larga. Durante semanas y meses, mediante una o dos preguntas profundas cada vez, aprendieron sobre su familia y sus actividades favoritas. Sabían cuándo se iba de vacaciones y cuándo tenía un buen o mal día. Un día, se dieron cuenta de que parecía particularmente arisca. Le preguntaron qué le pasaba e indicó que había recibido un SMS que le informaba de que su hermana tenía cáncer. Preguntaron inmediatamente si estaría bien que oraran por ella. Con una mirada de incredulidad, aceptó. Solo fue una oración rápida por su hermana, sabiduría para los doctores, paz y fortaleza para ella. Las personas tras ellos miraron al infinito, no por frustración, sino en silencio respetuoso y algo de fascinación. Cuando terminaron de orar, podían ver lágrimas en los ojos de la cajera y un alivio enorme reflejado en su postura y semblante. En los siguientes meses, comprobaron cómo estaba su hermana y recibieron informes cada vez mejores hasta que se encontró libre de cáncer. ¡Qué ejemplo más sencillo y poderoso de prestar atención y orar para una persona espiritualmente hambrienta!

Un evangélico que ora envía mensajes poderosos

Cuando tenemos una vida de oración activa y auténtica y los no creyentes lo saben, aprenden mirando y escuchándonos. Hay muchos mensajes que verán y escucharán las personas espiritualmente curiosas cuando están abiertas sobre lo que la oración significa que nuestras vidas.

¿Dios es real o soy inestable? Si hablamos con Dios regularmente y creemos que nos escucha, hay solo dos opciones. Hay un Dios que nos escucha y ama o estamos hablando a un ser inventado en el cielo (lo que sería un signo de inestabilidad mental). Cuando los evangélicos oran regularmente, y saben que Dios escucha, envían un mensaje poderoso: Dios es real. En realidad, Dios es la persona más real que conozco.

Tengo un amigo íntimo. En un mundo en el que tantas personas se sienten abandonadas, solas y hambrientas de amistad verdadera, los evangélicos conocen al mejor amigo que alguien puede tener. Jesús llamaba a sus discípulos amigos (Juan 15:15) y cuando hablamos con nuestro Señor, con nuestro Padre celestial, y seguimos el liderazgo del Espíritu Santo, estamos en comunión con quien es real con nosotros. Es Emanuel, Dios con nosotros. Nunca estamos solos. Una vida de oración apasionada muestra al mundo que tenemos un amigo en Jesús y que también está listo a ser nuestro amigo.

Dios responde a oraciones. Cada seguidor de Jesús tiene historias de una oración respondida. Podemos compartirlas en el momento y de la manera correcta con nuestros amigos no creyentes y miembros de la familia. Cuando lo hacemos, a menudo hacen preguntas. «¿De verdad crees que Dios lo hizo?» «¿Así que crees que Dios te protegió en esa situación?» «¿De verdad piensas que Dios jugó un papel en encontrar ese nuevo trabajo?». Cuando la gente hace estas preguntas, la mayoría no se preguntan sobre nuestra fe o sanidad. Tiene curiosidad sobre la existencia de un Dios que podría acercarse y responder sus plegarias. En esos momentos, podemos asegurarles que Dios los ama y tiene el poder para responder sus oraciones.

Dios es poderoso. En un mundo en el que muchos se sienten sin poder y atrapados en los caprichos de los jefes, los movimientos mundiales, mercados bursátiles inciertos y muchas otras cosas que parecen fuera de control, es estabilizante saber que Dios está en el trono. A quien oramos tiene todo el poder y podemos vivir en paz. Cuando nos dirigimos a Dios en oración, compartimos nuestros miedos y cargas y andamos en paz, el mundo se da cuenta. La gente que habla a menudo con Dios vive en paz confiada porque saben quién dirige el universo. Los no evangélicos se dan cuenta de nuestra confianza en el poder de Dios y se convierten en testigos.

La oración alinea nuestros corazones con el corazón de Dios para el mundo

Nuestro Dios se preocupa por los que están perdidos y sin rumbo. Cuando Jesús veía las multitudes, sentía una compasión profunda. Sabía que eran como ovejas, vulnerables, sin rumbo, en peligro de ser atacadas (Mateo 9:36). Por toda la Biblia, aprendemos que Dios nos ama. Incluso cuando las personas se rebelan y huyen, Dios se preocupa y las persigue.

Es fácil para los evangélicos frustrarse o enfadarse con los no creyentes. En vez de ver a las personas con los ojos llenos de la gracia de Jesús, podemos volvernos moralistas y resentidos por cómo viven, hablan y se comportan. Es posible que los seguidores de Jesús se enfaden con los no evangélicos porque no actúan como evangélicos. Piensa lo estúpido que es esto. ¿Por qué esperaríamos que los que no aman a Jesús, ni están llenos del Espíritu Santo tengan el deseo o poder de vivir de manera piadosa? Es suficientemente difícil para los evangélicos vivir como evangélicos y andamos en el poder del Espíritu Santo.

Cuando oramos y pasamos tiempo en presencia de nuestro Dios lleno de gracia, nuestros corazones se moldean en su corazón. Nuestras voluntades se ajustan a la suya. Nuestro pensamiento se alinea con el

Dios que ama las ovejas perdidas. ¿Cómo se conectan la oración y el evangelismo? Cuanto más tiempo pasamos en comunión con nuestro Dios en oración, más nos parecemos a él en pensamiento y manera de amar.

La oración cambia y ablanda los corazones

Durante al menos una década, oramos por Henry. Era un granjero de cerdos, un cuenta chistes, un hombre de familia y un ateo. Kevin construyó una amistad con él y era un placer estar con él, siempre y cuando no se nombrara a Jesús ni cualquier cosa espiritual. Yo (Sherry) era muy amiga de su hija, Deb, por lo que oramos para que su corazón se ablandara. Decidí que quería crecer en una práctica regular de orar por su salvación. Me di cuenta de que pasaba delante de su casa una docena de veces por semana, por lo que decidí usar este hecho como recordatorio para orar por él. Me tomé este compromiso seriamente y, durante al menos una década, miles de oraciones fueron elevadas por Henry al pasar su casa.

Cuando Henry entró en el hospital con cáncer, todos oramos incluso más fuerte. Mediante las oraciones de las personas de Dios y el trabajo tierno del Espíritu Santo, Henry solicitó recibir la gracia de Jesús y entró en una relación con Dios cerca del final de su vida. Tuvo una visión de Jesús, que describió a su hija, y se rindió al Salvador.

Para quien mire desde fuera, podría parecer una conversión repentina. Nosotros sabemos que fue el trabajo de Dios mediante oraciones regulares, fieles y apasionadas que prepararon y ablandaron el corazón de Henry para ese momento específico. Cuando reces por personas que parecen resistirse, no te rindas. Cuando has estado orando y una persona parece rechazar aún más el evangelio, no pares. Algo pasa cada vez que oras. Habrá veces en las que no nos damos cuenta del poder de ablandamiento que libera el Espíritu mediante oración hasta el día que una persona recibe a Jesús.

Una invitación a la oración definitiva

Habrá gente en tu vida por las que oras innumerables veces. Están lejos de Jesús, pero las quieres, por lo que oras. Pides al Espíritu Santo que ablande sus corazones. Oras por oportunidades para hablar sobre fe. Puede que hayas orado con ellos muchas veces durante los años. Yo (Kevin) oraba con mi padre casi todas las veces que estaba con él durante más de veinte años, pero no había dicho sí a Jesús. También recé para que se ablandara su corazón casi todos los días durante más de cuatro décadas. Pero siempre faltaba una oración. Llega un momento en el que sentimos el Espíritu de Dios preguntar, «¿Estás listo para orar y recibir a Jesús como quien te perdona y es líder de tu vida?». Esta es la pregunta definitiva que puede llevar a la oración definitiva. Cuando sientas ganas de hacer esta pregunta, una batalla espiritual comenzará. El enemigo liberará distracciones, miedos y mentiras. En este momento permanecemos fuerte e imploramos a Dios:

«Dame coraje y guía mis palabras».

Cuando Sherry y yo estábamos con mi padre en el último mes de su vida, tuvimos una gran visita. Reímos, hablamos, compartimos memorias sobre mi madre y oramos. Habíamos tenido innumerables conversaciones y debates espirituales durante cuarenta y cuatro años. En un momento de ese viaje seguí el ánimo del Espíritu Santo para preguntarle: «Papá, ¿puedes pensar en alguna razón por la que no recibirías a Jesús como tú líder y quien te perdona ahora mismo?». Pensó durante un momento y dijo: «¡No puedo pensar en ninguna!». Hice una pausa y dije: «¿Estás listo para orar y confesar tus pecados y aceptar a Jesús?». Dijo, con convicción atrevida: «¡Absolutamente!».

Tras cuarenta y cuatro años andando este camino, me sorprendí. Debería haber estado listo para esto, pero lo había rechazado tantas veces que estaba preparado para otro rechazo. Hice una pausa y le pregunté de nuevo: «Papá, ¿estás seguro de que estás listo para orar y confesar tus pecados y aceptar a Jesús?». Dijo de nuevo:

«¡Absolutamente!». Durante los siguientes minutos, Sherry y yo tuvimos el placer de orar con mi padre mientras confesaba su pecado, declaraba su fe en Jesús y articulaba su deseo de tomar la mano de Jesús y seguirle el resto de su vida y eternamente. Estaba muy agradecido por la oportunidad de ofrecer el regalo de la salvación e hice que aceptara a Jesús como su Señor y Salvador personal. Fue la última vez que lo vi.

Cuando llegues a ese momento con un amigo, vecino, desconocido o miembro de la familia, está listo para liderar la oración definitiva. Tenemos un par de recursos sencillos en nuestro sitio web para ayudarte a prepararte para ese momento.[16]

La oración apasionada lleva a las personas a Jesús y nos mueve al mundo

Si quieres adentrarte en el tema de compartir tu fe naturalmente, hemos escrito tres libros para ayudarte: una para individuos, uno para familias y uno para iglesias.[17]

Además de lo que compartimos en esos libros, aquí están algunas ideas rápidas y fáciles de adoptar sobre cómo pueden afectar tus oraciones a la gente con las buenas nuevas de Jesús.

Haznos una unidad. Jesús oró para que sus seguidores estuvieran unidos como una unidad, así como el Hijo y el Padre son uno. En nuestras relaciones divididas y conflictivas, nuestro Señor oró por la unidad (Juan 17). Si vamos a ser parte del plan de Dios de traer paz y harmonía, debemos aprender a orar contra lo que

separa a las personas y grupos.

El prejuicio y el racismo buscan dónde asentarse en todos los corazones. Podemos orar contra estas maldades en nosotros y los demás. Podemos confesar los momentos en los que nuestras actitudes, motivos o acciones se hayan visto teñidas por estos pecados. Cuando oramos, podemos jugar nuestro papel para buscar unidad y comunidad con personas diferentes a nosotros. Jesús vino a hacernos una unidad y oró por esto con una pasión sin pausa. Nosotros deberíamos hacer lo mismo.

Oración 1-1-1. Tuvimos el privilegio de que el autor Lee Strobel viniera a hablar a la conferencia de Organic Outreach que realizamos en Monterey. Cuando Lee enseñaba sobre oración y evangelismo, animó a la gente a adoptar la práctica de hacer lo que llamó una oración 1-1-1. La idea es sencilla y poderosa. Cada día a la 13:00, oras un minuto por una persona que no es cristiana aún.

Muchos de los trabajadores de nuestra iglesia pusieron una alarma en sus teléfonos a la 13:00 con el nombre de alguien a quien amaban. Fue un recordatorio dulce de oraciones elevadas cuando a la 13:00 oímos alarmas de móvil. Tras hacer esto durante algunos meses, me di cuenta (Sherry) de que la 13:00 no era un buen momento para que mi alarma del móvil sonara. Decidí que las noches ofrecían un momento de más concentración para orar para mí. Cambié mi alarma a las 21:00 y, cuando sonó, Kevin y yo nos detuvimos para orar por su padre. En vez de hacer una oración 1-1-1, adopté lo que llamo mi llamada al 9-1-1 [el número de emergencias de EE. UU.].

El padre de Kevin era la persona por la que había estado orando todas las noches a las 21:00. Tras recibir a Jesús, cuando la alarma sonó a las 21:00 la siguiente noche, me paré para agradecer a Dios que Terry hubiera recibido a Jesús y oramos por su crecimiento como nuevo seguidor de Jesús. Ahora, cuando suena mi alarma a las 21:00, oró por una nueva persona y agradezco a Dios el poder de la oración, confiando en que mi nueva llamada al 9-1-1 tendrá un efecto eterno. Tras esta oración, a menudo me detengo y pienso en mi suegro, Terry, y la alegría que debe estar experimentando con Jesús en gloria.

Salmos y pasajes de la Biblia como oraciones. Cuando hablas con personas que están teniendo dificultades de estrés, pérdida o miedo, considera darles un salmo (u otra oración bíblica) para elevar como su propia oración. Las personas que no tienen fe a menudo están abiertas a orar durante momentos difíciles. El salmo 23 es bastante familiar, pero la mayoría de los no creyentes nunca han considerado hacerlo su propia oración. A medida que los no creyentes hambrientos espiritualmente comienzan a orar, Dios se acerca.

Cuando alguien está en un momento de gran gratitud, ofrece un pasaje de la Biblia que exprese alabanza y gratitud a Dios. Hazle saber que orar este pasaje puede liberar su corazón al Dios que le da todo lo que tiene y que lo ama. Es difícil sentirse agradecido y no saber cómo expresarlo. Al dar un salmo de alabanza a no creyentes o una oración de agradecimiento de la Biblia, los conectamos con su Creador y con las Escrituras al mismo tiempo.

Oraciones que escuchan: buenas preguntas de Dios. Dios puede conectar la oración y compromiso cuando aprendemos a escuchar el liderazgo y ánimo del Espíritu Santo. Este tipo de escucha puede ser guiada por lo que llamamos «buenas preguntas de Dios». Se trata de preguntas que podemos hacer a Dios y esperar en silencio a que el Espíritu nos susurre y guíe. Aquí hay algunos ejemplos:

- ¿A quién quieres que sirva en tu nombre para reflejar el cuidado de Jesús?
- ¿Cuánto amas a esta persona y me enseñas a amar como tú lo haces?
- ¿Qué historia de fe o testimonio de tu trabajo en mi vida debería compartir con mis amigos no evangélicos?
- Espíritu de Dios, ¿me abres los ojos para ver las oportunidades de cuidado de los no creyentes, amarlos y orar por y con ellos?

Puertas abiertas y citas divinas. Dios está buscando seguidores de su Hijo que andarán por puertas abiertas y aceptarán citas divinas del evangelio. Hay personas que están abiertas y hambrientas de saber más sobre Jesús y conocer a quien las ama. Nuestra parte no es crear estos momentos, sino responder cuando Dios lidere.

Todos los días podemos pedir a Dios que nos dé oportunidades para amar a personas en su nombre. Entonces, podemos responder y dejar que comience la aventura. Yo (Sherry) estaba esperando en una cola del aeropuerto de Los Ángeles un vuelo internacional. Sirvo en la junta de World Mission y me estaba uniendo a un equipo para hacer algo de servicio y formación de líderes de iglesia. Llevábamos un buen rato en la cola cuando sentí que el Espíritu Santo me animó a darme la vuelta y a hablar con la mujer detrás de mí. No tenía ninguna idea de a dónde llevaría esto, pero he aprendido que siempre que respondo al susurro del Espíritu Santo, estoy siendo fiel. Pregunté a la mujer si su viaje era de negocios o placer. Creo que la palabra *placer* la pilló por sorpresa. Respondió que no era por negocios, pero no iba a ser un placer. Dijo que estaba viajando para abordar algunos problemas familiares que tenían que abordarse. Tuvo cuidado de no compartir detalles, pero se mostró abierta sobre la dificultad de la situación. Simpaticé con ella.

Le dije que creía que a Dios le importaba lo que iba a hacer y que me encantaría pedir a Dios ayuda para ella. Compartí que Dios estaba con nosotros incluso en la cola y que podríamos contar con él. Le dije que no teníamos que cerrar los ojos, sino solo tener una conversación con Dios y pedir su ayuda. Tras orar, hablamos más e intercambiamos información de contacto.

Unos meses después, recibí un correo electrónico muy dulce de ella agradeciéndome los momentos de amistad que sentía que le había dado en ese momento estresante. Me dijo que las cosas estaban incluso peor de lo que había pensado, pero quería que supiera que sentía que las oraciones le ayudaron y que había experimentado confort y fuerza durante ese difícil viaje. Terminó el correo electrónico compartiendo que sentía que no era una coincidencia que me hubiera conocido.

Si sientes un ánimo del Espíritu Santo para ofrecer oraciones durante una conversación, sé fiel al liderazgo de Dios y confía en que Dios está trabajando a través de ti mientras interactúas con quienes te rodean que necesitan un toque de su Espíritu.

La oración apasionada y el evangelismo se encuentran juntos en el corazón de Dios. Cuando reconocemos esto y participamos más en la oración, Dios nos moverá hacia la buena nueva, amor y verdad de Jesús.[18]

PARTE 3

Adoración Incondicional

*Cómo las alabanzas, la celebración y devoción nos
lanzan fuera y recogen el mundo*

¡Nuestro Dios es digno de devoción! Los discípulos encuentran gozo en dar alabanzas, gloria y honor al único que lo merece. Cuando crecemos en fe, la devoción fluye de nuestros corazones y labios. Toda experiencia de vida puede ser un lugar de adorar en Espíritu y en verdad. Cuando el mundo ve a los evangélicos que celebran la bondad de Dios, se desbordan de alegría y andan en humilde rendición, les da curiosidad. Cuando grupos de creyentes se reúnen para celebrar con una alegría desbordada el mundo quiere saber más y podemos contarle nuestra historia.

CAPÍTULO 10

Digno de devoción

En mi último año de universidad, serví (Kevin) como pastor joven en una iglesia en el sur de California. Me había ofrecido voluntario con grupos desde que me convertí en seguidor de Jesús cinco años antes y adoraba ayudar a los estudiantes a crecer en fe. Pero esto era diferente. Esta iglesia realmente me contrató, me hizo trabajador y me dejó liderar un grupo de jóvenes. Fue aleccionador y emocionante al mismo tiempo.

Había un estudiante de instituto llamado Ted que venía de un entorno difícil. Se había enfrentado a abusos, negligencia y cosas bastante intensas en su vida. Pero sin embargo, por la gracia de Dios, había puesto su fe en Jesús. Le apasionaba seguir al Salvador, pero hay que decir que aún estaba comenzando en el proceso de santificación y tenían algunas imperfecciones. Cuando se enfadaba por algo, podías ver la rabia y dolor subiéndole a la cabeza. Este joven evangélico duro, fuerte y apasionado estaba haciendo lo mejor que podía para crecer como seguidor de Jesús.

En una de las reuniones de grupo, estábamos hablando sobre devoción. Pregunté a los estudiantes: «¿Cómo definirías la devoción?». Varios de ellos dieron respuestas buenas y breves de monaguillo. Fueron positivas, pero realmente no respiraban pasión. Entonces, Ted habló con intensidad y absoluta seriedad. Sus palabras dejaron un silencio sobre la habitación y nunca han dejado mi corazón (y eso que pasó hace casi cuatro décadas). «No me inclino ante nadie. Si alguien intenta empujarme o pegarme un puñetazo, lucho y me mantengo en pie. Pero todos los días, me pongo de rodillas y me inclino ante Jesús. ¡Es Dios! ¡Es *mi* Dios! Eso es lo que creo que es la devoción».

Rendirse. Postrarse en voluntaria obediencia, inclinándose. Es una imagen poderosa de la devoción.

Jesús fue adorado

Desde el comienzo de su tiempo en la tierra, la gente adoró a Jesús. Hombres sabios del Este vinieron con la intención expresa de honrarle (Mateo 2:1–2). Cuando finalmente encontraron al bebé, hicieron tres cosas: se inclinaron, adoraron y dieron regalos. Antes de que Jesús hubiera hecho nada (excepto nacer), las personas más sabias vinieron a adorarlo. Muchos años más tarde, cerca del final de su tiempo de servicio, nuestro Señor entró en Jerusalén y la multitud gritó:

«¡Hosanna!»
  «¡Bendito quien viene en nombre del Señor!»
  «¡Bendito es el reino venidero de nuestro padre David!»
  «¡Hosanna en el cielo!»
    — Marcos 11:9–10

Se elevaron gritos de devoción espontáneos a Jesús.

Cuando nuestro Señor entregó su vida y murió en la cruz, un soldado declaró: «¡Es claro que este hombre era el Hijo de Dios!» (Marcos 15:39). Se nos dice que, tras ascender Jesús al cielo, sus seguidores «lo adoraron» (Lucas 24:52). Durante todo su tiempo en la tierra, la gente se inclinó y alabó a Jesús.

En todos estos entornos, Jesús no tenía control sobre lo que estas personas decían o hacían. Cuando llegaron los hombres sabios, Jesús era solo un bebé. Cuando entró en Jerusalén antes de su muerte, la multitud gritó ante él. Cuando el soldado lo adoró, Jesús acababa de morir. Y cuando los discípulos lo adoraron, Jesús acababa de ascender al cielo. Puede ser que todas estas personas se equivocaran. Puede ser que Jesús las hubiera corregido si hubiera tenido la oportunidad de decir algo. ¿Puede ser que fueran demasiado fervorosos y se equivocaran al expresar su devoción a Jesús? Algunos han afirmado que todas estas personas se equivocaron al inclinarse y adorar.

¿Qué diría Jesús?

Jesús recibía libremente la devoción

Todo lo que tenemos que hacer para responder la pregunta es ver cómo Jesús respondió a los actos apasionados de devoción que la gente expresaba. ¿Cómo reaccionó cuando fue cubierto con las alabanzas que solo Dios merece?

- Cuando Nataniel llegó a conocer a Jesús como escéptico y crítico cuidadoso, rápidamente cambió su tono y declaró: «Eres el Hijo de Dios; eres el rey de Israel» (Juan 1:49). Si Jesús solo era un rabí, hubiera detenido esa manera de hablar inmediatamente. En su lugar, Jesús dijo: «De verdad te digo que verás 'el cielo abrirse y los ángeles de Dios ascender y descender en' el Hijo del Hombre» (Juan 1:51). ¡Vaya diferencia!

Los tres Evangelios Sinópticos (Mateo, Marcos y Lucas) cuentan el momento en el que Jesús subió a la montaña con Pedro, Jaime y Juan. Mientras estaban ahí, pasaron muchas cosas, pero un momento poderoso es cuando Yahveh habló y dijo: «Este es mi Hijo, a quien amo. ¡Escuchadle!» (Marcos 9:7). En presencia de los discípulos, el Padre exaltó a Jesús, el glorioso Hijo. Jesús no respondió ni se quejó.

- Tras andar Jesús sobre el agua y unirse Pedro a él, se subió al barco y leemos que: «Aquellos que estaban en el barco lo adoraron diciendo: 'De verdad eres el Hijo de Dios'» (Mateo 14:33).

Todas las personas que vieron el poder y la gloria de Jesús se vieron movidas a la devoción espontánea. Está claro que Jesús, el hijo de Dios, estaba a gusto con esto.

- El capítulo noveno entero del Evangelio de Juan se dedica a la historia de un hombre nacido ciego a quien Jesús curó. Cerca del final del relato, Jesús tiene una conversación pastoral con el hombre curado y nuestro Salvador se reveló como el Hijo del Hombre. La respuesta del hombre fue breve, pero poderosa. Las Escrituras revelan lo que dijo e hizo: «'Señor, creo,' y lo adoró» (Juan 9:38). No solo aceptó Jesús libremente la devoción de este hombre, sino que explicó que tenía poder para juzgar y curar tanto física como espiritualmente. ¿Lo entiendes? Jesús afirmaba a quien le adoraba.

- En un encuentro en el atrio del templo, Jesús expulsó a los vendedores y afirmó que la casa de Dios es un lugar de oró. Los líderes religiosos reprendieron a Jesús y los niños porque los pequeños estaban gritando: «Hosanna al Hijo de David» (Mateo 21:15). Estaban elevando alabanzas a Jesús. En vez de mostrarse de acuerdo con los sumos sacerdotes y reprender a los niños, Jesús citó del Salmo 8: «De los labios de los niños e infantes, Señor, has llamado a tus alabanzas» (Mateo 21:16). Jesús animó a quienes lo adoraban y afirmó que estaban respetando las Escrituras.

- Las historias de Jesús recibiendo perfume valioso se encuentran en los cuatro evangelios, mostrando una devoción entregada (Mateo 26:6–13; Marcos 14:3–9; Lucas 7:36–50; Juan 12:1–8). En todos los casos, la gente se enfadó por este «desperdicio.» En todos los relatos, está claro que Jesús recibió estos actos de rendición, sacrificio y celebración libremente.

- Tras morir Jesús en la cruz y llevar nuestros pecados, se apareció a sus seguidores en gloria de resurrección. Una y otra vez, la gente lo adoró. Todas las veces, Jesús recibió con gusto sus palabras y actos de devoción. Cuando Jesús se encontró con María Magdalena y la otra María mientras se alejaban rápidamente de la tumba vacía, se inclinaron, tomaron sus pies y adoraron al Señor levantado (Mateo 28:1–10). Jesús animó sus acciones y les instruyó a decir a los discípulos que lo verían pronto. Cuando Tomás expresó dudas de que Jesús se hubiera levantado y lo vio finalmente cara a cara, grito:

«¡Mi Señor y mi Dios!» (Juan 20:28). Jesús no le reprendió, pero afirmó que las personas serían incluso más benditas si llegasen a la misma conclusión que Tomás sin tener que ver a Jesús levantado de la tumba. Finalmente, cuando los discípulos se reunieron con Jesús justo antes de su ascensión al cielo, lo adoraron (Mateo 28:17).

Cuando se dirigía la devoción a Jesús, la recibía siempre.

Jesús inspiró a la gente a adorar al Padre

No solo Jesús aceptaba y le encantaba la devoción que le mostraban las personas, sino que también su vida, palabras y acciones movían a la gente a adorar al Padre. Una y otra vez, vemos a gente responder con alabanzas cuando Jesús revelaba su presencia, poder y gloria de Dios.

Justo antes de alimentar a los cuatro mil, Jesús se tomó tiempo para curar a personas enfermas, rotas y doloridas. La multitud se mostró asombrada. Es interesante que su respuesta no fuera alabar a Jesús directamente: «Alabaron al Dios de Israel» (Mateo 15:31). Las acciones de nuestro Señor movían a las personas a alabar a Dios. Cuando alababan al Dios de Israel, también alababan a Jesús.

Cuando un grupo de amigos trajo a un hombre paralítico a Jesús y lo «aerotransportaron» a través de un agujero en el tejado de alguien, Jesús usó este momento para curar, perdonar y enseñar (Lucas 5:17–26). Al final de la historia, pasaron dos cosas. Primero, el hombre que había entrado en la habitación paralítico se levantó y salió andando con su propio poder, alabando a Dios con cada paso. Segundo, todos los reunidos en esa casa estaban asombrados y elevaron alabanzas a Dios. Es claro que

Jesús creía en la admiración, porque su vida impulsó a la gente hacia arriba con alabanzas a su Padre.

Tras curar Jesús diez hombres de lepra, uno volvió a agradecerle y a alabar al Padre (Lucas 17:11-19). El acto de devoción de este hombre y su compromiso a volver y expresar su corazón a Jesús y al Padre llevó a nuestro Salvador a celebrar su fe.

Cuando un mendigo ciego grito por encima del ruido de una multitud «Jesús, Hijo de David, ¡ten piedad de mí!» (Lucas 18:38), el Señor prestó atención. Jesús tuvo una conversación con él y dijo palabras de sanación. Cuando el hombre recibió la visión, siguió al Señor y comenzó a dar alabanzas públicas a Dios. En respuesta, la gente en la multitud también comenzó a dar alabanzas a Dios. Jesús inspiraba alabanzas multiplicadas.

No solo la gente adoró a Jesús, y no solo recibía alabanzas reservadas para Dios con gusto, sino que Jesús también inspiraba a los demás a alabar y celebrar la bondad del Padre.

Jesús enseñó a sus seguidores a alabar

Por ejemplo y mediante enseñanza formal, nuestro Salvador instruyó a sus seguidores a alabar e interactuar con nuestro Padre en los cielos. La mayoría de las lecciones vinieron mientras Jesús interactuaba con personas reales. Si escuchamos las conversaciones del Salvador sobre la fe y la devoción, conseguiremos información valiosa sobre cómo nosotros también podemos crecer como devotos. *Cuidado con unir la devoción con el comercialismo.* Cuando Jesús entró en el atrio del templo, no encontró un lugar que llevase a encontrar al Padre (Marcos 11:15-17). No vio un lugar de oración, devoción y adoración. Se trataba más de una feria o un mercadillo. Los vendedores estaban vendiendo sus productos de devoción. Animales por todas partes, esperando a ser comprados y ofrecidos en sacrificio ritual o entregados como ofrendas. ¡Era un caos!

El atrio en el que esto sucedía era el área del templo en la que las naciones (los no judíos) eran invitados a conocer al Dios de Israel, a menudo llamado Yahveh. Ahora se había vuelto un centro de comercio y comercialismo. Las ventas que se llevaban a cabo estaban conectadas con la devoción en el templo, por lo que habrían podido parecer justificables.

Pero Jesús no lo vio de esa manera. Cuando el marketing, ventas y promoción de productos religiosos se vuelve el objetivo principal de nuestra «devoción,» hemos cruzado una línea. Este era el caso en tiempos de Jesús y sigue aplicándose hoy.

¡Alguna gente no lo entiende! De todas las personas en el antiguo establecimiento religioso, el sumo sacerdote debería haber reconocido al Mesías y haberlo adorado. Incluso los ancianos y profesores se habían sumergido en las Escrituras de por vida. Sabían las profecías de la venida de un Salvador. Cuando este grupo de líderes puso a Jesús en juicio, le preguntaron, «¿Eres el Mesías, el Hijo del Bendito?» Jesús respondió: «Lo soy» (Marcos 14:61–62).

«Lo soy» fue el nombre divino que Yahveh usó para sí mismo cuando Moisés se detuvo frente al arbusto en llamas en el desierto (Ex. 3:14). Jesús entonces se redobló y afirmó que lo verían sentado a la derecha de Yahveh y viniendo en las nubes del cielo.

Este era el momento para que vieran con los ojos de la fe. Dios en carne humana estaba delante de ellos. El Mesías había venido. La respuesta apropiada hubiera sido inclinarse, adorarlo y rendirse a su liderazgo. Sin embargo, escupieron en su cara. Dieron puñetazos al que había dejado el paraíso para salvarlos y se burlaron de su Mesías. Jesús dejó claro quién era. Pero no todo el mundo lo entendió. E incluso hoy en día, no todos los que escuchan sobre el amor de Dios y su ofrecimiento de perdón se inclinarán ante Jesús. Algunos se negarán a adorar. En todas las generaciones, algunos se burlarán de Dios y lo calumniarán y escupirán en su cara. Pero nada de esto cambia quién es Jesús o la devoción que merece.

Vas a adorar a alguien o algo. Tras pasar cuarenta días de ayuno en el desierto, el Diablo vino a tentarlo (Lucas 4:1–13). En su segundo asalto, el enemigo ofreció al Señor autoridad y el esplendor de los reinos del mundo si hacía una cosa. Adorar a Satán. Inclinarse y rendirse a su voluntad malvada.

La respuesta de Jesús fue simple y clara. Citó el libro del Deuteronomio: «Adora al Señor tu Dios y sírvele a él solamente» (Lucas 4:8). ¿Por qué Jesús citó estas palabras y elevó esta verdad escrita en Deuteronomio 6:13? Porque todos nos enfrentaremos a la tentación de inclinarnos, jurar lealtad y rendir nuestros corazones y devoción a algo o alguien que no sea Dios. Jesús tenía claro quién era y enseñó que todos los que andan su camino solo adorarán a Dios.

No es el dónde sino el corazón. Jesús tuvo una conversación teológica robusta y dinámica con una samaritana pecadora mientras estaba sentado en un pozo cerca de su pueblo (Juan 4:4–30). No solo rompía esto las reglas de comportamiento de los rabís en el primer siglo, sino que hizo que Jesús enseñara sobre devoción. En esa parte del mundo en aquel momento, había un gran debate sobre si la gente debía adorar. ¿Era el Monte Sion el lugar apropiado? Eso era lo que creían los judíos. ¿Era el Monte Gerizim el mejor lugar para reunirse con Dios? Los samaritanos mantenían esta opinión. Jesús dijo algo radical y revolucionario. «Llega un momento en el que no adoraréis al Padre ni en esta montaña ni en Jerusalén» (Juan 4:21). Para un rabí judío, hablar de esta manera era similar a una blasfemia. Pero Jesús lo dijo y lo pensaba. La ubicación no es lo importante.

Lo que de verdad importa es que «adoremos al Padre en Espíritu y en verdad» (Juan 4:23). El latido de la devoción es la gente que se ve liderada por el Espíritu del Dios vivo. Esto puede pasar en cualquier lugar. Nuestra prioridad es adorar en la verdad de Dios más que en una ubicación concreta. Jesús dejó claro que el Padre busca personas que le encuentren con corazones llenos del Espíritu y mentes sumergidas en la verdad. Esto le encanta a nuestro Creador. Si queremos crecer como devotos entregados, lo mejor que podemos hacer es mirar a Jesús, escuchar sus palabras y seguir su liderazgo. Esto es lo que significa ser un discípulo.

Vivir en obediencia a la voluntad del Padre es un acto de rendición. La devoción se trata de rendición. Más que canciones y emociones, es sobre inclinarse, tanto física como espiritualmente. Jesús se rindió a la voluntad de su Padre una y otra vez.

El apóstol Pablo lo dijo de esta manera: «Por ello, os urjo, hermanos y hermanas, en vista de la piedad de Dios, a ofrecer vuestros cuerpos como sacrificio en vida, sagrado y placentero para Dios— este es vuestro verdadero poder de devoción. No os conforméis al patrón de este mundo, sino transformaros con la renovación de vuestra mente. Entonces, seréis capaces de probar y aprobar lo que es la voluntad de Dios, su voluntad buena, placentera y perfecta» (Rom. 12:1–2). Jesús llevó una vida de sacrificio, rendición y alineamiento con la voluntad de su Padre, y ese es el patrón para sus seguidores asimismo. *Honrar y glorificar a Dios es devoción.* Cuando queremos llevar gloria a Dios, elevar su nombre y honrarlo, estamos adorándolo. Jesús nos enseña a hacerlo. A medida que se acercaba al final de su vida y se preparaba para la cruz, Jesús gritó: «Padre, ¡glorifica tu nombre!» (Juan 12:28). En la Última Cena, tras haber salido Judas para traicionarlo, Jesús habló con estas palabras: «Ahora, el Hijo del Hombre se glorifica y Dios se glorifica en él. Si Dios se glorifica en él, Dios glorificará al Hijo en sí mismo y se glorificará al mismo tiempo» (Juan 13:31–32). ¡Vaya imagen más poderosa de la deidad en celebración mutua! En su Oración Sacerdotal, la primera cosa que dijo Jesús mientras miraba hacia arriba al cielo y comenzaba a orar fue: «Padre, ha llegado la hora. Glorifica a tu Hijo, para que tu Hijo te glorifique» (Juan 17:1).

Jesús entregó su vida, sus palabras y sus alabanzas al Padre. A medida que seguimos a Jesús y crecemos como discípulos, adoraremos con una pasión creciente. Esto nos llevará al mundo a invitar a las naciones a conocer al que es digno de alabanzas, honor y gloria.

CAPÍTULO 11

Devoción como modo de vida

- Una iglesia llena de evangélicos apasionados cantando canciones de alabanza.
- Un adolescente en la playa mirando las olas romper, cielo azul e innumerables granos de arena y susurra; «Guau, Dios, ¡buen trabajo!».
- Un líder de negocios buscando tomar decisiones con oraciones que honren a Dios día tras día en la complejidad de un entorno laboral secular.
- Una pareja andando de la mano y tomando turnos para elevar oraciones y alabanzas.
- Un artista esculpiendo, pintando, cantando, bailando o tocando un instrumento con concentración absoluta en llevar gloria a Dios.
- Un grupo de amigos sentados, viendo un atardecer mientras debaten maneras de seguir a Jesús en diferentes áreas de sus vidas y ofreciendo todo lo que son como sacrificios en vida a su buen Creador.

¿Qué de lo anterior es devoción? La respuesta debería ser obvia tras estudiar la vida de Jesús. La devoción verdadera es sobre una vida rendida al Padre, quien nos hizo y nos ama. ¿Cuál es nuestra verdadera y apropiada devoción? «Ofrecer nuestros cuerpos [todo lo que tenemos] en sacrificio vivo, santo y agradable a Dios» (Rom. 12:1).

La devoción debería surgir continuamente, estemos donde estemos, hagamos lo que hagamos.

Adorar toda la semana

Estaba (Kevin) trabajando en un 7-Eleven tras convertirme en seguidor de Jesús. Algunos de mis mejores momentos de devoción ese verano, tras mi segundo año de instituto, tuvieron lugar en un congelador gigante mientras colocaba latas de Pepsi® y Budweiser®. Pasaba un par de horas cada turno en el refrigerador gigante rompiendo cajas, amontonando bebidas y rellenando todos los vasos para que la gente con sed pudiera rellenar su bebida. Los ventiladores y refrigeradores hacían complicado oír, por lo que cantaba lo más alto que podía. No sabía ningún himno ni canción de la iglesia, pero estaba aprendiendo algunos buenos coros de alabanza en el grupo de jóvenes, por lo que los cantaba. Cuando me quedaba sin canciones, me las inventaba. Venían palabras de adoración a mi corazón y gritaba, cantaba y celebraba la bondad de Dios mientras trabajaba. De vez en cuando, alguien abría las puertas de cristal para llevarse una o seis latas. Había una succión y el sonido en el refrigerador cambiaba. A veces, dejaba de cantar, pero otras veces, seguía alabando a Dios. Puede que los clientes pensaran que un loco estaba encerrado en el congelador, pero la devoción en mi corazón seguía fluyendo, por lo que yo continuaba.

Me atrevería a decir que una de las catedrales más hermosas en las que he adorado fue aquel gran refrigerador de bebidas en el 7-Eleven. Conocía a Jesús ahí. El viento del Espíritu Santo era incluso más fuerte que los ventiladores del congelador. Mi Padre en los cielos y el creador del universo se mostraban y reunían con un chico de dieciséis años que estaba aprendiendo a adorar. «Jesús respondió: 'Creedme, está llegando un momento en el que no adoraréis al Padre ni en esta montaña ni en

Jerusalén... Pero está llegando un momento, y ya ha llegado, en el que los verdaderos devotos adorarán al Padre en Espíritu y en verdad, ya que son el tipo de devotos que busca el Padre'» (Juan 4:21-23).

Adorar y rendirse y obedecer a Dios. Jesús vivió en continua obediencia del Padre. A medida que aprendemos a andar tras los pasos de nuestro Salvador, honraremos a Dios rindiéndonos a su voluntad y sus caminos. Si vamos todos los domingos a misa, pero nos rebelamos contra la voluntad de Dios el resto de la semana, ¿cómo es esa una vida de devoción? Cuando damos a Dios los restos (Mal. 1:6-11) y nos quedamos lo mejor, no estamos aprendiendo lo que significa ofrecer nuestras vidas como sacrificios en vida. Podemos cantar himnos y canciones de alabanza con voces angélicas, pero si usamos los mismos labios para insultar a la gente que está hecha a la imagen de Dios, ¿cómo estamos viviendo como devotos?

Ninguno de nosotros tiene una alineación perfecta de cómo nos ve la gente durante un servicio de adoración formal y quiénes somos el resto de la semana, pero deberíamos intentar, con todo el poder del Espíritu Santo, ser consecuentes en todas las circunstancias. Jesús sabía la voluntad del Padre y vivía en ella en todo momento. Como discípulos suyos, esto debería ser nuestro deseo más profundo: saber la voluntad del Padre y obedecerla. Es nuestro acto de adoración.

Adoración del Padre, Hijo y Espíritu Santo. Hay un hermoso aspecto trinitario de la devoción. Vivimos para alabar al único Dios: Padre, Hijo y Espíritu Santo. Cada una de las personas de la Trinidad es digna de devoción. En su unidad de ser, la devoción es completamente apropiada. Durante muchos siglos, la iglesia cristiana ha aceptado tres credos ecuménicos: el Credo Apostólico, el Credo Niceno y el Credo Atanasiano.[19] En el credo más largo, el Atanasiano, una parte significativa se dedica a la doctrina de la Trinidad. Piensa sobre estas palabras:

Nada en esta trinidad es antes o después, nada es mayor o menor; en su conjunto, estas tres personas son coeternas e iguales entre sí. Por lo que, en todo, como se dijo antes, debemos adorar su trinidad en su unidad y su unidad en su trinidad.

Un día ordinario puede volverse extraordinario si escuchamos la voz y el liderazgo del Espíritu Santo y nos vemos movidos a adorar. Cada vez que nos damos cuenta de la belleza de la creación de Dios, podemos celebrar su bondad. A medida que intentamos seguir a Jesús de manera que honre al Padre y sea liderada por el Espíritu, cantaremos, alabaremos, celebraremos y nos detendremos con asombro, nos inclinaremos y rendiremos a la voluntad del Todopoderoso.

Invita momentos para maravillarse y sorprenderse durante el día. ¿Qué empuja a los seguidores de Jesús hacia arriba en devoción? Hay muchas cosas, pero una de las más significativa es darse cuenta. Cuando ralentizamos el ritmo, abrimos los ojos, prestamos atención y nos damos cuenta de la presencia de Dios, alcanzaremos una devoción más profunda.

Cuando un gato se enrosca en tu pierna y convierte su cola en una interrogación y ronronea tan fuerte que lo oyes, párate y alaba al creador de todas las criaturas peludas. Cuando veas a un perro correr y saltar de alegría, detente y da gracias a Dios por los placeres simples de la vida y deja que tu corazón se una a la alegría. Si ves un cielo tan azul que tu cerebro tiene que trabajar para aceptar el color, susurra una palabra de agradecimiento al Dios que ofrece esa belleza visual tan asombrosa. Cuando mastiques una gran comida y los sabores exploten y traigan el placer que solo los placeres culinarios pueden dar, párate y celebra al Dios que inventó las papilas gustativas, sabores, curris, pimienta, miel y fruta fresca. Cuando Dios creó los cielos y la tierra, el culmen de su trabajo fueron las personas creadas a su imagen, complejas pero hermosas. Cuando hables con una persona que te da alegría y significado a tu vida, eleva tu corazón y da gracias a Dios. Cuando un hijo o nieto se duerme en tus brazos, un amigo viene a tu lado en tiempos de dificultad, un cónyuge muestra ternura, un vecino ofrece ayuda o cualquier otra de las miles de interacciones llenas de alegría tiene lugar, detente a adorar al que hizo a las personas y afirmó que su creación era buena.

Cuando te levantes y respires aire al comenzar un nuevo día, reconoce la bondad de Dios. Cuando bebas café, agradece a tu Creador haber creado las semillas. Por la bendición de trabajo con significado, agradece a Dios. Cuando vengan dificultades que refuercen tu fe y te hagan arrodillarte para orar, alaba a Dios por su poder continuo. Cuando encuentres momentos para relajarte, refrescarte y jugar, agradece al Gran Proveedor. Cuando coloques la cabeza en la almohada al final del día, agradece a Dios muchas cosas, incluido el regalo de una almohada.

Cuidado con la tentación a adorar a cualquier cosa o persona que no sea Dios. Si el Diablo intentó tentar a Jesús a inclinarse y adorarlo, ¿por qué pensaríamos que estamos exentos de sus tentaciones? Jesús era Dios en carne humana, pero el enemigo aún fue tras él. Los seguidores de Jesús deberían esperar ataques continuos y anticipar esfuerzos demoniacos para cambiar nuestra alianza con Dios a cualquier otra persona o cosa. A Satán no le importa lo que adores (a lo que te dediques) siempre y cuando no sea el verdadero Dios.

Si bien Satán probará cualquier táctica y ofrecerá cualquier tentación que piense que funcionará, tiene algunas favoritas. Como adoradores y seguidores de Jesús, tenemos que ser vigorosos en nuestros esfuerzos para proteger nuestros corazones, ojos, programas y devoción. Cualquier persona o cosa que tome la parte central de nuestras vidas, puede volverse un objeto de devoción. Cuando esto pasa, Dios pasa a segundo lugar y, antes de que nos demos cuenta, ¡al que llamamos Señor está en décimo quinto lugar! Todos los seguidores de Jesús deberían hacer tiempo, de manera regular, para examinar su corazón y vida y asegurarse de que nada esté tomando un lugar predominante en sus afecciones.

¿Y el dinero y las cosas? Jesús dio avisos serios sobre cómo las cosas materiales pueden volverse demasiado importantes. Pregúntate: «¿Hay personas que significan tanto que su opinión o aprobación es más importante que Dios? ¿Mi devoción a una persona (esposo, hijo, nieto, amigo) me hace comprometer mi fe o distraerme de seguir completamente a Jesús? ¿Tengo un pasatiempo que consume mi tiempo o recursos de manera que no puedo servir a Jesús, ser generoso y vivir para él? ¿Controla mi trabajo mi horario y consume mi mente de manera que no puedo vivir con Jesús como el Señor de cada momento de mi vida? ¿He dejado que el entretenimiento y los medios audiovisuales dirijan mi horario?

¿Paso más tiempo jugando a videojuegos, viendo programas o navegando en Internet que sentándome a los pies de Jesús? ¿Mis deseos y lo que quiero me dirigen, por lo que ahora estoy a cargo y establezco la dirección de mi vida en vez de seguir al Dios omnisciente, que afirmo que es mi Señor y líder?». Si vamos a vivir como devotos, significará tirar fuera del trono todo lo demás.

El poder de la adoración en grupo

Cuando la mayoría de nosotros pensamos en la devoción, nos imaginamos un entorno con un grupo de evangélicos reunidos en una iglesia. Esa imagen cambió para mucha gente en 2020 debido a la pandemia COVID-19. En cuestión de semanas, la gente empezó a adorar en sus salones, viendo sus televisiones, tabletas u ordenadores. Algunas alababan a Jesús con auriculares mientras miraban sus teléfonos. Otras empezaron a reunirse fuera con distanciamiento social y mascarillas. Mucho cambió, pero mucho permaneció igual.

El ritmo de la gente de Dios reuniéndose en grupo para adorar en comunidad está profundamente conectado con la historia de la Iglesia y con las almas de la gente de Dios. Hay algo únicamente hermoso en el cuerpo de Jesús, todos juntos adorando al Rey de la Gloria.

No se trata solo del lugar, pero el lugar es importante. Jesús dejó claro que la ubicación no es el problema central de la adoración (Juan 4:21). Pero estar en un lugar indicado en la comunidad de la gente de Dios, importa. Jesús mismo, cuando tenía doce años, dejó claro que sus padres deberían saber dónde encontrarlo, en el templo del Señor, hablando y aprendiendo, en comunión con Dios y en compañía de otros. Hay algo poderoso en reunirse regularmente con la gente de Dios. En el 'Libro de los hebreos', el escritor dice: «Agarrémonos firmemente a la esperanza que profesamos, porque el que prometió es fiel. Y consideremos cómo podemos alentarnos los unos a los otros hacia el amor y los buenos hechos, sin dejar de reunirnos, como algunos hacen, sino animándonos los unos a los otros, y más aún a mediad que se acerca el Día» (Heb. 10:23–25).

Reunirse es importante para el corazón de Dios. El Antiguo Testamento está lleno de festines y celebraciones que reunían a la gente de Dios. La antigua comunidad judía tenía un ritmo de adoración semanal que era parte de la tela de sus vidas y fe. Los seguidores de Jesús siguen con esta práctica espiritual de reunirse para glorificar a Dios, animarse mutuamente, celebrar al Salvador resurrecto y ser testigos para el mundo.

Las iglesias de casa se reúnen en salones. En algunas partes del mundo, pequeñas congregaciones se reúnen bajo tejados hechos de hojas de palma sin paredes. A Dios le encantan las pequeñas iglesias de campo que se reúnen en edificios tradicionales en forma de «A» con un campanario, y el Señor acude a auditorios de mega iglesias gigantes equipadas con la última tecnología. Lo que importa no es el tipo de edificio, sino las personas que se reúnen dentro. Un espacio sagrado es sagrado por la presencia del Espíritu Santo en las vidas de los devotos entregados.

Entusiasmo con sabiduría. Era Domingo de Ramos y nos estábamos preparando para cinco servicios de adoración consecutivos. Vi (Kevin) a una mujer entrar a nuestro centro de adoración y dirigirse al medio de la primera fila. Llevaba algo que parecían dos tuberías de aluminio de media longitud. Me di cuenta de los objetos inusuales, pero parecía no presentar peligro. Con los años, he aprendido que en algunas ocasiones la gente viene a Shoreline Church con cosas extrañas.

Cuando el servicio comenzó y el equipo de adoración comenzó la primera canción, la mujer desenvolvió dos banderas enormes de adoración y comenzó a ondearlas con gran entusiasmo. Las personas a su izquierda y derecha tuvieron que alejarse para evitar recibir un golpe. La gente en la segunda fila tuvo que esquivar las astas que se les acercaban. Uno de nuestros pastores se acercó y le explicó amablemente que no teníamos espacio para este tipo de actividad. Le dijo que estaba adorando y quería seguir. Le aclaró nuestras preocupaciones suave pero firmemente sobre la posibilidad de hacer daño a alguien y la necesidad de parar. Cuando la conversación terminó, envolvió las banderas y se fue, frustrada por no tener la libertad de adorar con sus banderas al frente de nuestro centro de adoración.

Se anima a la adoración entusiástica en toda la Biblia. Deberíamos dirigirnos a Dios con alabanzas apasionadas y entregadas y centrarnos completamente en darle la gloria que se merece. Pero cuando adoramos en comunidad, debemos ser conscientes de las necesidades de los demás y no estar centrados solo en nuestra propia experiencia. Para usar una cita que se ha atribuido a celebridades como Oliver Wendell Holmes Jr., Juan Stuart Mill o Abraham Lincoln: «Mi derecho a agitar mi puño termina donde empieza tu nariz». Soy libre de actuar como quiera hasta que mis acciones se entrometan en tu libertad y espacio. O, por ponerlo en términos que la mujer en nuestro servicio de Pascua pueda entender: «¡Tu libertad para agitar tus banderas de adoración termina cuando estás a punto de golpear a otros devotos en la cabeza!».

Un/a humilde discípulo/a de Jesús se preocupa por otros devotos. Somos libres ser expresivos y alabar con pasión, pero si nuestra expresión y libertad expulsan a otros de la adoración, ¿realmente estamos siguiendo el liderazgo del Espíritu de la paz? Si mi expresión impide la tuya, debería preocuparme lo suficiente como para reducirla para que los dos podamos dar alabanzas a Dios en el mismo espacio.

Abordar las distracciones. Hace algunos años, nuestro hijo mayor fue invitado a ser voluntario en otra iglesia porque necesitaban un guitarrista. Cuando le preguntamos cómo había ido, dijo que bien, pero que le frustraba que el pastor hubiera señalado a un grupo de ellos durante el servicio.

Explicó que, tras el tiempo de adoración en canción, él y algunos otros se habían sentado en el centro de adoración y estaban centrándose en el mensaje, leyendo el pasaje de las Escrituras con una aplicación de la Biblia en sus teléfonos. Unos minutos tras comenzar el sermón, el pastor detuvo su mensaje y aleccionó a nuestro hijo y algunos de los otros jóvenes por distraerle jugando en sus teléfonos durante su sermón. Les dijo que guardaran los dispositivos y prestaran atención. El problema era que estos jóvenes estaban siguiendo con sus aplicaciones de la Biblia. No habían traído otra Biblia. Este pastor resaltó dos cosas: primero, su ignorancia sobre el uso extendido de aplicaciones de lectura de la Biblia y, segundo, el problema real de las distracciones en la adoración.

Las distracciones son una dificultad real y la tecnología puede ser un factor. Mucha gente encuentra de ayuda las aplicaciones de lectura de la Biblia para participar en la iglesia o desde casa. Pero también hay muchos momentos en los que la tecnología puede ser una distracción, impidiendo que nos centremos completamente en la adoración. Si retrocedemos unas décadas, la opción de llevar un teléfono a la iglesia simplemente no existía. Hoy en día, tenemos ordenadores potentes que llevamos en el bolsillo o bolso, así como tabletas con las que ver lo que pasa en el mundo. Tenemos relojes que sirven de conductos para SMS, llamadas correo electrónico, junto con información sobre cuantos pasos hemos dado ese día, las últimas noticias y actualizaciones de las redes sociales... ya me entiendes. Los beneficios de estar conectados mediante la tecnología han llevado a un aumento exponencial en el potencial de distracción. Cuando nos reunimos para adorar, llegamos a la presencia de Dios Todopoderoso. Nos unimos con su gente para alabar, honrar y adorarlo. Tenemos que hacer todo lo que podamos para limitar las distracciones y maximizar nuestra participación. Si nos distraen fácilmente los relojes, teléfonos o tabletas, puede que queramos poner nuestros dispositivos en modo avión y llevar una Biblia impresa. Está preparado para hacer lo que sea necesario para participar completamente con Dios en adoración. Elimina sin piedad todo lo que se ponga en medio de encontrarte con el que se merece tus alabanzas.

Devoción centrada en Dios. La devoción se trata de Dios, no de nosotros. Vivimos en un mundo egocéntrico y se nos hace creer que nuestra alegría, edificación y experiencia es lo que más importa. Este tipo de pensamiento es tanto juvenil como peligroso. El mismo concepto de devoción debería alejarnos de un pensamiento egocéntrico, pero al parecer no lo hace. Incluso creyentes maduros y experimentados tienen que recordar esto.

Hace muchos años, vi (Sherry) una transformación hacia la madurez espiritual mediante una conversación entre mi padre y mi marido. Mi padre estaba teniendo dificultades con partes de la nueva adoración introducida en su iglesia. Honestamente, le gustaban los himnos más antiguos y familiares y la nueva música no le conectaba con Dios. Expresó esto a Kevin y tuvieron una conversación maravillosa. Kevin escuchó e intentó comprender sus preocupaciones, pero también le hizo una pregunta: «Sherwin, ¿desde cuándo es la adoración sobre ti?» Hablaron sobre cómo la nueva música podía conectar con los jóvenes en la iglesia y ayudarles a alabar a Dios. Estuvieron de acuerdo en que la mayoría de los no creyentes en la comunidad en la que vive mi padre no estaban escuchando música de órgano en el coche o casa y que una música más moderna podría conectarlos con la verdad y el mensaje en las canciones. Hablaron largo y tendido sobre la teología y práctica de la adoración, pero una frase se repetía una y otra vez, la adoración no es sobre nosotros, es sobre Dios.

Casi inmediatamente, mi piadoso padre cambió de parecer, tanto metafórica como literalmente. Desde entonces he oído a mi padre recordar esa conversación varias veces, compartiendo lo agradecido que está por la valentía de Kevin para corregirle en ese momento. Ha aceptado la nueva música mientras le siguen encantando los grandes himnos y canciones del pasado. Decidió elevar su voz para adorar a Dios sin importar el estilo de la música o las canciones. Y ha compartido ese mensaje con los demás, iniciando la misma conversación con otras personas de su generación que han tenido dificultades similares. Mi padre ha ayudado a otros a recordar quién es el centro de la adoración.

Reto de 4 generaciones (2-2-2)

De nuevo, date cuenta de la progresión en esta historia sobre mi padre aprendiendo a aceptar la nueva música de adoración. Mi marido, Kevin, que es más de dos décadas más joven que mi padre, tomó su mano y le ayudó a conseguir una nueva perspectiva. Kevin dijo la verdad y mi padre se dio cuenta de que tenía que crecer en madurez como devoto entregado. Mi padre descubrió que sus ojos tenían que permanecer sobre Dios y que podría alabar al Señor con cualquier estilo de música. ¡Eso es madurez!

Después, mi padre tomó la mano de varios de sus amigos y otros en la iglesia que tenían dificultades con el mismo problema. Habló con ellos y los animó a olvidar sus gustos, estilos y preferencias. Mi padre retó a algunos de sus contemporáneos a volverse más contemporáneos en cuanto al estilo de música en la adoración por aquellos que no conocen el amor de Dios. Estoy segura de que algunos de ellos tomaron la mano de un cónyuge o amigo y le ayudaron a crecer de la misma manera. Se trata de cuatro generaciones de evangélicos profundizando en adoración.

¡Eso es ser discípulos orgánicos!

CAPÍTULO 12

¡Al mundo le gusta una gran fiesta!

¿Cómo se relaciona la devoción con el evangelismo? ¿Cómo puede la devoción entregada acercar a la gente al Salvador? Hay muchas más conexiones de las que la mayoría de nosotros reconocemos. Tanto nuestras vidas personales como devotos como nuestras experiencias de adoración en grupo pueden dar a las personas perdidas una visión del paraíso y crear esperanza para una conexión verdadera con lo divino. Al mundo le encanta una buena fiesta y los devotos saben cómo celebrar durante el flujo del día, en nuestros hogares, trabajo y entornos sociales y cuando nos reunimos con la gente de Dios. Por encima de todo esto, vivimos con una confianza de hierro en que celebraremos con Dios eternamente en el paraíso. La vida de una persona devota debería ser atractiva e interesante y debería dirigir a la gente al Dios que es digno de toda alabanza.

Devoción como estilo de vida (diseminada)

Cuando era una chica joven (Sherry), observaba adoración todos los días, todo el día. Si la devoción es ofrecer todo lo que somos y hacemos al Dios que nos hizo, puedo decir honestamente que vi a mis padres mostrar la gloria y alegría de la devoción continuamente. Sí, oraban mucho, leían sus Biblias, cantaban himnos y daban con corazones generosos, pero era más que eso. Mis padres andaban con Jesús, lo adoraban y rendían sus voluntades a los deseos de Dios una y otra vez. Cuando llegaban momentos difíciles, mi madre, con una confianza relajada, decía:

«Dios se preocupa de los suyos». Mi padre llevaba una vida de oración y, cuando venían tiempos difíciles, hablar con Dios era su primera respuesta. Cuando las oraciones se veían respondidas, les seguía la adoración. Durante los años, mis padres han seguido modelando un estilo de vida de devoción a través de todas las cosas, incluso cuando dijeron adiós a su único hijo, mi hermano, Mark, cuando perdió su batalla contra el cáncer. A través de muchas lágrimas, han seguido adorando a Dios. Para mis padres, toda la vida es devoción.

Cuando adoramos, incluso en los momentos difíciles, el mundo mira asombrado. Es fácil elevar alabanzas a Dios y rendirnos a su voluntad cuando las cosas nos van bien. En los buenos tiempos, deberíamos celebrar la gracia y bondad de Dios. Pero el mundo presta especial atención a cómo se comportan los evangélicos cuando la diagnosis es mala, cuando la economía está convulsionada y cuando el dolor viene como un trueno.

Tenemos un querido amigo que ha estado luchando contra el Parkinson durante más de una década. Jason viven con la realidad de que su cuerpo está luchando contra él en todo momento, todos los días. Su mujer, Leslie, es su compañera de vida, fe, familia y todo a lo que se enfrentan juntos. En nuestros más de diez años de amistad con ellos, no hemos oído a ninguno de los dos quejarse, ni una vez. Conocen a Jesús. Miran a quien está en el trono del paraíso y de su vida. Han entregado todo al creador de todas las cosas.

Tanto Jason como Leslie trabajan en la industria de la hospitalidad. Durante todo a lo que se han enfrentado, innumerables personas se han visto inspiradas por su fe y confianza en Dios. Al vivir con alabanzas, adoración y honramiento abierto a Dios, sus vidas brillan con la presencia de Jesús. Por su puesto, hay días difíciles. Muchos de ellos. Ambos oran por una cura a esta terrible enfermedad. Pero en medio de todo ello, su adoración del Padre es testigo de cómo es un devoto. Mucha gente ha visto el corazón de Jesús al mirar a Jason, a Leslie y sus dos hijos adultos. Cualquiera que los conozca, podrá ver que siguen al Salvador a través de una tormenta que no muestra señales de terminar. Ese tipo de devoción es testigo para un mundo que mira. *De los devotos emana la presencia del Espíritu Santo.* Cuando los evangélicos viven todos los días rendidos a Dios y en un estado de devoción, el Espíritu Santo está presente de manera clara y poderosa. Todos lo hemos experimentado. Entras en un hogar saturado con oración, lleno de alabanzas y ocupado por devotos y hay algo en el aire. La gente lo nota. Los no creyentes pueden no ser capaces de ponerlo en palabras, pero pueden sentir algo cálido, vivo, atractivo y lleno de gracia.[20]

El Espíritu Santo está presente en las vidas de los devotos. Los creyentes lo ven. Las personas curiosas espiritualmente lo sienten.

Dios está allí. Esta presencia divina es testigo para el mundo. Si hablas con una persona que no conoce a Jesús y notan algo diferente en tu hogar, oficina, cubículo o vida, no tengas vergüenza. Dile que el Espíritu de Dios está cerca. Dale la enhorabuena por darse cuenta. Después, ofrece contarle más sobre este Dios que viven contigo y dentro de ti.

Deseamos una devoción más profunda que la que ofrece este mundo. Los evangélicos solían hablar y cantar sobre el paraíso más de lo que lo hacemos hoy en día. Si te remontas a estudiar los himnos y canciones antiguas, encontrarás un fuerte tema de ganas de ver a Dios y adorarlo en gloria. Cuando hacemos la devoción un tema central en nuestras vidas, querremos mucho más de lo que ofrece este mundo. Crecerá un hambre de ver a nuestro Salvador cara a cara.

A medida que el mundo se vuelve más conflictivo y las personas están cada vez más polarizadas, hay ganas de paz, unidad y algo que dure y sea real. Tenemos un mensaje de esperanza sin fin y la promesa de la eternidad con el Dios que nos hizo y ama. Al mismo tiempo que anticipamos la gloria que nos espera, podemos compartir esta esperanza con un mundo lleno de gente que quiere más. Los brazos de Dios están abiertos y está listo para limpiar sus lágrimas y darles vida eterna.

De toda la gente del mundo, los evangélicos deberían ser los más gozosos. Los devotos están llenos de alegría. Hemos visto a Jesús. Nuestros pecados y el juicio que merecemos se han tirado al mar más profundo. Tenemos un amigo que nos ama como ningún otro. En un mundo en el que la tristeza, desesperación, depresión y desánimo tienen el mando, los devotos conectan con el Dios de la alegría infinita. Durante lo bueno y malo de la vida, podemos seguir adorando y celebrando al Dios que ya ha escrito el último capítulo del libro. Sabemos cómo termina la historia. Un trono. Una corona. ¡Victoria! Nos sentaremos con nuestro salvador en lugares paradisiacos para siempre. Nuestra devoción acaba de comenzar, por lo que nuestra alegría no tiene fin.

Los hogares evangélicos deberían estar empapados de la presencia del Dios vivo. Siempre hemos buscado hacer nuestro hogar un lugar de gracia, diversión, celebración y verdad. Cuando crie a nuestros tres hijos, sus amigos venían a menudo. Algunas veces, incluso nos visitaban cuando nuestros hijos no estaban en casa porque querían hablar con adultos que escuchasen, se preocupasen, dieran ánimos, presentaran la verdad y oraran por ellos. Siempre estuvimos bendecidos viendo cuánto confiaban en nosotros.

Un día, un amigo vino a visitarnos, un jugador de la NFL jubilado llamado Rickey Bolden. Transmite alegría vaya donde vaya. Tras seis temporadas en la línea ofensiva de los Cleveland Browns, se jubiló para ser cura. El día que Rickey pasó por nuestra casa, había unos doce chicos de instituto en nuestro sótano. Les sorprendió conocer a una montaña de dos metros, de unos ciento treinta kilos.

Rickey se acercó a los chicos y habló sobre fútbol americano y lo que hace falta para tener éxito en los deportes profesionales. Después, preguntó a cada uno de los chicos cómo les iba en el instituto y si se tomaban los estudios en serio. Antes de que se dieran cuenta, les estaba contando sobre lo que significa ser un seguidor de Jesús en un mundo que no siempre anima a la fe cristiana. Describió la rendición, sacrificio y devoción que requirió vivir para Jesús mientras jugaba al más alto nivel de deportes profesionales.

Algunos de estos jóvenes no iban a la iglesia ni seguían a Jesús. Habían estado en nuestra casa una y otra vez durante los años y sabían que Jesús era el centro de todo lo que hacíamos. Conocer a Rickey y escuchar su historia de abandonar el fútbol americano profesional para ser cura tenía sentido porque habían estado en un hogar dedicado a Jesús y habían escuchado este tipo de historia antes. Cuando Rickey formó un círculo con ellos y oró antes de irse, todos se acercaron y se alinearon para un abrazo de este contagioso amante de Jesús.

Devoción en comunidad (en grupo)

Si los evangélicos son las personas más llenas de alegría en el mundo, la iglesia debería ser la comunidad más alegre. Cuando nos reunimos para adorar a nuestro Dios, el entorno debería ser explosivamente glorioso. Si alguien entra sin haber conocido al Salvador, debería verse atraído por Jesús al ver a personas profundamente enamoradas de él. La mayoría de las personas que están lejos de la fe tendrán su primer encuentro con la presencia de Dios fuera de una iglesia cuando conozcan a la gente de Jesús. Pero algo poderoso y que afecta a la vida, pasa cuando un buscador espiritual entra en una congregación de creyentes reunidos que comprenden lo que significa adorar en Espíritu y en verdad.

La verdadera adoración nunca es sobre nosotros. Dios es el centro de nuestra devoción o sino no es verdadera devoción. Si nos comportamos como si la devoción fuera sobre nosotros, nuestro estilo, gustos, preferencias, hay un término bíblico para eso, ¡idolatría! Si queremos que los invitados, amigos, miembros de la familia y personas espiritualmente curiosas encuentre a Dios cuando visiten la iglesia a la que asistimos, tenemos que hacer todo lo que podamos para asegurarnos de que esté en el trono y su gloria se muestre.

¿Es la adoración para aquellos que no tienen fe en Jesús? Mi (Kevin) hermana Alison asistió a una iglesia maravillosa e Irvine, California, durante un par de años antes de convertirse en seguidora de Jesús. Hizo amigos. La iglesia le dio la bienvenida. Incluso cantó en el coro. Le llevó más de dos años de pertenecer antes de creer. Cuando finalmente confesó su fe en Jesús, tuve el honor de bautizarla en la fuente de la iglesia tras la misa del domingo por la mañana.

Durante el bautismo, el coro de la iglesia rodeó la fuente y cantó: «Down to the River to Pray», (Bajemos al Río a Orar). Puedo oírlo mientras escribo estas palabras y me hace llorar hoy tanto como lo hizo hace muchos años.

Mientras bajaba al río a orar
Estudiando sobre ese buen camino
Y quién llevará la corona estrellada
Bueno Señor, muéstrame el camino

Oh hermanas, bajemos
Bajemos, bajemos
Oh hermanas, bajemos
Bajemos al río a orar

Alabo a Dios por Mariners Church y un coro que aceptó a mi hermana mientras adoraban semana a semana. Estoy eternamente agradecido por los creyentes que aman a la gente mientras aprenden a andar hacia Jesús. Me alegra que cuando mi hermana ponía fe en el Salvador, ya estaba siendo discipulado y tenía una comunidad andando con ella. Esto nunca podría haber pasado si esa iglesia creyera que la adoración es solo para los conversos.

¿Debería invitarse a gente a Jesús durante los servicios de adoración? Debido a que muchas iglesias invitan a no creyentes a unirse a ellas en su camino a descubrir a Jesús, algunos evangélicos se ven en un lugar extraño. ¿Es la iglesia, particularmente los servicios de adoración, un lugar para los no creyentes? En algunos círculos, esto es debatible. Ya hemos aprendido que una congregación puede reunirse, ser fiel a las Escrituras y tener unas experiencias de adoración vibrantes mientras hay buscadores espirituales presentes. De hecho, es un gran lugar para la gente que está hambrienta espiritualmente. No diseñamos el servicio para los no creyentes, pero tenemos consciencia plena de que participan.

¡Un servicio de adoración es para la gloria de Dios! Cuando el Señor es nuestra pasión que consume, los creyentes pueden unirse y mirar, aprender, sentir la presencia del Espíritu Santo, escuchar la verdad de las Escrituras y decidir si quieren dar el próximo paso hacia el Salvador.

Doy (Kevin) sermones todos los domingos y lo llevo haciendo durante casi tres décadas. Cada vez que abro la Palabra de Dios en una misa, lo hago sabiendo que hay evangélicos devotos escuchando, así como mucha gente que está buscando descubrir quién es Dios. En los once años siendo cura en Shoreline Church, me he acostumbrado a invitar a personas regularmente a poner su fe en Jesús. Lo hago porque sé que hay gente presente que no es cristiana.

Si estoy planeando presentar el evangelio de Jesús y pedir una respuesta, hago que nuestro equipo de oración se prepare dos semanas por adelantado. También preparamos paquetes para los nuevos creyentes para ayudarles a avanzar como discípulos. Tenemos biblias en inglés y español listas para entregar. Unas seis a ocho veces al año, invito a personas a responder públicamente a las buenas nuevas y colocar su fe en Jesús. Al tener tres servicios todos los domingos, he hecho esto más de 230 veces durante más de una década en Shoreline Church.

¿Cómo sé que tenemos no creyentes en nuestros servicios de adoración? Porque solo ha habido una vez en todas esas invitaciones cuando nadie ha hecho una confesión pública de fe. Ha habido algunas veces en las que de diez a quince personas han respondido en un servicio. Si no viésemos nuestros servicios de adoración en grupo como un lugar para las personas espiritualmente hambrientas, habríamos perdido muchas oportunidades para compartir el evangelio.[21]

¿Podemos cantar una nueva canción? Cuando una iglesia busca alcanzar a personas lejos de la fe, tenemos que estar dispuestos a sacrificar nuestras preferencias. Cuando Russ y Marce visitaron Shoreline Church, no les gustó la música. Habían estado en la iglesia muchas décadas y la nueva música no conectaba con ellos. Aun así, nos hicimos amigos y pasamos tiempo con ellos en varios entornos sociales, llegando a amarlos como unos amados hermano y hermana en fe.

Un domingo, Russ y Marce se acercaron a saludarme tras dar un sermón.

Russ dijo: «¡Estamos aquí!».

«Genial,» dije yo, «está bien que nos visitéis de nuevo».

Russ parecía confuso. Aclaró: «No, estamos aquí, para siempre, ¡esta es nuestra iglesia ahora!».

Sabiendo cómo se sentían con la música, le recordé que no hacemos muchas de las canciones más antiguas y tradicionales.

Russ dijo: «Lo sabemos, pero podemos aprender a ajustarnos a este estilo de música. Lo que importa es que nos sentimos llevados a esta iglesia».

Durante los siguientes años, esta dulce pareja descubrió que la gloria de Dios, no nuestros gustos, es central para la adoración. Aprendieron a alabar a Dios con nuevas canciones y estilos. Se convirtieron en sirvientes fieles en nuestra comunidad de la iglesia. Sus corazones por las personas perdidas crecieron y sintieron libertad para invitar a otros a la iglesia porque no parecía anticuada y desconectada del mundo en el que la mayoría de los no creyentes vive.[22]

De un funeral a una celebración. ¿Parece nuestra devoción más un funeral o una fiesta? Los evangélicos saben que Cristo se ha levantado. La razón por la que nos reunimos todas las semanas es para celebrar que el Salvador, que murió para pagar el precio por nuestros pecados, se levantó de la tumba. Conquistó el pecado, la muerte, el infierno y al enemigo. Ha ascendido y está vivo y presente hoy en día. ¡Merece la pena celebrarlo!

La devoción conecta con el compromiso orgánica y naturalmente cuando los evangélicos se reúnen para encontrarse con el Salvador vivo. Cuando nos vemos llevados a cantar desde nuestros corazones y declarar su gloria con pasión, honra a Dios y atraer a muchas personas a él. Cuando adoramos al Señor durante el flujo de un día ordinario o cuando nos reunimos con la gente de Dios en ocasiones especiales, el mundo puede sentir el Espíritu, encontrar al Salvador y escuchar las palabras de Dios hablar luz en la oscuridad. Al mundo le encantan las fiestas, ¡así que démosle una invitación!

PARTE 4
Servicio humilde

*Cómo los corazones bondadosos y las manos compasivas
muestran el amor de Dios por todas las personas*

Jesús dejó la gloria del paraíso y vino a servirnos con su propia vida. Sus discípulos sirven con alegría a su Salvador, su iglesia y el mundo que ama. Cuando nos preocupamos como Jesús, el mundo ve una visión del Salvador sirviente y está dispuesto a escuchar nuestras historias de quién es y cómo ama Jesús.

CAPÍTULO 13

Cuando Dios se arrodilló a nuestros pies

C omenzó en el corazón de Dios y pasó al vientre de una chica virgen. Era un sueño de servicio humilde el que causó que los ángeles se asombraran del amor de Dios por las personas rotas y pecaminosas. El Evangelio de Juan nos dice que «la Palabra se hizo carne y estableció su morada entre nosotros» (1:14). En el Evangelio de Lucas, encontramos a este bebé nacido en un pesebre:

Emanuel, Dios con nosotros. El plan de Dios para salvar a sus hijos extraviados ofreciendo humildemente su propia vida comenzó en el tercer capítulo del Génesis. Cuando nuestros padres, Adán y Eva, mordieron la rebeldía y la unidad con Dios se vio destrozada, Jesús sabía lo que había que hacer para nuestra redención. Y siglos más tarde, dio ese paso, convirtiéndose en uno de nosotros para salvarnos de las consecuencias del pecado y remendar nuestra fracturada relación con Dios.

Desde esta preexistencia eterna, pasando por su vida terrenal, nuestro Dios es un sirviente. Es el rey de todas las cosas y el Señor de la Gloria, pero su naturaleza es preocuparse humildemente por toda la creación y traer a sus hijos extraviados a casa. Nuestro Dios tiene el corazón de un sirviente y lo vemos frecuentemente revelado durante la vida de Jesús.

Cuando nuestro Salvador se acercaba al final de su vida en este planeta y se preparaba para ir a la cruz para cambiar su vida por la nuestra, nos dio una imagen poderosa de servicio. Jesús reunió a sus discípulos en la sala superior de una casa para celebrar la Pascua Judía. El pan y la copa de comunión estaban en la mesa delante de ellos y, en este momento especial de memoria, nuestro Señor reveló la parte más profunda de su corazón.

Cuando Dios se arrodilló y lavó pies

Imagina ver a los ángeles del cielo mientras veían a Jesús limpiar y secar los pies de su variado grupo de discípulos. Fue un acto chocante de amor abnegado (Juan 13:1–11). Un rabí que sujetara los pies de sus seguidores y limpiara la suciedad y el barro de las calles de la ciudad no se había visto nunca. Pero lo que se vió el cielo y la Tierra experimentó fue mucho más que un rabí popular rompiendo estereotipos. Era Dios en carne humana. El creador del cielo y la Tierra, el divino Señor del universo. Yahveh se arrodilló y limpió los pies de hombres demasiado egoístas como para servirse entre sí o a él. Cuando los hombres entraban en la sala de arriba, el recipiente, jarra de agua y toalla estaba ahí para que los usaracualquiera. Sin embargo, todos los hombres pasaban delante de estos instrumentos de servicio. Limpiar los pies era una tarea baja reservada a los sirvientes y ninguno de ellos quería ser identificado de esa manera, por lo que fue Jesús quien se dio cuenta y decidió hacer algo.

Para ofrecer este acto de servicio, Jesús tuvo que arrodillarse para tocar sus pies. El que sentiría clavos atravesar la carne de sus manos un rato después tomó los pies de Judas el traidor en sus manos divinas y las limpió y secó. El Dios que habló el cielo y la Tierra para que existieran se agachó a los pies de Tomás el dudoso y limpió entre sus dedos. El que Pedro declaró el «Mesías, el Hijo de Dios vivo» (Mateo 16:16), mostró su majestad mesiánica mientras explicaba a Pedro lo que estaba haciendo al lavar sus pies (Juan 13:6–9). Esto fue un precursor de la cruz, en la que Jesús pronto limpiaría la suciedad y pecado de nuestras alamas. Jesús se arrodilló a los pies de los Doce uno a uno y los sirvió a todos.

Un Señor que da yugo

En un mundo de opresión, cargas y desánimo, el Dios sirviente viene a ofrecer ponernos un yugo que no nos aplaste. Como hijo de un carpintero, es probable que Jesús y su padre adoptivo terrenal, José, hubiera construido yugos. Gran parte del trabajo pesado en el primer siglo lo realizaban bestias de carga con un yugo. Si el yugo encajaba bien, el animal podía llevar una mayor carga. Si no, se deformaba y el animal tenía dolor y podía llevar menos.

Jesús usó esta imagen común para describir una de las maneras en las que sus sirve a sus seguidores. Lee estas palabras con ojos fresco e imagina a Jesús en el taller de carpintero tallando y personalizando yugos que encajan perfectamente. «Venid a mí, todos los que estéis cansados y cargados y os daré descanso. Tomad mi yugo y aprended de mí, porque soy suave y humilde de corazón y encontraréis descanso para vuestras almas. Mi yugo es fácil y mi carga es ligera» (Mateo 11:28–30).

Esto es lo que Jesús quiere hacer por nosotros cuando andamos con él. Quiere que llevemos la carga adecuada para nosotros. No quiere aplastarnos. Jesús, el sirviente, sigue haciendo yugos que encajan perfectamente a sus discípulos.

La misión de Jesús

Jaime y Juan, dos de los discípulos de Jesús, junto con su madre, hicieron una petición valiente a Jesús un día. Pensaron que sería una buena idea si Jesús reservara dos tronos en el paraíso para ellos, los hermanos Zebedeo (Marcos 10:35–40). Presta atención al hecho de que no era solo una petición de lugares de autoridad en la gloria, querían tronos personalizados al lado de Jesús, sentados a su derecha e izquierda. ¡Es una solicitud de reserva! No solo es una mesa con vistas, sino tronos al lado del Mesías.

Tras indicar que no tenían ni idea de lo que estaban pidiendo, Jesús explicó que los sistemas terrenales de gobierno y poder no son ni remotamente similares a los caminos de Dios. Jesús terminó este momento instructivo recordándoles (y a nosotros) su propósito al venir. Dijo: «Porque incluso el Hijo del Hombre no vino a ser servido, sino a servir y a dar su vida como rescate para muchos» (Marcos 10:45). Jesús fue enfático, no vino a ser el receptor de servicio. El deseo de su corazón fue servir a los demás. Su humilde vida acabó en rescate, su vida por la nuestra. Tomó nuestra vergüenza, pecado, culpa y castigo para sí mismo. A cambio, recibimos limpieza, libertad, curación, amor, paraíso y la rectitud de Dios (2 Cor. 5:21).

Una voluntad rendida

¡Mi manera, mis preferencias y mis deseos *me* llenan! Este ha sido el mantra implícito de cada generación desde que Adán y Eva comieron lo prohibido. Nuestro líder sirviente, Jesús, vivía con un punto de vista completamente diferente. Existía para hacer la voluntad de su Padre. Cuando sus discípulos se preguntaban por qué no tenía hambre, Jesús decía que estaba realmente satisfecho con hacer la voluntad del Padre (Juan 4:34). Era su comida y sustento.

Tras dar de comer a cinco mil personas, Jesús explicó que es el pan de los cielos y que su presencia en nuestras vidas puede llenar y sustentarnos. Después, el Señor de la Gloria declaró que vino a la Tierra «no para hacer mi voluntad, sino la del que me envió» (Juan 6:38). Jesús se veía consumido por la voluntad del Padre y dirigía sus pensamientos y decisiones.

Deberíamos estar profundamente agradecidos de que el corazón sirviente de Jesús estuviera consumido por la voluntad del Padre, porque esto llevó a nuestra salvación. Si nunca has hecho la conexión entre la misión de Jesús y tu salvación, deja que estas palabras del Salvador se hundan en tu alma y párate a susurrar una oración de agradecimiento. Jesús dijo: «Porque he bajado del cielo, no para hacer mi voluntad, sino para hacer la voluntad del que me envió. Y esta es la voluntad de quien me envió, no perder a ninguno de los que me ha dado, sino elevarlos el último día. Porque la voluntad de mi Padre es que todos los que miren al

Hijo y crean en él tendrán vida eterna y los elevaré el último día» (Juan 6:38–40). Nuestra salvación, la seguridad de la resurrección y la eternidad en la gloria se apoyan completamente en los hombros del que vino a servir humildemente.

Servir mediante la curación

Jesús se veía atraído a los que estaban rotos y desesperados. No se alejaba de las personas con lepra, como era la costumbre en aquellos días, sino que se acercaba y las tocaba (Marcos 1:41; Lucas 5:13). El Señor servía a personas paralíticas y se levantaban y andaban (Marcos 2:11–12; Juan 5:8–9). El Salvador sirviente daba oído a los sordos y vista a los ciegos (Marcos 7:34–35; Mateo 20:34). Los muertos respiraban de nuevo con la palabra de Jesús el sirviente (Lucas 8:49–55; Juan 11:38–44). La próxima vez que leas los cuatro evangelios, toma nota del número de veces que el Señor sirvió dando una mano sanadora y satisfaciendo las necesidades profundas de una persona rota.

Romper las cadenas

Jesús veía más allá de la rotura de los cuerpos hasta el encarcelamiento de las almas. Poderes demoniacos estaban presentes en el mundo antiguo, tal y como están en todas las generaciones. Cuando Jesús veía una persona encadenada, oprimida o poseída por un espíritu maligno, la servía. En ese momento, el pan no satisfacía. La curación física no era la mayor necesidad. Salvación era lo que querían las almas golpeadas y atormentadas espiritualmente. Aún lo es hoy en día.

Una y otra vez, Jesús habló con autoridad celestial y las cadenas cayeron al suelo (Lucas 4:41; 6:18; 7:21; 8:38–39). Imagina la libertad y esperanza que nacían en el corazón de cada una de las personas que se encontraban con Jesús y decía adiós al dominio demoniaco en su vida. Esto era tan necesario e importante para Jesús que pedía a sus seguidores que sirvieran al mundo en su nombre realizando el mismo tipo de servicio rompe cadenas (Lucas 9:1).

Servicio final, definitivo y radical

El lavado de pies es una imagen poderosa del servicio humilde y podemos imaginarnos imitando a nuestro Salvador con actos modernos de lavado de pies. Todo el servicio ofrecido por Jesús palidece en comparación con la gloria de la cruz. La visión de servicio final y definitiva que debería consumir nuestras almas y guiar nuestras vidas es Dios en una cruz.

Quedándose sin aliento, con un dolor agudo, con sus detractores mirándole con ira y burlándose y con la vergüenza de nuestro pecado golpeando su alma, Jesús colgó durante horas en una cruz romana. El instrumento de tortura fue diseñado para mostrar a los criminales para que los viera todo el mundo. Su propósito era causar una muerte lenta y agonizante. La guillotina y la horca son piadosas en comparación con esta antigua forma de ejecución.

La mayoría de las personas se centran en el dolor físico de la cruz, que era inimaginable. Pero el tormento y dolor espiritual que Jesús, el siervo que sufre, aceptó voluntariamente eran infinitamente peores. Jesús sintió nuestra vergüenza, tomó el juicio por nuestro pecado y la ira que merecíamos se volcó sobre el Cordero de Dios sin pecado. No podemos comprender lo que nuestro Salvador sufrió por su propia elección por las personas que había elegido.

Hace más de tres décadas y una eternidad, Sherry y yo (Kevin) servimos juntos en la pastoral juvenil. Una chica de instituto que acababa de convertirse en seguidora de Jesús vino preocupada por la idea de Jesús colgando de la cruz por sus pecados. Había llegado a amar al Salvador y solo pensar en su sufrimiento rompía su joven corazón tierno. Vino con una teoría: «Pienso que sé lo que hizo Jesús. Era Dios, por lo que podía hacer cualquier cosa. Creo que, cuando estaba en la cruz, Jesús hizo que no le doliera».

Estaba claro por qué había pensado en esa teoría. Suave, pero claramente corregimos su pensamiento erróneo. Explicamos que Jesús fue a la cruz voluntariamente, sabiendo que sufriría tanto física como espiritualmente. Le aseguramos que mientras Jesús colgaba en la cruz, sabía su nombre, la amaba y aceptaba todo el dolor, castigo y juicio que merecí. Sus ojos se llenaron de lágrimas de gratitud cuando le explicamos que su Salvador sirviente sentía lo que hubiera sentido ella si hubiera sido clavada a la cruz en castigo por sus propios pecados. No fue un acto de crueldad decirle la verdad. Jesús decidió ir a la cruz, llevar la vergüenza y nuestro pecado y dar su vida como el acto de servicio final y definitivo. El solo pensamiento debería romper nuestros corazones. ¡Qué Salvador sirviente tan magnífico!

Servir muriendo

Si nos paramos a leer las narraciones de la Pasión de manera reflexiva, veremos a Jesús ofreciendo un servicio específico y agudizado al morir por nuestros pecados. A los pies de la cruz estaban su madre y Juan, el discípulo amado. Es inspirador darse cuenta de que mientras su cuerpo estaba siendo devastado y su alma soportando todo el peso de nuestra vergüenza, Jesús sirvió a su madre y su amigo. Sabía que María no estaría protegida. Vivía en un mundo antiguo sin protección social, por lo que Jesús dijo a María y Juan que se preocuparan entre sí. En resumidas cuentas, dijo: «Juan, cuida de mi madre». Dijo a su madre, María: «Trata a Juan como a un hijo» (véase Juan 19:25–27). Y Juan entendió el mensaje. Leemos que llevó a María a su casa para asegurarse de que cuidaran de ella.

La mayoría de nosotros tiene dificultades para servir a los demás cuando nos sentimos bien. Es difícil y a veces imposible servir a otros cuando estamos enfermos. Jesús tenía clavos en las muñecas y pies, estaba colgando de una cruz y llevaba el castigo por los pecados de todos los humanos que un día recibirían su muerte como regalo. Pero incluso en ese momento, jadeó instrucciones para servir a su madre y un amigo cercano. De nuevo, Jesús nos muestra que no vino a ser servido, sino a servir.

La resurrección no cambió su carácter

Una pequeña narración aparece cerca del final del Evangelio de Juan. Puede pasársenos su poder si no prestamos atención. Jesús había muerto en la cruz. Había estado enterrado tres días. Se había levantado en gloria. En este momento antes de su ascensión, nuestro Señor levantado tuvo muchos encuentros con personas. Uno de estos fue en la orilla del Mar de Galilea (Juan 21). Algunos de los discípulos habían salido a pesar toda la noche y no habían pescado nada. Jesús apareció y les llamó desde la orilla. Tras haber admitido no haber pescado nada, Jesús sugirió que tiraran la red a estribor. Cuando lo hicieron, pescaron tantos peces que no podían levantar la red. Cuando Pedro se dio cuenta de quién llamaba desde la orilla, saltó al agua y nadó hacia Jesús. Cuando el resto de los discípulos llegaron a la orilla con la red llena de peces, recibieron una invitación de Jesús para desayunar.

Si has estado alguna vez en el agua pescando durante horas, sabes la gloria y asombro de una comida caliente. Piensa en esto cuando leas lo siguiente. El Señor de la Gloria, ahora el Hijo resurrecto de Dios, había cocinado algo de pescado y pan para sus amigos. Sabía que tendrían hambre. Les estaría enseñando e instruyendo, por lo que el Mesías exaltado y levantado preparó un desayuno. El peso de nuestro pecado y la tumba no habían cambiado su carácter. Todavía era un sirviente humilde, preparado para cocinar una comida para sus amigos.

Pero espera, hay más

¿Alguna vez has visto uno de esos anuncios de algún producto interesante y, durante el discurso, el vendedor dice: «No lo pidas aún, ¡hay más!»? Explican que, si pides ahora, también recibirás varias espátulas, cucharas para servir y otros utensilios con la compra de tus nuevas ollas y sartenes antiadherentes. Dicen algo así como: «¡Eso no es todo! Si lo pides ahora, junto con tu increíble corta verduras, recibirás una herramienta adicional que hace que los rábanos parezcan flores». Ya me entiendes. Cuando piensas que recibes la oferta del siglo, oyes que hay más aún.

El servicio humilde de Jesús comenzó en la creación, cuando el pecado entró en el mundo y el plan de rescate de Dios entró en acción. Siguió a través del trabajo de Dios al estomar a una familia, después una nación, para traer a su rey y Salvador prometido. Y la promesa se respetó cuando la divinidad infinita se colocó en el vientre de María, confinada en carne humana. La humildad de Jesús fue vista una y otra vez mientras andaba por el planeta y curaba, liberaba a personas, lavaba pies y servía sin pausa.

Cuando colgaba de una cruz romana y jadeando, Jesús siguió sirviendo al preocuparse por su madre y un amigo cercano. Incluso tras la resurrección, el Señor de la Gloria tomó el papel de anfitrión y preparó un desayuno para unos pescadores hambrientos.

Puedes pensar que una vez que Jesús ascendió al cielo y se situó en su lugar legítimo en el trono de la eternidad, sus servicios pararían. Pero espera, ¡hay más! El exaltado rey del universo todavía nos sirve. En Romanos 8, el apóstol Pablo nos dice que el que ha ascendido al cielo y está sentado a la derecha del Padre todavía intercede por nosotros. ¡No puede dejar de servir! ¡No lo hará! Nuestro Dios es un compañero de oración Lavapiés, lleva cruces y elimina pecados que nos ama más allá de toda descripción y medida.

Aquellos que reciben a este Salvador sirviente deberían ser como él. Tenemos que reflejar su corazón y carácter en todas las cosas. Esto es discipulado. Tenemos que servir de manera que muestren al paraíso, iglesia y mundo que Jesús todavía está listo para servir a cualquier persona que llame su nombre glorioso.

CAPÍTULO 14

Volverse contracultural

La vida de Jesús era radicalmente contracultural. Los rabís no lavaban los pies de sus discípulos. Los reyes no tocaban a los leprosos. Los poseídos por el demonio estaban limitados a cementerios y las afueras, no invitados a cenar. El Hijo divino no se vuelve carne humana. Dios no cuelga en la cruz. El soberano del universo no viene humildemente como un sirviente. Jesucristo rompió todos los moldes y pidió a sus discípulos que hicieran lo mismo. Los seguidores del Salvador sirviente viven de manera que hacen que el mundo se rasque la cabeza asombrado. Los signos de servitud nos rodean al conocer a evangélicos ordinarios que siguen las enseñanzas y ejemplo de Jesús.

Como un regalo del cielo, una dulce pareja llamada Jay y Lu ofreció cubrir los gastos de nuestro viaje a Tierra Santa. Esta experiencia única fue un regalo de gracia inimaginable. En ese viaje, conocimos a una genial pareja que se convirtió en amiga íntima y, durante la mayor parte del viaje, estuvimos con Greg y Diane. Hablamos, aprendimos, lloramos y oramos juntos en los lugares en los que Jesús anduvo.

Discípulos orgánicos

Cuando volvimos a Michigan, mantuvimos una amistad de larga distancia con Greg y Diane. Un día, esta genial pareja nos invitó a una reunión de líderes evangélicos que tuvo lugar en Jamaica. Un devastador huracán había golpeado el país-isla un poco antes del evento, pero Greg y Diane se pusieron en contacto con nosotros para decirnos que el hotel había resistido la tormenta y el evento iba a llevarse a cabo. Una y otra vez, la gente jamaicana nos agradeció haber ido. Explicaron que, si los grupos no se hubieran quedado en el hotel y comido en los restaurantes, hubieran cerrado, lo que significaría que no habría sueldo. Oímos estas palabras más de una vez: «Sabíamos que los evangélicos vendrían!».

Greg y Diane dieron grandes propinas a la gente que trabajaba en el hotel. Se hicieron amigos de muchos de los trabajadores, escucharon sus historias y oraron con ellos. También buscaron maneras de servir a estas personas que habían sufrido tanto. Todo esto era natural para ellos, como respirar. Nos vimos aleccionados por su deseo de servir a personas que nunca habían visto y que probablemente nunca volverían a ver.

Cuando nos preparábamos para abandonar Jamaica, descubrimos que Greg y Diane no volvían a casa. Habían conocido a una dulce mujer cuya pequeña casa había sido destruida en el huracán y habían conocido que sus hijos ahora estaban expuestos a los elementos y que no tenía dinero para volver a construirla. Esta bondadosa pareja cristiana se quedó detrás, no de vacaciones, sino para servir. Gastaron su propio dinero y tiempo en sacrificio por otra persona. Y cuando finalmente abandonaron Jamaica, las paredes estaban erectas y había un nuevo tejado en esa casa y esta madre y sus hijos tenían un lugar seguro donde vivir. Como bono glorioso, esta dulce familia jamaicana había visto un ejemplo moderno de Jesús, el sirviente humilde.

No es una sugerencia

A veces no entendemos las palabras de Jesús ni su peso completo. Si hablamos del indicador de crecimiento espiritual del servicio humilde, parece que mucha gente de Dios no ha entendido el mensaje. Ser un sirviente no es una sugerencia sutil de nuestro Salvador. ¡Es una orden marcada! Es una de las principales cosas que marcan la vida de un seguidor creciente de Jesús. En un mundo oscuro, el servicio humilde es un rayo de luz que revela la presencia de Jesús y trae a las personas perdidas al corazón del Salvador.

Solo cinco días antes de que nuestro Señor compartiera la comida de la Pascua Judía final con sus discípulos, lavando sus pies e instituyendo la comunión, Jesús dejó claras sus expectativas. Dijo: «Quien me sirva debe seguirme; y donde esté, mi sirviente también estará. Mi Padre honrará a quien me sirva» (Juan 12:26). Seguir a Jesús es aceptar completamente su misión de servicio humilde. Si vamos a estar donde esté Jesús, cuidaremos de los necesitados, doloridos, olvidados y rotos en el mundo. Cuando Jesús habló sobre sus discípulos sirviendo a los demás, nada en sus palabras implicaba que había un programa alternativo. Ser discípulo es servir como Jesús y punto. Servimos en su nombre.

Solo unos días tras hablar Jesús las palabras registradas en Juan 12, estaba sentado para la comida de la Pascua Judía. Había lavado los pies de los discípulos con una humildad asombrosa. Cuando volvió a la mesa, Jesús los miró y habló. Lee las palabras del Salvador como si estuvieras sentado a la mesa y acabara de lavar tus pies (porque si hubieras estado allí, lo habría hecho).

«'¿Entendéis lo que he hecho por vosotros?', les preguntó. «Me llamáis 'profesor' y 'Señor' y con razón, porque es lo que soy. Ahora que yo, vuestro Señor y profesor, he lavado vuestros pies, también podéis lavarlos los pies los unos a los otros. He mostrado un ejemplo de lo que deberíais hacer, como yo he hecho. Realmente os digo que ningún sirviente es mejor que su amo, ni es un mensajero mejor que el que le ha enviado. Ahora que sabéis estas cosas, se os bendecirá si las hacéis'» (Juan 13:12–17).

Os he servido. Ahora servid a los demás. Os he dado un ejemplo claro para seguir. Me llamáis profesor, Señor y maestro, y eso es lo que soy. ¡Esto es serio! Para culminarlo, Jesús aseguró a sus seguidores que el verdadero camino hacia la bendición viene cuando servimos a los demás. ¿Podría haberlo dicho más claro Jesús?

Mira dónde te sientas

Jesús estaba muy preocupado en cuanto a sus seguidores siendo prácticos en la manera en la que sirven. Cuando Jaime y Juan llegaron pidiendo los mejores asientos en el paraíso, ¡Jesús les dio un no enfático! Esto llevó a una lección sobre la servitud y cómo Jesús se ponía el último (Marcos 10:35–45). Los líderes religiosos en los tiempos de Jesús se habían convertido en maestros de asegurarse de que tenían los mejores asientos en todas las situaciones. La prominencia era su meta (Lucas 11:43).

¡Qué lección más sencilla y profunda para los evangélicos de hoy en día! Cuando acudes a una reunión, no entres y busques el mejor sitio, sino que eleva a los demás. Rechaza las poses por poder.

«¡Delante!». A los dieciséis años, es lo que siempre gritaba (Kevin) cuando andaba con un grupo de amigos hacia un coche. Había una comprensión implícita de que quien pidiera el sitio de delante primero, lo reservaba. Si no conducía mi dulce Opel Manta lima, me aseguraba de ser el más rápido en pedir el asiento delantero. Desde luego, no quería estar en el fondo de la ranchera que uno de mis amigos había pedido prestada a su madre.

A medida que crecía en fe y leía la Biblia, la convicción del Espíritu Santo se asentó en mi corazón. Aunque suene raro, sabía que tenía que dejar de gritar para ir en el asiento delantero. Más allá de eso, tenía que dirigirme voluntariamente al asiento trasero. Para forzarme al nuevo estilo de vida, empecé a gritar: «¡Asiento trasero!» incluso si todo dentro de mí quería gritar: «¡Delante!». A decir verdad, un deseo por el mejor asiento sigue acechando mi corazón más de cuatro décadas más tarde. ¡La batalla sigue!

Date cuenta de la necesidad

Me (Sherry) encanta el senderismo. Es una genial manera de pasar tiempo a solas con Dios, por lo que, ya esté en casa o viajando, intento encontrar tiempo para andar o encontrar un sendero. Cuando visité Nueva Zelanda para clerecía de Organic Outreach y un poco de tiempo para refrescarme, encontré un bonito sendero en Mount Maunganui, cerca del pueblo pintoresco de Tauranga. Una tarde, fui a hacer senderismo en la montaña y, cuando di la vuelta, estaba oscureciendo. Cuando me dirigía a nuestro alquiler, miré a un crucero iluminado que salía del puerto de Tauranga hacia el mar. Mientras el barco pasaba, miré a mi derecha y, para mi sorpresa, vi a dos mujeres mayores en el suelo a los pies de una colina.

Corrí a ayudarlas. Me dijeron que habían decidido mirar el crucero y una de ellas se había caído en el terreno irregular. Al intentar ayudar a su amiga, la otra mujer también se había caído. Una vez ayudé a las dos a levantarse, les dije que quería andar con ellas de vuelta hasta su coche. Me dijeron que estaban bien y querían quedarse para ver el barco. Durante unos quince minutos,me quedé entre estas dos dulces mujeres, sujetándolas mientras veíamos el barco alejarse.

Durante nuestro corto tiempo juntas, comenzó una amistad. En nuestra conversación, compartieron su edad, ochenta y cuatro y ochenta y siete. Apreciaron el tiempo que había pasado con ellas y el cuidado que había ofrecido y me vi animada al ver a estas dulces señoras teniendo una aventura divertida juntas aún. Las llevé al coche y, mientras ayudaba a la mujer de ochenta y siete años a meterse primero, sentí al Espíritu Santo indicarme que preguntara si podía orar por ella. Por nuestra corta conversación, sentí que la fe en Dios no era parte de su historia. Hubo una pausa, que confirmó mi evaluación. Entonces, aceptó dulcemente dejarme cuidar de ella de esta manera. Recé por sus necesidades físicas, pero también para que supiera cuánto la amaba Dios. Pedí a Dios que la ayudara a ver que el encontrarlas en el suelo era un signo de su presencia y preocupación.

Cuando fui al otro lado del coche para ayudar a entrar a la otra señora, me dio un abrazo y susurró: «Muchas gracias por esa oración. También soy cristiana». Mientras la ayudaba a entrar en el coche, dijo: «¿Sabes? Siempre nos dicen en la residencia que, si una de nosotras cae, deberíamos pedir ayuda y no intentar levantar a nuestra amiga para evitar caer las dos». Sonrió y dijo: «¡Muchas gracias!».

He descubierto que un paso sencillo para desarrollar un corazón y estilo de vida de servicio humilde es prestar atención. Cuando mantenemos los ojos abiertos y escuchamos al Espíritu, encontramos un sin fin de oportunidades para servir en nombre de Jesús. El servicio humilde requiere que disminuyamos nuestro ritmo y aumentemos nuestra atención. Dios ofrece oportunidades diarias para que nos paremos, preocupemos, ayudemos y bendigamos a personas mediante actos de servicio pequeños y grandes. Si nos movemos demasiado rápido, puede que pasemos por delante de oportunidades de servicio divinas.[23]

Lleva la cruz

Los discípulos oyen la llamada de su Salvador para negar su ser, levantar la cruz y seguir a Jesús (Mateo 16:24–25). Nuestro Salvador dejó claro que, si no vivimos llevando la cruz, no somos realmente seguidores de Cristo (Lucas 14:27). El acto final de Jesús de servicio humilde durante su vida fue llevar la cruz. En el mundo antiguo, todo el mundo sabía que la cruz era una imagen de tortura brutal y humillación pública. No había nada atractivo sobre ella.

¿Qué significa llevar la cruz? En los términos más simples posibles, es ofrecer tu vida entera a Dios todos los días. Afirmar:

«Jesús, moriré por ti hoy. Soy tuyo entero». Imagina comenzar todos los días con esta oración: «Jesús, mi Salvador sirviente, moriste por mí. Serviste humildemente hasta el punto de dar tu vida mientras tomabas mi pecado y vergüenza. Soy tuyo hoy. Entero. Haré lo que digas que haga. Iré a donde quieras que vaya. Amaré a quien quieras que ame. Moriré hoy si finaliza tu plan y te trae gloria».

Si todos los discípulos empezaran el día con este compromiso, imagina cómo podríamos servir a nuestro Señor. Lavar pies se puede hacer fácilmente. Ayudar a los doloridos parecería lo correcto. Llevar la carga de los demás parecería ligero.

Si estamos listos para llevar la cruz, todo lo demás parecerá sencillo en comparación.

Servir donde vives

Para muchos de nosotros, el lugar más difícil para seguir el ejemplo de Jesús es donde vivimos. Cuando llegamos a casa, es hora de levantar los pies, relajarse consumiendo los medios audiovisuales y dejar que otros hagan el trabajo duro. Es el lugar privado donde el mundo no puede ver si nos volvemos algo egocéntricos y pedimos algo de tiempo personal. Nadie mira, ¿verdad?

¡Incorrecto! Si tenemos niños y familia en casa, se dan cuenta de cómo nuestras acciones y supuestas creencias se alinean. Si tenemos compañeros de piso, se dan cuenta. Si vivimos solos, podemos saber que a nuestro Salvador le sigue importando cómo nos comportamos tras puertas cerradas. Los seguidores de Jesús escucharán su llamada para hacer nuestros hogares lugares de servicio regular y humilde.

Servir donde adoro

Es posible mirar a la iglesia como consumidores. Podemos acudir y esperar un recibimiento cálido, algo de café, un fuerte sermón y música que se ajuste a nosotros. Es muy fácil mirar a nuestras iglesias como vendedores de servicios evangélicos en vez de lugares para servir humildemente a nuestro Señor, su gente y un mundo dolorido.

Todos los seguidores de Jesús tienen el don del servicio y el Espíritu Santo coloca uno o más regalos distintivos en nosotros para reforzar su iglesia (Romanos 12; 1 Corintios 12; Efesios 4; 1 Pedro 4). Dios nos llama a descubrir, desarrollar y utilizar estos regalos. El servicio humilde debería comenzar en nuestros hogares, pero debe extenderse a nuestros hogares espirituales y familias de la iglesia. Si no participamos en servicios con significado e invertimos nuestras capacidades dadas por Dios en la vida de nuestras iglesias, es hora de dar un nuevo paso y encontrar un lugar para servir.

Reto de 4 generaciones (2-2-2)

Cuando tenía catorce años (Sherry), mi abuela paterna tuvo un gran infarto cerebral. La mitad de su cuerpo se vio afectada. Nunca volvió a andar, hablarle era difícil y moverse por su casa sola le era imposible. Cuando esto pasó, vi un ejemplo de servicio humilde que ha formado mi alma.

Durante los siguientes once años, mi padre y sus hermanos cuidaron de su madre en su casa. Les había servido durante toda su vida. Había sido un modelo de Jesús. Ahora hacían lo mismo por ella. Mi abuela, Henrietta Vliem, había discipulado a sus hijos en servicio humilde mediante miles de acciones durante toda su vida. Ahora, mis padres me discipulan a mí y mis hermanos al verlos servir a un gran coste.

Mi tía Phyllis fue a la casa de mi abuela todos los días durante once años para ayudar y cuidar de su madre. Horneaban, reían y encontraban alegría en las cosas que mi abuela aún podía hacer. Mi tía Gen cuidaba de ella los domingos. Tras un largo y duro día de trabajo, mi padre llegaba a casa, cenaba con nuestra familia e iba a ayudar a su madre para prepararse para dormir. Hizo esto todas las noches durante más de una década. Una de cada dos noches, dormía en una cama pequeña cerca de su madre en caso de que necesitara algo. Su hermano, Larry, se quedaba con mi abuela las noches en las que mi padre no estaba. El tío Larry también ayudaba temprano todas las mañanas. Compartían la carga igualmente.

Mi madre y mi tía Marilyn dieron a sus maridos una de cada dos noches durante once años. ¡Eso es servicio humilde! En todos esos años, nunca oí a mi madre o tía quejarse ni una vez. Lavar los pies era un estilo de vida.

Si estás contando, mi abuela sirvió a sus hijos y les enseñó el servicio humilde como modo de vida de un evangélico. Mis padres vivieron esto y tomaron su mano y las manos de sus hijos. Aprendimos a sacrificar y contar el coste del servicio evangélico viendo su ejemplo. Ya van tres generaciones. Kevin y yo hemos hecho lo mejor que hemos podido para tomar las manos de nuestros tres hijos y ahora sus mujeres y ejemplificar el mismo servicio humilde. Durante más de treinta años, hemos intentado hacer nuestro hogar un laboratorio de crecimiento evangélico, incluido el servicio humilde. Tendrás que preguntar a nuestros hijos cómo lo hemos hecho, pero nuestro objetivo ha sido injertar servicio humilde como estilo de vida.

Una de las mayores alegrías de nuestras vidas es ver a nuestros hijos con sus hijos. Mientras escribimos este libro, nuestros nietos tienen todos menos de tres años. Están siendo bien servidos por sus padres. Puede que no lo sepan aún, pero nuestros nietos ya están siendo discipulados para ser sirvientes humildes. Si empiezas con mi abuela y sigues hasta nuestros nietos, verás cinco generaciones de discipulado mano a mano en el área de servicio humilde.

CAPÍTULO 15

Muéstrame a Jesús y, entonces, escucharé tu historia

Antes de convertirme (Kevin) al cristianismo, tuve una visión de Jesús. No sé cómo explicarlo de otra manera. Vi una representación física del Salvador sirviente lava pies. Conducía un VW Escarabajo y era voluntario en una iglesia en Garden Grove, California. Estoy hablando de una persona real de carne y hueso llamada Doug. Había sido un creyente solo durante un par de años, pero Doug me mostró que Jesús era real y aún trabajaba lavando pies. Experimenté la gracia de Dios a través de este discípulo joven y me convertí en un seguidor del Salvador.

¿Cómo hizo este hombre salvaje de edad universitaria, con afro pelirrojo para revelarme la presencia del Señor de la Gloria? Simple. Mediante su servicio humilde.

En ese momento, no tenía la edad suficiente como para tener el carnet de conducir, por lo que Doug se ofreció a conducirme a donde quisiera, en cualquier momento, si podía ponerme en contacto con él por teléfono. Para los lectores más jóvenes, en aquellos días, todos los teléfonos estaban conectados a un cable conectado a la pared. No había teléfonos que la gente pudiera llevar encima. Pero si llamaba cuando estaba en casa, Doug se ofrecía a conducir hasta donde estaba y llevarme a donde quisiera. Una y otra vez, conducía de quince a veinte minutos hasta donde vivía, me recogía, me dejaba donde pedía y se iba a casa. El viaje entero podía durar hasta una hora. Cuando quería volver a casa, si podía ponerme en contacto con él, hacía el viaje al revés.

Estos eran los días antes de Uber y Doug nunca me pidió que le diera ni un dólar para gasolina por todas las veces que me llevó. Según recuerdo, nunca le ofrecí dinero. Mis padres me enseñaron mejor que eso, pero era un gamberro, surfeo pagano, egocéntrico y nunca pensé en ofrecerle nada. Una y otra vez, llamé. Una y otra vez, Doug sirvió, ni una vez se quejó de mi actitud egocéntrica.

Mientras conducía, Doug hacía preguntas sobre mi vida. Escuchaba mis historias y hablaba con pasión sobre lo que amaba. Los deportes, su novia (con quien se terminó casando) y, sobre todo, Jesús. En el VW Escarabajo marrón de Doug, yendo de punto A a B, escuchaba historias de gracia, el poder de Dios, la vida radicalmente cambiada de Doug y cuánto me amaba Jesús. Conocí a Jesús cuando iba en coche gratis a la casa de mi novia. Uno de los mayores portales hacia el compromiso orgánico es el servicio humilde. Revela la presencia de Jesús.

Los buenos hechos pueden abrir la puerta

Muchas iglesias y evangélicos creen que el tipo de actos de servicio humilde son todo lo que necesitamos. No hay razón para compartir verbalmente el evangelio cuando podemos simplemente mostrar el amor de Dios sirviendo a los demás. Se conoce este servicio con diferentes nombres, en la categoría de compromiso o evangelismo. Creen que, si los evangélicos ofrecen comida, ropa, cuidado y ayuda, han compartido el evangelio.

Pero se equivocan. El apóstol Pedro llama a todos los seguidores de Jesús a «siempre estar preparados para dar una respuesta a cualquiera que te pida que des la razón para la esperanza que tienes. Pero haz esto con gentileza y respeto» (1 Pedro 3:15). La Biblia deja muy claro esto: debemos añadir palabras a nuestras acciones. Se nos llama a indicar al que puede dar pan del paraíso y no solo comida para esta semana. Y tenemos que hacer esto con una actitud respetuosa.

La iglesia a la que servimos tiene un gran servicio de banco de alimentos. Durante 2020, el número de personas a las que ofrecimos comida se duplicó y después se duplicó de nuevo. En el último trimestre de ese año, durante la pandemia, nuestro banco de alimentos sirvió a 10 156 personas. Mediante el servicio humilde, un equipo increíble de voluntarios recopiló cantidades enormes de comida, la ordenó, metió en bolsas y la dio a la gente en un momento de gran necesidad. Además de la comida, teníamos un equipo de colaboradores de oración que preguntaban a todas las personas o familias que llegaba: «¿Hay algo por lo que podemos orar para ti?» Más del 70 por ciento de la gente, la mayoría de la cual no asistía a misa dijo que sí. Este equipo oraba en ese momento, registraban su necesidad y la compartían con los demás para que también pudiera orar. Cuando era apropiado, estos servidores fieles también compartían sus historias personales. Había una cola tan larga de coches que tenían tiempo para hablar. Nuestros compañeros de oración no solo ofrecían oración, sino que también escuchaban. También ofrecían Biblias gratuitas en inglés y español. En cada bolsa de comida, colocábamos una invitación a la iglesia en línea o un servicio en el exterior. También ofrecíamos información sobre pastorales para niños y jóvenes. Ofrecíamos pan físico y espiritual. Nunca forzábamos la oración o conversaciones espirituales en nuestros servicios de compromiso, pero siempre las ofrecíamos.

Hemos tenido esta conversación una y otra vez, con líderes de la iglesia de todo el mundo. Comprendemos que compartir verbalmente sobre Jesús se está volviendo cada vez menos popular en muchos lugares. Pero es esencial para nosotros añadir palabras sobre Jesús en nuestros actos de servicio. ¿Por qué? Porque nuestros buenos hechos no son suficientes para revelar la verdad de Jesús. Solo las palabras de verdad, infundidas por el Espíritu de Dios, puede hacerlo. Piensa en esto. Incluso los actos de servicio más humildes, sin palabras ni testigos, no revelarán la verdad del evangelio. Incluso Jesús, que era Dios en carne humana, añadía palabras a su servicio. ¿Cómo podemos hacer menos?[24]

Nuestro equipo en Organic Outreach International forma y trabaja con líderes de la iglesia de todo el mundo. Un pastor había estado participando en compromiso orgánico durante al menos dos años cuando entendió esta realidad finalmente en los corazones de algunos de los voluntarios de la iglesia. Dos líderes de servicios a los sintecho de esta iglesia se habían visto movidos a buscar perdón por cómo habían estado liderando. Durante años, habían acudido en un campamento para los sin hogar con su equipo de voluntarios para servir comidas. Todas las semanas, se colocaban a un lado de la mesa y ponían comida en los platos. Ninguna salvación había resultado de sus innumerables horas de servicio fiel. Al reconocer que no había ningún componente espiritual involucrado en llenar el plato con comida, habían cambiado recientemente las cosas y, tras llenar los platos, se sentaban por las mesas con los que habían servido, construyendo relaciones y compartiendo el carácter de Jesús mediante historias y conversaciones. La confesión era que, en los pasados meses, desde su cambio de solo servir a amar y compartir testimonios de la gracia de Dios, habían visto a más de treinta personas poner su fe en Jesucristo. Estos voluntarios emocionados pidieron permiso para empezar a liderar servicios de la iglesia en el campamento para los sin hogar. No hace falta decir que el pastor dio su entusiasmado apoyo a este nuevo servicio de adoración y servicio. Su servicio continuó, pero el compartir testimonios y el evangelio transformó el servicio y dio frutos eternos.

Jesús dejó claro que nuestras buenas obras deberían llevar a la gente a glorificar a Dios, no a nosotros. El Salvador nos pide que dejemos brillar nuestra luz para que la gente pueda ver nuestros buenos hechos y dar gloria al Padre en los cielos (Mateo 5:16). Esto solo pasa cuando explicamos que servimos en nombre de Jesús y que al final es él el dador de los buenos regalos que reciben. El servicio humilde no es el final del evangelismo, es la puerta que abra el camino para decir palabras de vida, contar la historia de Jesús y compartir la buena nueva de la esperanza que se encuentra solo en él.

Cuando preguntan «¿por qué?»

A medida que aprendemos a servir como el Salvador, la gente se vuelve curiosa. Cuanto más egocéntrico se vuelve nuestre mundo, más se verá nuestro servicio humilde como inusual y contracultural. Cuando la gente nos pregunta por qué servimos como lo hacemos y por qué vivir con tanta preocupación por los demás, tenemos una respuesta natural. En el Evangelio de Mateo, Jesús dijo que, cuando alimentamos a los hambrientos, damos de beber a los sedientos, hospitalidad a los extraños, vestimos a los que tienen frío y están desnudos, cuidamos de los enfermos y visitamos a los prisioneros, realmente nos estamos preocupando por él (Mateo 25:40–43). Todas las personas están hechas a imagen de Dios (Gén. 1:27). El creador del paraíso y la Tierra ama a todos los humanos, tanto que dio su mayor regalo para salvarlos (Juan 3:16). Dios atesora a todas las personas y desea que cada una de ellas venga a la fe en Jesús (2 Pedro 3:9). ¡Esta es una buena noticia!

Estaba (Sherry) subiendo a un avión para hablar en una conferencia de mujeres. Tenía ganas de usar el vuelo de cuatro horas para revisar todas mis notas para la conferencia de tres días, en la que tenía varios mensajes que dar. Me senté en mi asiento del pasillo que había reservado.

Cuando el resto de los pasajeros estaba embarcando, un caballero que se sentaba cuatro filas detrás empezó a hacer una petición a todos los que lo rodeaban. Era ruidoso y estaba alborotado y preguntaba a cualquiera en un asiento de pasillo cambiarlo por el suyo del medio porque tenía una rodilla dolorida.

A decir verdad, cuando oí su petición, no me sentí obligada a darle mi asiento preciado, ya que estaba varios asientos delante de él. Ni siquiera me giré a mirar. Pero no pasó mucho tiempo antes de sentir la indicación del Espíritu Santo. No fui consciente de esa indicación rápidamente, pero era consciente de una conversación interna. «Dios, realmente necesito este tiempo para preparar mis charlas. Estoy segura de que así es como te estoy sirviendo en este momento». Después, me di cuenta de que Dios me estaba indicando que ofreciera a este hombre mi asiento y que estaba intentando buscar excusas para no dárselo. Con una mano levantada, indiqué al hombre que cambiaría el asiento con él.

Cuando me senté en mi nuevo asiento, el caballero cerca de mí en el pasillo preguntó: «¿Por qué exactamente ha hecho eso?». Respondí: «¿De verdad lo quiere saber?». «Sí,» respondió.

«Bueno, honestamente, la única razón por la que lo he hecho es porque soy cristiana».

Me encantaría poder recordar la retahíla de adjetivos que usó para describirme. «Oh, es una de esas...», a lo que respondí: «No, soy una seguidora de Jesús que intenta vivir mi vida como lo hizo él».

Se relajó inmediatamente y empezó a preguntarme por mis creencias, empezando por si Dios envía a gente al infierno si no creen en él. Tenía una Biblia conmigo, por lo que le pedí permiso para mostrarle algunos pasajes para ayudar a contestar esa pregunta. Comencé con Juan 3:16–17. Esa primera pregunta llevó a una conversación que duró el vuelo entero mientras compartía sus dificultades con la fe y, realmente, todo en la vida.

Tras el vuelo, cuando estábamos desembarcando, le dije que estaría orando para que encontrar a Jesús. Con una sonrisa en la cara, me miró y dijo: «A lo mejor ya lo he hecho».

Agradecí el liderazgo del Espíritu Santo para ir a un lugar al que no habría elegido y por una oportunidad que de otra manera me habría perdido para compartir el mensaje de amor de Dios. Nunca sabes qué aventura te espera.

Haz tu casa un faro

Uno de los mejores lugares para realizar servicio es el lugar donde vives. No importa si vives en un apartamento o base militar, en un barrio, ciudad o en el campo, siempre hay personas que viven cerca de ti. Puedes compartir una pared o tener algunas millas de campo entre vosotros, pero tienes vecinos.

Pide al Espíritu Santo crecer tu amor por los que viven cerca de ti.

Pregunta sus nombres y necesidades para orar específicamente por ellos. Construye amistades y encuentra maneras de ofrecer servicio humilde. Si no estás seguro de dónde empezar, varias clerecías han desarrollado un camino simple para ser un buen vecino.[25]

Servir donde trabajamos

Dios nos ha colocado a muchos rodeados de personas diariamente. En un entorno de trabajo, podemos encontrar muchas maneras de servir y preocuparnos y esto puede abrir el camino a conversaciones espirituales y darnos una oportunidad para dirigir a las personas a Jesús. Un querido amigo de nuestra familia es un doctor y sirve a muchas personas todos los días. Cree que su salud física se ve afectada por su salud emocional, relacional, mental y espiritual, por lo que intenta tratar a la persona entera. Se toma tiempo para hablar, escuchar sus preocupaciones y preguntas y preocuparse por todos los aspectos de sus vidas. Cuando comparten una necesidad o dificultad en sus vidas, a menudo pregunta: «¿Te gustaría que me tomara un momento ahora para orar por ti?». Casi todas las personas dicen que sí. Como puedes imaginar, esto abre la puerta a conversaciones más profundas. Trabaja en un hospital de la comunidad que tiene afiliación religiosa, pero nunca ha tenido problemas por ofrecer oraciones junto con su experiencia médica. Otra manera en la que servimos es teniendo una fuerte ética de trabajo. Los evangélicos en cualquier empleo deberían ser los trabajadores más diligentes. Deberíamos llegar pronto, permanecer unos minutos tras el final y ejemplificar la excelencia en todo lo que hacemos. Nunca deberíamos rumorear o meternos en política de oficina. Al mismo tiempo que lo hacemos lo mejor posible en nuestros trabajos, deberíamos servir a nuestros compañeros en la gracia y el poder de Jesús. Qué privilegio más increíble trabajar lado a lado con personas que no conocen aún el amor del Salvador.

Que nuestros actos de servicio y palabras de buena nueva hagan nuestros lugares de trabajo centros de servicio.

Servir donde jugamos

Hobbies, deportes, videojuegos, entornos sociales, actividades de tiempo libre. Todos estos son lugares en los que podemos servir en nombre de Jesús. Si nos damos cuenta de oportunidades divinas, nuestro tiempo de juego tomará un nuevo significado. ¿Qué podría pasar si nos viéramos como sirvientes donde jugamos?

Cuando Bill era un niño pequeño, su familia conducía por la costa de Monterey Bay. Recuerda que su familia paraba en un lugar llamado Point Joe, un hermoso saliente de tierra en Pebble Beach al que se puede llegar por 17-Mile Drive. Nadie en la familia de Bill jugaba al golf y, cuando pararon en Point Joe, todos miraban asombrados la belleza del mar. Pero Bill le daba la espalda al mar, miraba a la pista de golf y se decía: «Me encanta este lugar y voy a jugar al golf aquí algún día!».

Décadas más tarde, tras una vida trabajando y sirviendo como optometrista, Bill se jubiló. Adivina a dónde se mudó. A Carmel, California, cerca de Pebble Beach. Su casa está ahora a unos minutos de Point Joe y la pista de golf. Su mujer y él, Sally, se unieron al club de golf y se convirtió para ellos en un lugar de juego, diversión, amistad, ejercicio, gran comida y servicio humilde. Esta dulce pareja se ha hecho amiga de una gran cantidad de miembros y muchos de los trabajadores. Desde pros de golf a jardineros, pasando por los camareros, ¡Bill y Sally los aman a todos! Nos ha emocionado profundamente ver a esta pareja servir a la gente con la que juega. Los hemos visto hablar con los camareros y orar por sus necesidades. Se preocupan por la gente de allí, saben sus historias y los apoyan con oración.

Creemos que, cuando Bill era un niño pequeño, el Espíritu Santo le estaba susurrando. Los clubes de golf (y todo tipo de lugares de reunión) requieren evangélicos que sirvan humildemente y ofrezcan cuidado, amor y el mensaje de Jesús. Mucha gente puede no oscurecer la puerta de una iglesia nunca, pero Dios envía a sus sirvientes a hacer brillar la luz de Jesús donde juegan.

Hacer tu Iglesia un centro de servicio

¿Cómo ves la comunidad la iglesia a la que asistes? ¿La ven como una necesidad esencial? ¿Les fascina la manera en la que sirve la iglesia?

Cuando nos mudamos a Monterey para servir en Shoreline Church, la iglesia se estaba preparando para celebrar quince años de servicio. El cura fundador, Howie Hugo, estaba preparando la transición de la iglesia a un nuevo cura principal y una nueva temporada de servicio. Al pasar tiempo en la comunidad alrededor de la península, encontramos un tema recurrente. La gente en esa área conocía Shoreline Church. A los evangélicos de otras iglesias les gustaba Shoreline. Los no creyentes neutrales hablaban bien de la iglesia. Incluso los no evangélicos hostiles a los que no les gustaban las iglesias en general tenían buenas cosas que decir sobre Shoreline.

Según nuestra experiencia, esto no siempre es verdad en una iglesia. Alguna gente ve las iglesias con sospecha o incluso resentimiento por no pagar impuestos de propiedad. Por lo que fue algo chocante, pero alentador, escuchar comentarios positivos regulares y no solicitados sobre la iglesia. Pronto nos dimos cuenta de por qué la gente era tan positiva. No hablaban de la doctrina de la iglesia, incluso si era sólida y ortodoxa. Las personas que conocemos no alababan los sermones ni la música, si bien los dos era buenos. Realmente no les impresionaba el bonito edificio e instalaciones lujosas, porque la iglesia se acaba de mudar de una tienda de campaña a un almacén convertido. Así que, ¿por qué tantos en la comunidad se mostraban positivos sobre la iglesia? Te lo puedes imaginar probablemente. Era su largo historial de servicio humilde en la comunidad.

La gente decía: «Es la iglesia que ama a nuestra comunidad», «siempre dan de comer a los que tienen hambre», «es la iglesia que sirve desayuno a cualquiera que llega todos los domingos ¡y tienen unas donas geniales!», «Shoreline es la iglesia que va a visitar a las personas en residencias», «¿no son los que dan cientos de mochilas llenas de material escolar a niños no privilegiados?». Los comentarios siguieron por este camino.

Cuando la gente se encontraba en momentos de pérdida, dificultad o búsqueda espiritual, sentían que Shoreline era un lugar bueno y bondadoso, con gente compasiva. Y tenían razón. Cuando venía a visitar, también oían las buenas nuevas de Jesús y mucha gente se ha convertido. Si una iglesia quiere alcanzar su comunidad, debe amar apasionadamente, servir regularmente y compartir la historia del mayor sirviente que ha vivido nunca.

También podemos ser testigos de nuestra comunidad sirviendo a otras iglesias. Si queremos que la gente se vea atraída por Jesús y le interese asistir a una iglesia cristiana, deberíamos amar, bendecir y colaborar con otras congregaciones. Como seguidores de Jesús, tenemos un enemigo, pero no son otras iglesias. Deberíamos vernos como colaboradores con todas las congregaciones cristianas que aman la comunidad, siguen a Jesús y creen en la Biblia. Recemos por otras iglesias, hablemos bien de ellas, compartamos recursos, unifiquémonos sirviendo a nuestra comunidad y mostremos al mundo que somo evangélicos mediante la manera en la que nos amamos los unos a los otros (Juan 13:35).

Servicio radical y sorprendente: contar los costes

Jesús llama a sus seguidores a servir a un gran costo y de manera que no siempre tiene sentido. En solo unos versos, Jesús nos dice que nos sacrifiquemos espiritualmente a un nivel que es difícil de comprender. Lee estas palabras como si Jesús estuviera hablándote: «Has oído lo que he dicho, 'Ojo por ojo, diente por diente', pero te digo que no te resistas a una persona malvada. Si alguien te abofetea la mejilla derecha, muéstrales también tu mejilla izquierda. Si alguien quiere denunciarte y tomar tu camisa, entrega tu abrigo también. Si alguien te fuerza a andar una milla, anda dos millas con ella. Da a quien te pida y no des la espalda al que quiera pedir prestado de ti» (Mateo 5:38–42).

¿Qué dice Jesús? ¿Tenemos que evitar el abuso e ignorar un comportamiento peligroso? ¡Por supuesto que no! Jesús muestra un contraste radical y necesario con la respuesta instintiva que tenemos cuando se nos ataca. Nos defendemos rápidamente o nos vengamos por lo que han hecho, pero Jesús quiere que sus seguidores no tomen represalias. Deberíamos pararnos en todas las situaciones y discernir si Dios pudiera usar nuestro dolor, sufrimiento y sacrificio para su evangelio. Si nuestro servicio sacrificial y humilde puede avanzar el trabajo de Jesús, habrá veces en las que deberíamos hacer un esfuerzo adicional voluntariamente, dar a quien pide y mostrar la otra mejilla.

El apóstol Pablo también entendió este equilibrio delicado. Hubo veces en las que fue arrestado y sufrió un abuso impensable. Cinco veces fue atado y flagelado públicamente. Esto significaba recibir lo que se llamaba «los cuarenta latigazos menos uno». Habían aprendido que cuarenta latigazos mataban a una persona, por lo que les dejaban a punto de morir (2 Cor. 11:24). Pablo tenía 195 cicatrices en su cuerpo que mostraban que estaba dispuesto a sufrir por el evangelio.

Cuando Pablo llevaba las buenas nuevas a la ciudad de Filipos, una mujer llamada Lidia se convirtió a la fe de Jesús y toda su familia recibió al salvador. Era un pequeño renacimiento. Un poco después, Pablo fue arrestado por oficiales, desnudado, golpeado con porras, flagelado severamente y metido en prisión (Hechos 16:22–24). En cualquier momento de esta serie de abusos, Pablo podría haber dicho: «Soy un ciudadano romano» y habrían parado inmediatamente, pero permaneció en silencio. Podemos pensar que es increíble que Pablo no aclarara sus derechos como ciudadano, pero es claro que sintió que sus circunstancias estaban llenas de potencial evangelista. Voluntariamente aceptó el abuso por el evangelio.

En mitad de aquella misma noche, cuando estaba en prisión con un dolor intenso de los golpes, Pablo y Silas estaban orando en alto y cantando alabanzas a Dios. Todo el mundo en la cárcel estaba escuchando (Hechos 16:25). Tras liberarlos un terremoto enviado por los cielos, Pablo encontró a su captor, pero en vez de dejar que el guardián de la prisión se suicidara al pensar que sus prisioneros se habían escapado, Pablo mostró clemencia y se hizo amigo del guardián. Le dio las buenas nuevas de Jesús y el carcelero invitó a Pablo a su casa, le dio de comer y le presentó a toda su familia. Surgió otro renacimiento y la familia del carcelero puso su fe en Jesús.

Si Pablo hubiera exigido sus privilegios como ciudadano romano, no habría sido golpeado y podría no haber acabado en prisión. Si no hubiera estado en la cárcel, el guardián y su familia no habrían oído el evangelio ni se habrían convertido a la fe de Jesús. ¿Puede ser que Pablo sufriera voluntariamente porque creía que impulsaría el mensaje de Jesús? Ciertamente lo parece.

¿Era la voluntad de Pablo para sufrir un cheque en blanco para que la gente abusara de él? No y lo sabemos porque hubo otros momentos en los que Pablo dijo enfáticamente «no» al sufrimiento. Más adelante en el libro de los Hechos, vemos que Pablo está siendo atacado de nuevo. Una multitud se había vuelto contra él y había sido puesto en prisión por las autoridades gobernantes. El comandante ordenó que Pablo fuera flagelado e interrogado, por lo que los guardianes extendieron sus extremidades y estaban a punto de comenzar los golpes. En ese momento, Pablo podría haber permanecido en silencio, como hizo en Filipos, pero sin embargo hizo la pregunta de la que todos conocían la respuesta: «¿Es legal que flageles a un ciudadano romano que nunca ha sido declarado culpable?» (Hechos 22:25). Con estas palabras, los guardias se alarmaron y se retiraron. Poner la mano encima de Pablo era ilegal porque era un ciudadano romano de nacimiento.

¿Por qué Pablo utilizó la carta de su ciudadanía en este momento? Parece que no tuvo instrucciones del Señor de que recibir este abuso fuera a tener resultados redentores ni llevar a nadie a la salvación. Con eso en la mente, dijo «no» a los golpes. En otras ocasiones, parece que Pablo sabía que su servicio de sufrimiento lograría la voluntad de Dios y haría avanzar el evangelio. En estos casos, Pablo se mantuvo callado y sufrió por su Señor crucificado.

Hay veces hoy en día en las que podemos elegir sufrir por el evangelio, mostrar la otra mejilla, hacer un esfuerzo adicional y dar a los que piden. En una parte del mundo en la que hay persecución de los evangélicos, un cura fue puesto en prisión sin juicio ni explicación. Se negó a quejarse y comenzó a servir a otros prisioneros. En cuestión de días, empezó un servicio semanal de iglesia y a discipular a algunos de los hombres de la prisión. Tras tres meses, decidieron ponerle en libertad. Preguntó si podía quedarse un par de meses más y terminar de establecer una iglesia en la prisión. Dijeron que no, pero le dieron permiso para volver semanalmente para trabajar con los prisioneros, ya que lo que estaba haciendo parecía traer paz entre los presos.

No es probable que seamos golpeados por nuestra fe ni puestos en prisión, pero podemos decidir aceptar humildemente el sufrimiento si creemos que hará avanzar la causa de Jesús y extender sus buenas nuevas. ¿Cómo responderás cuando no se te aumente el salario o seas ascendido porque te niegas a tomar atajos o participar en «prácticas comunes» que podrían comprometer tu fe? ¿Seguirás sirviendo a Jesús e intentando honrarle cuando se te excluya de círculos sociales porque tu fe es demasiado descarada y rígida? Cuando tengas una oportunidad para decir lo que es bueno, correcto y honrar a Dios, ¿lo harás incluso si te cuesta algo? Si prestamos atención, todos podemos encontrar oportunidades para ser fieles a Jesús y hacer brillar su luz, incluso cuando sabemos que el precio a pagar puede ser elevado. Si sentimos que nuestro sufrimiento y sacrificio no tendrá impacto en el reino y no hará avanzar la causa de Jesús, también podemos decir que no. Si estamos convencidos de que el precio a pagar podría elevar a Jesús, podemos avanzar. Que el Espíritu de Dios nos de sabiduría para saber cuándo un servicio radical es exactamente lo que se necesita, sea cual sea el precio.

PARTE 5

Generosidad alegre

Cómo compartir nuestro tiempo, recursos y habilidades
para captar la atención del mundo

esús dio todo lo que tenía y todo lo que era por nosotros. Con generosidad divina, dejó la gloria, vino a la tierra, tomó nuestros pecados y murió en nuestro lugar. Ahora llama a sus discípulos a seguir sus pasos. Al dar con corazones generosos y llenos de gozo, el mundo puede ver una imagen del amor de Dios. La generosidad alegre capta la atención de un mundo poseído por las posesiones.

CAPÍTULO 16

¿Qué más podría dar?

A lo largo de los siglos, los eruditos han escrito miles de páginas, todas ellas tratando de explicar una palabra de la Biblia: la palabra griega *kenosis*, que se encuentra en el gran himno de Cristo registrado en Filipenses 2, 7. Aquí está el texto completo de esta antigua canción de adoración que celebra la gloria de Jesús:

Él, que era de condición divina,
    no consideró esta igualdad con Dios como algo que debía
guardar celosamente; al contrario, se anonadó a sí mismo,
    tomando la condición de servidor y haciéndose semejante
a los hombres.
Y presentándose con aspecto humano, se humilló
    hasta aceptar por obediencia la muerte y muerte de cruz.
Por eso, Dios lo exaltó
    y le dio el Nombre que está sobre todo nombre, para que al
nombre de Jesús se doble toda rodilla
    en el cielo, en la tierra y en los abismos,
y toda lengua proclame para gloria de Dios Padre: "Jesucristo es
    el Señor".

-Filipenses 2, 6-11

En la nueva versión internacional, la palabra *kenosis* se traduce como "se hizo nada". En la versión estándar revisada, "se vació a sí mismo". En la antigua versión del rey Jacobo, leemos "se despojó de su reputación". Todas estas traducciones buscan captar el significado de esta palabra. La verdad es que, aunque los eruditos usaran un mar de tinta, no podrían explicar completamente qué significa esta palabra, ya que se refiere a lo que sucedió cuando el Hijo, la segunda persona divina y eterna de la Trinidad, dejó la gloria del cielo y se convirtió en un ser humano, entregándose a nosotros y por nosotros.

Jesús renunció

Para comprender el alcance de la naturaleza alegre y generosa de nuestro Salvador, tenemos que apartar el velo de la eternidad e intentar entender lo que no es completamente comprensible para nuestro limitado entendimiento. Como discípulos de Jesús que quieren ser como él en todos los sentidos, invitemos al Espíritu Santo a que nos dé una nueva y más profunda visión de lo que hizo el Hijo de Dios cuando dejó la gloria del cielo y entró en nuestro mundo, convirtiéndose en Jesús de Nazaret, el Mesías judío y salvador del mundo.

Jesús renunció a su hogar eterno y se mudó a nuestro vecindario. Por toda la eternidad, nuestro Señor Jesús, el divino Hijo de Dios, ha estado en perfecta comunión con su Padre y el Espíritu Santo. Con su Padre y el Espíritu creó este mundo e hizo del cielo su hogar con el universo entero como su porche trasero. Cuando el Hijo de Dios se despojó de sí mismo, no dejó de ser Dios. Pero asumió la naturaleza humana, sometiéndose a todas las limitaciones de nuestra humanidad.

El que habló de los cielos y de la tierra para que existieran, "se despojó" de privilegios y se convirtió en un siervo, Jesús de Nazaret, y se instaló en un pequeño rincón de su vasta creación. *Jesús renunció a la alabanza angelical por la burla humana.*

Desde los albores de la creación, el Hijo de Dios había escuchado sin cesar: "Santo, santo, santo es el Señor Dios, el Todopoderoso, el que era, el que es y el que vendrá" (Ap. 4, 8). Seres celestiales más allá de nuestra imaginación celebraron su gloria, adoraron a su majestad y cantaron canciones de alabanza en su nombre. Sin embargo, cuando Jesús voluntariamente se hizo nada, escuchó un nuevo coro. Los líderes religiosos lo acusaron de blasfemia. Uno de sus amigos más cercanos gritó: "No lo conozco. Que sea maldito si conozco a Jesús". Los guardias romanos bromearon: "Si realmente es un rey, podría salvarse a sí mismo". El cielo debió de haber visto con asombro que el Señor de la gloria permitió ser tratado con tanto desdén.

Jesús renunció a ser omnipresente por los confines del vientre de una niña. El espacio y el tiempo no pueden contener al Hijo de Dios. Su ser es infinito y eterno. Cuando se entregó a sí mismo por nosotros, el ilimitado se situó en los confines de un vientre virgen, el ser infinito en un embrión humano, el Señor omnipresente atado a carne humana. ¿Qué maravilloso amor llevaría al Hijo de Dios a derramarse por nosotros?

Jesús renunció al poder omnipotente por confiar en una pareja de recién casados. El Hijo de Dios es eternamente todopoderoso. Sus palabras fueron la fuente de la creación. Su poder sustentador mantiene a nuestro pequeño planeta girando sobre su eje y volando por el espacio alrededor del sol. Cuando voluntaria y alegremente se convirtió en un hombre sin reputación, el Creador estuvo sujeto a su creación. Su fuente de alimento era la leche de una joven judía. Sus protectores eran padres primerizos que huían de un rey loco que quería que su hijo muriera. A Dios Todopoderoso lo enseñaron a caminar, hablar, leer y escribir.

Jesús renunció a la integridad perfecta por el quebrantamiento fracturado. La paz, armonía y unidad trinitaria habían sido la experiencia llena de gozo del Hijo de Dios por toda la eternidad.

Cuando se despojó y fue hecho a semejanza de los humanos, entró en un mundo roto y fracturado. No mantuvo el dolor y el sufrimiento humano a distancia. Jesús abrazó todo esto. Como declaró el profeta Isaías cinco siglos antes de que el Hijo de Dios se encarnara, el Mesías sería golpeado, herido y humillado para sanarnos (Isa. 53, 4-5). Jesús experimentó el impacto total de la traición de sus amigos, sufrió tortura física, fue rechazado por aquellos a quienes vino a salvar y sintió el abandono de su Padre mientras el juicio y la ira de Dios se derramaba sobre él. ¿Qué más podría dar?

Jesús entregó la luz del cielo por las tinieblas de la muerte y la tumba.
Jesús dejó atrás la gloria y la luz del cielo cuando se hizo nada. Entró en nuestro mundo oscuro y lleno de pecado. Sintió el peso del juicio y la ira infinitos cuando tomó nuestros pecados sobre sí mismo. Sintió que las manos oscuras de la muerte le arrancaban la vida. Luego, el Señor de la luz fue sepultado en una tumba durante tres días.

Ningún evangélico cuestionará si nuestro Señor Jesús es el ser más generoso del universo. A lo que renunció por nosotros está más allá de nuestra imaginación. Si tuviéramos mil vidas para servir a Jesús, no podríamos comenzar a devolver lo que dio cuando se despojó y se hizo carne.

Jesús fue infinitamente generoso. Pero ¿seguía alegre mientras renunciaba a tanto? El escritor de Hebreos responde a esa pregunta con sorprendente claridad. ¿Has visto alguna vez estas palabras de nuestra Biblia? "Por lo tanto, ya que estamos rodeados de una verdadera nube de testigos, despojémonos de todo lo que nos estorba, en especial del pecado que siempre nos asedia, y corramos resueltamente al combate que se nos presenta. Fijemos la mirada en Jesús, el iniciador y perfeccionador de nuestra fe, el cual, en lugar del gozo que se le ofrecía, soportó la cruz sin tener en cuenta la infamia y ahora está sentado a la derecha del trono de Dios. Piensen en aquel que sufrió semejante hostilidad por parte de los pecadores, y así no se dejarán abatir por el desaliento (Heb. 12, 1-3).

En este pasaje, estamos llamados a correr la carrera de la fe con los ojos fijos en Jesús. Nació para morir en nuestro lugar y asumió toda la vergüenza de la cruz, y lo hizo con alegría. Fue "por el gozo puesto delante de él" que Jesús soportó todo lo que soportó.

¿Por qué la generosidad alegre es un indicador de madurez espiritual en la vida de un seguidor de Jesús? Porque es lo que marcó la vida de nuestro Señor. Cuando pensemos en el corazón generoso de Dios, evitemos hacer de nuestro enfoque principal las naderías infantiles de este mundo. ¿Dios ha sido generoso contigo? Si tu mente primero se concentra en los montones de cosas materiales que gritan por ser compradas, pulidas y protegidas con programas de seguros, es posible que no estés pensando con la suficiente profundidad. Si tu idea de la generosidad de Dios se mide por los saldos de las cuentas bancarias, los movimientos del mercado de valores y los bienes del mundo, piénsalo de nuevo. El Dios infinito del universo dejó la gloria y vino a la tierra por ti. Dejó atrás alabanzas angelicales y escuchó a las multitudes gritar: "¡Crucifícadlo!". En un misterioso acto de gracia soberana, el Hijo eterno dejó a un lado su omnipotencia para nacer de una joven virgen. La luz del cielo se llevó la plenitud de nuestra vergüenza y la ira que merecíamos. Murió en nuestro lugar y fue sepultado en la oscuridad de una tumba. "Por el gozo puesto delante de él, sufrió la cruz". Deja que se hunda. "Por el gozo puesto delante de él, soportó la cruz". ¿Ha sido generoso contigo? "Por el gozo puesto delante de él, sufrió la cruz". Eres su alegría. Él soportó la cruz por ti. Tu Salvador es generoso, y lo que ha dado debe rebosar desde discípulos agradecidos hasta los confines de la tierra.

Dar como estilo de vida

Cuando reconocemos todo lo que Jesús dio en su encarnación, vida y muerte, nos sentimos inspirados a vivir con una generosidad cada vez más alegre. Al estudiar los relatos del Evangelio, podemos aprender del ejemplo de nuestro Señor. Al observar la forma en que Jesús fue generoso, podemos tener una visión de cómo deberían ser nuestras vidas.

Jesús tuvo un corazón generoso como el Padre. El modelo de generosidad alegre fue su Padre. Una y otra vez, el Salvador contó historias y usó ilustraciones que apuntaban al corazón del Padre. En la conocida historia del hijo pródigo (Lucas 15, 11-32), conocemos a un padre que fue generoso con sus dos hijos. Cuando el hermano menor tomó su herencia y la gastó en una "vida salvaje", finalmente recobró el sentido y se dio cuenta de que podía ir a casa y vivir como sirviente en la propiedad de su padre.

Cuando su padre lo vio a lo lejos, rompió todas las normas culturales y corrió hacia su hijo, lo abrazó y lo besó. Le dio a su hijo rebelde la mejor túnica de la casa, le puso un anillo en el dedo, sandalias en los pies descalzos y sucios, y organizó una gran fiesta. Su hijo perdido estaba en casa.

Muchos han escrito excelentes libros sobre este texto, por lo que nos centraremos en un solo pensamiento: ¡nuestro Dios es alegremente generoso! El padre de esta historia es una mera sombra de nuestro Padre celestial. Cuando volvemos a Dios y finalmente regresamos a casa, su abrazo y su gracia están esperando. Él no nos desprecia, no nos avergüenza ni nos pone en libertad condicional. La gracia asombrosa y generosa de Dios nos envuelve como un manto. Todo el cielo celebra y la fiesta dura toda la eternidad. Jesús quiere que sepamos que él y el Padre son uno y que ambos son generosos sin medida.

Jesús dio lo que la gente necesitaba. Cuando los discípulos le pidieron a Jesús que les enseñara a orar, una de las pautas que dio fue pedirle a Dios el pan de cada día, lo que necesitamos (Mal. 6, 11). En los Evangelios, vemos a Jesús proporcionando exactamente esto a las personas que conoció que estaban necesitadas. Proporcionó lo básico de la vida: pan para el día, tal vez algo de pescado para acompañarlo. En los cuatro Evangelios tenemos un registro de Jesús proveyendo una comida sencilla como esta de una manera milagrosa (Mateo 14, 13-21, Marcos 6, 30-44, Lucas 9, 12-17, Juan 6, 1-14).

Jesús sabe lo que necesitamos y siempre tiene una manera de proporcionárnoslo, incluso si no es de la manera en que esperamos recibirlo. Podemos complicarnos la vida y quedar atrapados en el tsunami de querer o de adquirir más cosas, pero Jesús nos hizo muchas advertencias sobre la acumulación de bienes materiales. En muchas situaciones, lo que Jesús quiere darnos son las simples necesidades de la vida. Él es alegremente generoso al satisfacer nuestras necesidades diarias.

Jesús fue pródigo en su generosidad. Aunque en muchas situaciones nuestro Señor nos proveyó con las necesidades básicas de la vida, a veces fue generoso. Cuando yo (Sherry) pienso en la palabra *abundante*, me viene a la mente el Día de Acción de Gracias en mi casa cuando era niña. La festividad era especial y memorable, y mis padres se aseguraban de que la atención se centrara en la gratitud a nuestro Señor y Salvador, junto con una excelente comida. Había un postre que esperaba con ansia durante todo el año. Era, y sigue siendo, pastel de calabaza. ¡Me encanta!

Después de una gran comida con la familia, llegaba la hora del postre, así que cortaba un buen trozo de tarta de calabaza casera. Luego sacaba la crema batida de la nevera. Ten en cuenta que dije nevera y no congelador. La crema batida no puede estar dura ni congelada; tiene que haberse ablandado en la nevera durante la noche. Abría el recipiente de crema batida, la removía hasta que estuviera suave y cremosa y, luego, la ponía encima de mi trozo de pastel, cucharada a cucharada hasta que el pastel desaparecía de la vista. En ese momento, y solo en ese momento, esta delicia culinaria estaba lista para que la disfrutara.

Cuando pienso en la generosidad abundante de Dios, pienso en un trozo fresco de pastel de calabaza casero totalmente cubierto con crema batida. Ese pastel estaba abundantemente cubierto, y la generosidad de Dios es así: cubriéndonos abundantemente. La gracia de Dios es abundante. Su amor es abundante.LasEscriturashablandela abundancia del amor de Dios hacia nosotros. "¡Miren cómo nos amó el Padre! Quiso que nos llamáramos hijos de Dios, y nosotros lo somos realmente" (1 Juan 3, 1). Tómate un momento para reflexionar sobre dónde y cómo has experimentado el generoso amor de Dios en tu vida.

Cuando Jesús caminó sobre esta tierra, hubo varias ocasiones en las que su provisión fue más allá de lo que se necesitaba. En el primer milagro registrado en el ministerio de Jesús, nuestro Salvador convirtió el agua en vino en las bodas de Caná de Galilea (Juan 2, 10). No solo transformó milagrosamente seis enormes jarras de agua en vino, sino que era tan bueno que todos podían decir que el vino de Jesús era superior a todo lo que se había servido hasta el momento. ¡Prodigar!

Cuando Jesús alimentó a los cinco mil, todos tenían suficiente pan y pescado, y todos estaban satisfechos. Como una floritura maravillosa, había doce cestos adicionales de pan (Mateo 14, 20). ¡Sobras! ¡Prodigar!

Cuando Jesús resucitado se encontró con los discípulos en la orilla del mar de Galilea y les dijo que arrojaran su red en el lado derecho de la barca (después de intentar pescar toda la noche y no atrapar nada), lo hicieron (Juan 21, 1-14). En ese momento, los peces que los habían estado evitando se precipitaron hacia la red. Estaba tan llena que no pudieron meterla en el bote. ¡Prodigar! Cuando llegaron a la orilla, hicieron lo que hacen los buenos pescadores: contaron sus peces. La Santa Palabra de Dios registra el número exacto: ¡153 peces! ¿Podemos decirlo juntos? "¡Prodigar!"

Jesús fue generoso con su tiempo. Todos sabemos que el tiempo es valioso, a menudo más que el dinero o las posesiones. Jesús fue un modelo de ser alegremente generoso con su tiempo. Una y otra vez, leemos sobre personas que "interrumpieron" a Jesús en mitad de su ministerio, viajes o momentos de descanso. Jesús nunca pareció irritarse o molestarse cuando esto sucedía. Dejaba lo que estaba haciendo y prestaba toda su atención.

En una ocasión, Jesús viajaba con un líder religioso influyente. Iban de camino a su casa para que Jesús pudiera curar a su hija moribunda. En el camino, una mujer desesperada y enferma se acercó y tocó a Jesús. Esperaba pasar desapercibida. Ella no trataba de atraer la atención de este gran rabino, solo esperaba tocar su manto para ser sanada y luego ver a Jesús continuar su camino. Pero ese no era el estilo de nuestro Salvador. Quería verla de frente, así que se detuvo, la llamó y le dijo palabras de gracia inolvidables: "Hija, tu fe te ha sanado, vete en paz" (Lucas 8, 48). ¡Qué palabras tan poderosas! Hija. Sanado. Paz. No se puede calentar la intimidad en microondas. No puedes pasar corriendo junto a la gente y amarlos bien.

Jesús dio su tiempo a los demás y lo hizo con un corazón lleno de gozo y generosidad.

Nuestro Salvador afirmó el dar generosamente. Cuando María vertió una pinta de nardo puro, un perfume fragante que vale miles de dólares según los estándares actuales, a los pies del Salvador, pareció innecesariamente extravagante (Juan 12, 1-8). Algunos dijeron que era un desperdicio, que el perfume podría haberse vendido y haber dado el dinero a los pobres. Jesús no estuvo de acuerdo. Hay ocasiones en las que se ofrecen sacrificios como un acto de adoración que trae gloria y honor a Jesús. Es posible que debamos tener cuidado de no ser demasiado excesivos en lo que nos damos a nosotros mismos, pero nunca seremos demasiado generosos con nuestro Dios.

Jesús elogió el dar proporcional. Jesús celebraba cuando la gente era generosa con las cosas de Dios. También dejó claro que todos y cada uno de nosotros podemos ser generosos. No se trata de cuánto tenemos o damos. Lo que nos hace generosos es el nivel de nuestro sacrificio. Es una historia bíblica que dura solo cuatro versículos cortos, Jesús enseñó una lección significativa sobre la generosidad: "Jesús se sentó frente al lugar donde se colocaban las ofrendas y observó a la multitud depositar su dinero en la tesorería del templo. Mucha gente rica echó grandes cantidades. Pero una viuda pobre vino y puso dos monedas de cobre muy pequeñas, que valían solo unos centavos. Jesús, llamando a sus discípulos, dijo: 'Les aseguro que esta pobre viuda ha puesto más que cualquiera de los otros, porque todos han dado de lo que les sobraba, pero ella, de su indigencia, dio todo lo que poseía, todo lo que tenía para vivir'" (Marcos 12, 41-44).

¡Qué verdad tan poderosa! Podemos ser generosos en cualquier época de la vida y en cualquier situación económica. Damos de lo que tenemos con corazones alegres y Dios es honrado. Como discípulos, miramos a Jesús, escuchamos sus palabras y seguimos su ejemplo. Cuando hacemos esto, libera recursos que pueden tener un gran impacto en el mundo que nos rodea.[26]

CAPÍTULO 17

La aventura de una vida generosa

La generosidad alegre es un área esencial y crítica de nuestra madurez espiritual. Hay muchas formas de ser alegremente generoso. Los seguidores de Jesús podemos dar de nuestro tiempo, y abordamos ese tema en la sección sobre el servicio humilde. Podemos ser amables con nuestras palabras y traer bendiciones y aliento a otros a través de lo que decimos. Veremos esa característica de generosidad en la siguiente sección del libro. En este capítulo, nos centraremos en crecer en generosidad alegre en el área de las finanzas, los bienes materiales y las cosas de este mundo. Dios tiene mucho que decir sobre esto en toda la Biblia.

Un cuento de dos mundos

Quizás hayas descubierto que los autores de este libro provienen de mundos dramáticamente diferentes. Muchas de las historias de Sherry provienen del hogar y la familia debido a su educación piadosa. La historia personal de Kevin es radicalmente diferente. Nos gustaría empezar este capítulo compartiendo nuestros viajes de crecimiento en gozosa generosidad, contrastando nuestras tan diferentes historias.

Kevin: Crecí en un hogar sin fe abierta, excepto en la ciencia y en uno mismo. Mis padres fueron generosos con las personas necesitadas. Parecía que siempre había alguien viviendo en la habitación sobre nuestro garaje. A mi madre le encantaba ser voluntaria y dedicaba mucho tiempo a las causas locales. Pero no teníamos afiliación a una iglesia y nunca me enseñaron el valor de dar para la obra de Jesús.

Sherry: Vi a mis padres dar la primera décima parte de todo lo que ganaban para la Cuarta Iglesia Reformada en Holland, Michigan. Lo hacían con alegría y humilde devoción. Mi padre cobraba su sueldo y ponía un 10 por ciento en un sobre encima de la nevera. El domingo por la mañana, lo llevaba a la iglesia y lo ponía en el plato de la ofrenda. Además, mis padres guardaban el resto y estaban dispuestos a ayudar a las personas si veían una necesidad. En nuestro hogar, la generosidad hacia Jesús se consideraba un privilegio gozoso y parte de nuestra vida familiar.

Kevin: Cuando me convertí en seguidor de Jesús, la idea de generosidad no estaba en mi mente. Leí la Biblia, pero el tema de dar económicamente se me escapaba. Me ofrecí como voluntario en la iglesia con el ministerio de jóvenes, ¡pero mi dinero limitado era mío! Tenía la sensación de que toda mi vida le pertenecía a Jesús, pero no hice una conexión real entre eso y mis bienes materiales.

Sherry: Cuando era una joven adolescente, ejemplifiqué mi ofrenda según lo que había visto toda mi vida. Le di a Dios el primer 10 por ciento del dinero que ganaba en mis trabajos de verano y después de la escuela. Nunca pensé en no dar ni un diezmo. Era lo que se hacía como seguidor de Jesús. Amaba y confiaba en mi pastor, su esposa y los líderes de nuestra iglesia, y sabía que mi ofrenda estaba marcando la diferencia. Sentí el peso, el privilegio y la alegría de apoyar la obra de Jesús a través de mi ofrenda.

Kevin: Cuando Sherry y yo comenzamos a hablar sobre cómo sería nuestra vida matrimonial, ella planteó la cuestión de la generosidad. Me preguntó sobre mi práctica de ofrendas y si diezmaba para la obra de Jesús. Probé la línea engañosa que había estado usando conmigo mismo durante los últimos cinco años: "Todo lo que tengo, le pertenece a Jesús! He dedicado toda mi vida a mi Salvador y su obra".

Sherry: "Eso es genial, pero ¿das de tus finanzas? ¿Apartas una parte de tus ingresos para la obra de Jesús?"

Kevin: ¡Me pilló! Pero lo intenté de nuevo, con un tono firme y evidentemente a la defensiva. "Le doy todo a Jesús. Estoy completamente agotado. Me convertiré en pastor.

¡Todo lo que tengo es suyo!" Pensé que eso serviría y que la echaría para atrás. ¡No tuve esa suerte!

Sherry: "Conozco tu devoción por Jesús, pero ¿realmente das tu dinero con regularidad, fidelidad y generosidad a la obra de la iglesia y la causa de Jesús?"

Kevin: ¡Estaba acorralado! El Espíritu Santo usó a mi dulce futura mujer para hacerme mirar mi corazón. Me estaba escondiendo detrás de una mentira. No podría decir que le había dado todo lo que soy y todo lo que tengo a Jesús mientras me quedaba con cada centavo que ganaba. Sherry me dejó claro, con gentileza y amabilidad, que me amaba pero que no estaba interesada en casarse con un hombre que se quedaba todo lo que ganaba. Esto era un factor decisivo para ella.

Sherry: Hablamos y oramos sobre este tema durante muchas horas en las siguientes semanas. Le expliqué a Kevin las lecciones que mis padres me habían enseñado sobre el privilegio y el honor de dar. Estudiamos las Escrituras y luchamos con la enseñanza bíblica sobre el diezmo, la generosidad y los peligros de la codicia.[27] Por la gracia de Dios, nuestros corazones se alinearon en torno a la verdad de la Palabra de Dios y entramos al matrimonio con el compromiso de dar nuestro primer 10 por ciento al trabajo de cualquier iglesia a la que sirviéramos y de aprovechar el resto de nuestros recursos en formas que glorificaran a Dios e hicieran crecer su obra en el mundo.

El Dios que nos dio todo espera que lo devolvamos. Como seguidores de Jesús, cuando leemos las Escrituras con atención, descubrimos que nuestro Señor ejemplificó una generosidad radical. Como seguidores suyos que buscamos ser como él, esto debería ser suficiente para impulsarnos a vivir una vida compartiendo libremente todo lo que tenemos. Además, sabemos que "todo lo que es bueno y perfecto es un don de lo alto y desciende del Padre de los astros luminosos (Santiago 1, 17). Todo lo que tenemos es dado por la mano de nuestro Dios. Jesús habló a sus seguidores con la clara expectativa de que vivirían como dadores constantes. En el Sermón del Monte, Jesús dijo: "Así que cuando des a los necesitados..." (Mateo 6, 2). Sigue dando claridad sobre el espíritu con el que debemos dar, pero se espera la práctica de la generosidad constante de aquellos que buscan vivir como Jesús.

Cualquier creyente que diga "Jesús me tiene al completo", pero que se niegue a compartir su dinero y bienes materiales se está engañando a sí mismo. Si queremos ser como nuestro Señor y crecer en semejanza a Cristo, es hora de abrir nuestro corazón y nuestras cuentas bancarias. Necesitamos invitar al Espíritu Santo a la bóveda que a menudo permanece cerrada y protegida de la iglesia, de las personas necesitadas y, sobre todo, de nuestro Padre celestial, que da todo buen regalo.

Dios ama el dar reflexivo, espontáneo y alegre. Un hombre había pasado toda su vida ganando y protegiendo su dinero. Era un maestro de de la manipulación y la extorsión. Como casi todos en la profesión financiera elegida, se había convertido en rico y lo había hecho a costa de quienes lo rodeaban.

Luego conoció a Jesús. Cuando se encontró con el Salvador, todo cambió. Dios transformó su corazón y a continuación sus finanzas. Había sido protector y había estado obsesionado con su riqueza toda su vida. Pero, a la luz del amor y la presencia de Jesús, dio un giro de 180 grados. Hizo un repaso por todas las personas a las que había engañado y devolvió lo que se había quedado, y más. Entonces liquidó sus bienes y dio la mitad del dinero a los pobres y necesitados de su comunidad.

Cuando conocemos a Jesús, realmente lo encontramos a él, él se convierte en el Señor de todo en nuestras vidas, incluyendo nuestra economía. Si no estás seguro de creer los detalles de esta historia, léela tú mismo en Lucas 19. Luego, pídele a Jesús que te muestre su rostro con tanta claridad y belleza que te sientas conmovido al ver todo lo que tienes como regalo suyo. Pídele al Espíritu Santo que te ayude a ser tan consciente de la increíble gracias de Dios que tus bienes materiales palidezcan en comparación. Invita a tu Padre celestial a que te haga ser agradecido por todo lo que te ha dado, que no puedas evitar crecer en generosidad hacia su obra en el mundo y hacia las personas que ama.

¿Se me prometen bendiciones si doy con generosidad? Sí y no. Aquellos que siguen a Dios y viven en sus caminos, conocerán una bendición increíble. Cuando ponemos nuestra fe en Jesús y aprendemos a dar con generosidad a su obra, somos bendecidos sin medida. Pero esta bendición no siempre es económica. Quizás hayas escuchado a algún mercachifle religioso prometer que si das 100 $ a su ministerio, Dios los multiplicará y te sorprenderá con 1000 $. Tal vez alguien incluso te contó una historia en la que sucedía esto. Este tipo de esquema Ponzi le rompe el corazón a Dios.

La Biblia promete bendiciones cuando damos (Mal. 3,10); Lucas 6, 38), pero esas bendiciones pueden venir en muchas formas. La alegría de dar es una bendición en sí misma. Ver a Dios usar nuestros dones para ayudar a otros es una bendición. Salud, familia, comunidad de la iglesia, ver al evangelio salir al mundo son bendiciones. Reducir a dólares y centavos la idea de ser bendecido es minimizar la gloria de cómo Dios bendice a sus hijos. A veces, cuando damos cien dólares, lo que tenemos en nuestras cuentas bancarias es, exactamente, cien dólares menos. Pero siempre somos bendecidos cuando damos.

Advertencias sobre el dinero, las posesiones y ser rico

En su amor, Dios a menudo nos advierte. Como un padre compasivo, cuando nuestro Padre celestial nos ve correr hacia un acantilado o hacia una calle abarrotada, grita. Es de sabios escuchar las advertencias divinas, incluyendo las que tratan sobre la generosidad.

No seas acaparador. ¿Cuántas cosas tengo? ¿Realmente lo necesito? ¿Soy un acaparador? A veces, utilizamos la palabra *coleccionista* como tapadera para *acaparamiento* porque suena mejor. Normalmente significa que las cosas que acumulamos son más caras y aceptables. Pero cada vez que tenemos más de lo que necesitamos y seguimos añadiendo cosas, es una señal de que algo podría andar mal. Jesús contó historias de acaparadores (Lucas 12, 13-21) y, claramente, no le gustaba esta práctica. ¿Qué podría suceder si evaluamos todo lo que tenemos, determinamos en oración lo que Dios quiere que guardemos y ponemos el resto en manos abiertas, listos para compartir como lo indica el Espíritu Santo?

¿Cuántos podrían ser bendecidos y cómo podría cambiar el mundo con nuestras generosidad?

No permitas que el dinero te dirija. Jesús hizo esta advertencia con precisión láser. "No se puede servir a Dios y al dinero" (Mt. 6, 24).

¿Qué nos impulsa a través de un día normal? ¿La voluntad de Dios o la búsqueda de cosas? ¿Dónde vagan nuestras mentes en nuestro tiempo libre? ¿Hacía la bondad de Dios o hacia la próxima adquisición, vacaciones o nadería que planeamos comprar? ¿Qué nos despierta y nos mueve hacia nuestro día? ¿Un anhelo insaciable de servir a Jesús o la necesidad de ganar más dinero y comprar un juguete más? Las respuestas a estas preguntas nos ayudarán a determinar qué maestro tiene nuestra lealtad.

Al reflexionar sobre el poder de las posesiones y el atractivo de las cosas, es útil expandir nuestro pensamiento y reconocer que más dinero no siempre es la fuerza impulsora que está detrás de las tentaciones materiales. Suele haber ídolos detrás que nos impulsan a acumular más. Puede ser que nos mueva el deseo de placer. Podríamos estar buscando consuelo en las cosas. A veces, la necesidad de control o de seguridad es lo que nos hace comprar y recolectar. El materialismo tiene mucho hijos y es bueno nombrarlos para también poder resistirnos a ellos.

No te enamores del dinero ni de las cosas que puedes comprar. La Biblia no dice que "el dinero es la raíz del mal", lo que dice es que "el amor al dinero es la raíz de toda clase de mal" (1 Tim. 6, 10). Hace años, el programa *Wheel of Fortune* usó erróneamente una versión abreviada de esta oración, excluyendo la frase inicial "el amor a" para uno de sus paneles. Hubo una avalancha de llamadas para corregir su error. La pregunta no es si tengo dinero, sino ¿me tiene el dinero a mí? ¿Se ha convertido el dinero en un amante que demanda mi atención, devoción y corazón? Cuando esto sucede, nos adentramos en el peligroso terreno de la idolatría. Todo seguidor de Jesús debe revisar su corazón con regularidad para asegurarse de que no ha entrado en una relación amorosa con las cosas de este mundo. *No hagas que la riqueza sea el objetivo de tu vida.* Jesús se encontró con un hombre muy religioso y atento a los mandamientos de Dios (Mt. 19, 16-30). Le preguntó al Salvador qué tenía que hacer para conseguir la vida eterna. Jesús hizo un repaso rápido por alguno de los Diez Mandamientos que se relacionaban con cómo nos comportamos en este mundo. El hombre dijo: "¡Mire, mire, mire, mire, mire, mire! Estoy bien". Jesús después se centró en el único mandamiento que atormentaba el alma de este hombre: no codiciarás. El Señor Jesús, que le había dado a este hombre todo lo que poseía, incluida su mente, talentos y fuerza, le dijo que fuera generoso con los bienes del mundo y que se centrara mejor en los tesoros celestiales. El hombre dejó a Jesús triste, sin querer compartir lo que Dios le había dado. Su vida giraba alrededor del sol de la riqueza mundana y no estaba dispuesto a cambiar para dejar que Dios fuera el centro de su vida.

No digas: "¡Mío, mío, mío!" La forma en que pensamos y lo que decimos son poderosos. Una y otra vez, las Escrituras nos recuerdan que todo lo que tenemos es un regalo y que, en última instancia, todo pertenece a Dios (Santiago 1, 17; Sal. 24, 1). ¿Cómo podrían cambiar nuestras acciones y actitudes si nos refiriésemos a todo como perteneciente a Dios y no a nosotros? Intenta prestar atención a cómo hablas sobre el dinero y las posesiones que Dios ha puesto a tu cuidado. Si utilizas mucho "mi" y "mío", ¡cambia a "las cosas de Dios!".

Cuidado con el poder de la deuda. La Biblia habla clara y repetidamente en contra de estar en deuda (Rom. 13, 8; Prov. 22, 7). Es una forma de esclavitud. Cuantas más deudas tengamos, menos libres seremos para vivir una vida generosa. Cuanto mayor sea nuestra deuda, más complicado será vivir con alegría. Si tienes deudas, haz todo lo posible para salir de ellas cuanto antes.

Una realidad contraria a la intuición está enterrada en el principio de generosidad: saldrás de tu deuda más rápido si comienzas a ser generoso ahora. Pídele a Dios su poder para dar a otros y comprométete a honrarlo viviendo dentro de tus posibilidades. Empieza a dar algo, no importa lo pequeño que sea, para la obra de Jesús. Ataca la deuda como enemigo poderoso y demoníaco que es. Además, lee uno de los libros o sigue uno de los programas que recomendamos en las notas finales.[28]

Pasos hacia la generosidad alegre

Como matrimonio, hemos estado aprendiendo a vivir y a crecer en el marcador espiritual de la generosidad alegre durante casi cuatro décadas. A lo largo del camino, hemos descubierto que esta es una parte muy importante de nuestro viaje de discipulado. Es una aventura día a día, paso a paso. Mientras buscas seguir completamente a Jesús en esta área de tu vida, aquí tienes algunas ideas que te ayudarán a impulsarse en el poder del Espíritu Santo.

Dale primero a Dios. En nuestros primeros años de matrimonio, si no le hubiésemos dado a Dios primero, nunca habríamos dado nada. Nuestros ingresos eran de 900 $ al mes, así que emitíamos un cheque de 90 $ a la iglesia New Hope cada treinta días. Hacíamos esto antes de pagar cualquier factura. Sin embargo, de alguna manera siempre nos quedaba suficiente dinero para cada mes. Si no le damos a Dios primero, es muy probable que acabemos gastando todo en nosotros mismos.

Responde a las indicaciones divinas. Junto con un ritmo regular de donaciones semanales, quincenales o mensuales, los seguidores de Jesús deben mantener los ojos abiertos a las necesidades y el corazón abierto a los empujones del Espíritu. Cuando creemos que Dios susurra o habla en voz alta y nos llama a dar, debemos responder.

Si estás preocupado por que la indicación de ser generoso no venga de Dios, detente a considerar las otras opciones. ¿Podría Satanás estar tratando de hacernos dar dinero a nuestras iglesias o a ayudar a una persona pobre? ¡No es probable! ¿Podría ser que nuestro yo altruista y excesivamente amable quisiera regalar cosas? De nuevo, ¡no es probable!

Así que arriesga y sé generoso. Si damos más de lo que deberíamos, Dios puede devolverlo. Cuando éramos recién casados y tomábamos clases en el seminario, fuimos bendecidos, pero también estábamos arruinados. No nos centrábamos en nuestras necesidades, pero claramente no había manera de que pudiéramos permanecer en la escuela y vivir con los ingresos de mi ministerio (Kevin). Oramos mucho y también nos preocupamos un poco. Estábamos luchando para llegar a fin de mes cuando un día alguien llamó a la puerta. Cuando abrí, vi a Marc frente a mí, uno de los chicos que había conocido hacía años cuando trabajaba en Munchie's Pizza. Nos habíamos hecho amigos y, con el tiempo, él se había convertido en seguidor de Jesús. Aunque mantuvimos nuestra amistad a lo largo de los años, ya no nos veíamos con mucho frecuencia ni habíamos hablado desde hacía un par de meses.

Lo invité a pasar y Sherry se unió a nosotros mientras nos sentábamos a hablar. Marc siempre había sido un tipo que iba directo al grano, así que nos miró y dijo: "Esta mañana estaba leyendo mi Biblia y hablando con Jesús. Me dijo que necesitabas dinero. Así que me monté en mi moto y vine aquí". Nos entregó un sobre con dinero en efectivo. Lo abrimos y era una cantidad tan generosas que tanto Sherry como yo empezamos a llorar.

¿Cómo pudo saberlo? En ese momento, nos dimos cuenta de que nuestro Padre celestial le había susurrado a uno de sus hijos: "Sé generoso" ¡y él respondió!

Marc continuó: "Te daré la misma cantidad todos los meses hasta que termines el colegio". Estábamos recibiendo una generosidad alegre y nos conmovió profundamente saber que Dios se preocupaba por nuestras necesidades y que teníamos un hermano en Cristo que era generoso como Jesús. Desde ese día, hemos intentado responder cada vez que el Espíritu de Dios llama a uno de nosotros o a ambos a ser generosos. Cuando lo hacemos, ¡Dios siempre aparece!

Invierta en la eternidad. Jesús dejó claro que hay dos estrategias de inversión. Podemos invertir nuestros recursos en las cosas de este mundo y se oxidarán y se convertirán en polvo. O podemos invertir en los eterno (Mt. 6, 19-20). Conoces el viejo dicho: "No puedes llevártelo". De alguna manera, está mal. Podemos tomar los bienes de este mundo e invertirlos en las personas. Podemos usar nuestros recursos para llegar a los perdidos y verlos venir a la fe en Jesús. Cuando hacemos esto, estamos invirtiendo en la eternidad.

Revisa tu corazón. Después de decirles a sus seguidores que acumulen tesoros en el cielo, Jesús concluye su enseñanza diciendo: "Allí donde esté tu tesoro, estará también tu corazón" (Mt. 6, 21). Tenemos que preguntar "¿dónde está mi corazón?". La única manera de responder a esa pregunta es identificar honesta y consistentemente lo que más atesoramos. Si se trata de cosas de este mundo, tenemos nuestra respuesta. Si es la gloria de Dios, la misión de Jesús e invertir en la vida de las personas, tenemos una respuesta mejor.

Disfruta y celebra lo que Dios te ha dado. Dios se deleita cuando sus hijos disfrutan de sus buenos dones (Ecl. 5, 19; Tim 6, 17). Tenemos un amigo que cree esto y que lo vive de una manera interesante. Aparta el primer 10 por ciento de lo que ganas para darlo a la obra de Jesús. Luego reserva otra parte de tus ingresos mensuales para celebrar y para bendecir a otras personas. De vez en cuando, planea algo especial, invita a otros a participar y paga la cuenta. Cuando lo hace, se apresura a señalar la bondad y la provisión de Dios, que le permiten vivir con generosidad. ¡Qué hermosa fuente de ánimo e inspiración!

Crece en satisfacción. Estoy feliz con lo que tengo. Si no tuviera nada más, estaría contento y en paz. No necesito nada más para sentirme completo. ¿Puedes repetir estas tres afirmaciones y decirlas con sinceridad? Cuando aprendemos el secreto de la satisfacción, vivimos en libertad y con felicidad. Si siempre buscamos más y creemos que finalmente seremos felices cuando obtengamos la siguiente posesión, mejora o aumento, nunca encontraremos la verdadera satisfacción.

Dios nos llama a vivir de esta manera por nuestro propio bien (1 Tim. 6, 6-10). No quiere que pasemos los días persiguiendo una zanahoria que cuelga de una cuerda fuera de nuestro alcance. Aquí está el increíble secreto que mucha gente nunca conocerá: si estás satisfecho hoy, exactamente en el lugar en que estás, seguirás satisfecho si tienes más o tienes menos. Del mismo modo, si hoy estás insatisfecho, no estarás satisfecho si consigues más. La satisfacción no se basa en lo que tenemos, sino en vivir con alegría y dando gracias por lo que tenemos.

Desarrolla el hábito de regalar cosas. Si estás listo para profundizar aún más en la aventura de la generosidad alegre, desarrolla el hábito de regalar cosas. Busca razones para compartir lo que tienes. Fíjate en cuando tienes algo extra y otra persona no tiene nada; disfruta dándole algo de lo tuyo. Camina por tu apartamento, casa o caravana, toma nota de las cosas que apenas usas y sé creativo para pensar en personas que realmente las apreciarían. Liquida algunos de tus activos y pon ese dinero a trabajar para algún proyecto de la iglesia o de alguna organización misionera, o ayuda a una familia de tu comunidad que necesite un impulso y un toque de amor de la mano de Dios.

Hace unos años, nuestro hijo mayor y su mujer aceptaron un desafío que consistía en regalar cosas todos los días durante un mes. Esta es la cuestión. El número de cosas que da aumenta a medida que avanza el mes. El primer día, regala una cosa; luego, el segundo día, regala dos cosas. El último día, se dan treinta artículos.

Nuestro hijo y su esposa llevaban poco tiempo casados y vivían con sencillez. No parecía que tuvieran muchas cosas extra, pero al final del mes, nos dijeron que tenían mucho para regalar. Dijeron que era bueno para ellos y aprendieron mucho en el proceso. Nos inspiraron, así que hicimos lo mismo y encontramos la experiencia muy liberadora. Te retaría a que consideres hacer esto también, como un paso práctico que dar después de leer este capítulo. Y ve un poco más allá. Cuando escojas cada artículo, da gracias a Dios por su provisión y generosidad para contigo y luego ora para que sea una bendición para la siguiente persona que lo reciba.

Aquí tienes una advertencia para evitar un cortocircuito en la bendición de dar. Si empiezas a regalar cosas, no lo conviertas en una excusa para conseguir cosas nuevas. Decide vivir de manera más sencilla. Sé más agradecido. Y deja que tus actos de generosidad alegre te conecten más estrechamente con tu infinitamente generoso Señor.

Desafío de las 4 generaciones (2-2-2)

A medida que crecemos en generosidad, deberíamos siempre tomar de la mano a alguien que nos inspire y desafíe a ser más maduros en nuestra área de dar. Podemos dejar que nos discipulen y nos ayuden a parecernos más a Jesús en la forma en que nos relacionamos con las cosas materiales. Al mismo tiempo, debemos unir nuestras manos con alguien que necesite crecer en esta área. Podemos invitar al Espíritu de Dios a que nos use para ayudarlo a crecer más generoso y alegre. Incluso podemos enseñarle a esa persona a hacer lo mismo con alguien más. Ese es el modelo que aprendemos en 2 Timoteo 2, 2.

Jay y Lucille se convirtieron en una familia para nosotros. Eran parte de la iglesia a la que servíamos en Michigan y, una vez al año, nos invitaban a su cabaña para pasar un día lleno de diversión, descanso y juego. ¡Era una de las cosas más importantes de nuestro verano! Una vez, cuando nos sentamos a comer, yo (Sherry) me di cuenta de algo maravilloso y generoso que Lu hacía cada vez que íbamos. Tenía una nevera llena de bebidas y les decía a los niños: "¡Servíos vosotros mismos!". Había bebidas de frutas, refrescos y casi cualquier bebida que un niño pueda querer disfrutar. Me di cuenta de que ella había salido y gastado su dinero cuidadosamente para encontrar opciones que a nuestros hijos les encantaran. ¡Había abundancia! Aprendí sobre la generosidad simple y creativa al ver a Jay y Lu bendecirnos con su hogar, bebidas, tiempo y recursos.

Seguí este ejemplo. No cuesta mucho dinero, pero sí cuesta algo. Cuando tenemos compañía, y especialmente si tienen hijos, pienso en opciones que se valorarán y que bendecirán a quienes nos visiten. Si la gente se queda en nuestra casa unos días, tomo una página del libro de jugadas del discipulado de Lucille Patmos y ofrezco opciones de desayuno y me aseguro de que haya suficiente en la nevera para que todos disfruten.

A lo largo de los años, muchos de nuestros invitados nos han agradecido este espíritu de hospitalidad y han mencionado lo mucho que significó para ellos. Les decimos que creemos que Dios nos ha provisto para que podamos ser una bendición, mostrar hospitalidad y atender a quienes vienen a nuestro hogar. Ahora, muchos de ellos buscan hacer lo que Lu me enseñó y lo que he compartido con ellos. oró para que su ejemplo influya en una generación posterior a la suya, para que sean alegremente generosos tanto con las pequeñas cosas de la vida (como una variedad de bebidas), como con las grandes.

¿Dejarás que alguien te tome de la mano y te lleve a un nivel completamente nuevo de compromiso con la generosidad alegre? ¿Y te comprometerás a hacer lo mismo por alguien que Dios ha puesto en tu vida? ¡Ese es el viaje de un discípulo!

CAPÍTULO 18

La generosidad revela la presencia de Jesús en nuestras vidas y en el mundo

Los evangélicos pueden cantar canciones de alabanza como ángeles, leer la Biblia con atención erudita y orar con devoción de monje y es posible que el mundo realmente no se dé cuenta o no le importe. Eso es lo que se supone que deben hacer las personas religiosas. Si quieres llamar la atención de un mundo materialista y egocéntrico, aprende a ser generoso. Si realmente quieres llamar la atención, sé generoso con auténtica alegría. Mucha gente ni siquiera tiene una categoría para una persona que vive con generosidad alegre.

¿Por qué la mayoría de la gente siente afecto por sus abuelos? Porque a los abuelos les encanta darles cosas a sus nietos. Son alegremente generosos.

Cuando nos liberamos del poder del consumismo y vemos todo lo que tenemos como un regalo de Dios, la generosidad fluye. Cuando los evangélicos aprovechen sus recursos por el bien del mundo, la gente quedará atónita. A medida que nos deleite cada vez más compartir lo que tenemos con los necesitados, Dios usará nuestra generosidad para atraer a las personas hacia él y cambiar el mundo.

Una iglesia con recursos puede servir a su comunidad. Cuando el pueblo de Dios da constantemente a su iglesia, el ministerio a la comunidad puede fluir. Demasiadas iglesias están luchando para llegar a fin de mes, pero las iglesias deben ser conductos de la provisión de Dios para los necesitados en sus comunidades. Si cada creyente que tiene un hogar en la iglesia diera con regularidad y generosidad, el potencial de divulgación sería asombroso. La iglesia tendría amplios recursos para compartir.

Busca en tu corazón. Evalúa tu estilo de vida. Examina tus hábitos de dar. Busca ser alegre en el proceso. Es fácil ponerse a la defensiva cuando se trata de nuestro dinero y otras cosas, pero Jesús es nuestro ejemplo perfecto. No se guardó nada. Si nuestro corazón pertenece al Salvador, ocurrirá lo mismo con todas las cosas que él ponga en nuestras manos. Una de las mejores formas de invertir en la eternidad es dando al ministerio de la familia de la iglesia en la que Dios te ha adoptado.

¿Y si todos dieran como yo? Hazte esta pregunta y deja que el Espíritu Santo te diga la verdad. ¿Qué pasaría si todos los evangélicos dieran con la misma generosidad y actitud que tú? ¿Sería esto bueno para la iglesia? ¿Impulsaría la obra de Jesús al mundo?

Si puedes decir honestamente que la causa de Jesús se fortalecería si todos dieran como tú, tómate un momento para celebrar. Dale gracias a Dios por tu crecimiento espiritual y por cómo estás usando los recursos que compartes para traer gloria a Jesús. Si sabes que la obra de la iglesia se pararía en seco si todos dieran como tú, deja que la convicción del Espíritu caiga sobre tu corazón. Arrepiéntete. Confiesa tu necesidad de crecer en esta área de tu vida espiritual. Pídele a Dios que te ayude a empezar a dar hoy (no mañana). Y comprométete a seguir dando pasos en la generosidad por el bien de la gloria de Dios, la difusión del evangelio y su crecimiento espiritual.

Cuando damos a los ministerios, tenemos una voz. Además de dar a nuestras iglesias, los seguidores de Jesús que están madurando en el marcador de la generosidad alegre deben intentar apoyar a los ministerios que ayudan a las personas necesitadas. Cuando lo hacemos, les das a los creyentes una voz en la vida de las personas afectadas por nuestra ofrenda. Organizaciones como Compassion International se preocupan de los niños necesitados en todo el mundo. Cuando los evangélicos ofrecen apoyo mensual a grupos como este, proporcionan educación, alimentos y atención médica y abren las puertas al evangelio. Hay una forma específica en que nuestras ofrendas pueden afectar a las personas cuando nos asociamos con un ministerio que patrocina a niños como Compassion. Podemos escribir cartas a estos niños. Podemos extender esperanza, fe, verdad y vida a sus pequeños corazones.

Ahora llegó el momento de confesar. Yo (Kevin) soy un poco escéptico y cínico y, durante varios años, fui escéptico en varios de los pequeños intentos que hicimos y sobre cómo estaban usando el dinero que enviábamos. Durante años, apoyamos a los niños y emitimos un cheque cada mes. Oramos fielmente por los niños que apadrinamos. Pero, honestamente, no creía que nuestra ayuda fuera a esos niños concretos. Supuse que todo el dinero estaba en una olla grande y que todos los niños eran atendidos por igual sin importar lo que se donara. Donamos porque creíamos en la causa, pero durante años nunca les escribí cartas a los niños. No sentía una conexión real con ellos porque no creía que fuéramos realmente los únicos padrinos que tenían estos niños.

Luego fui con un equipo a El Salvador para hacer una formación de Organic Outreach con pastores. Nos dijeron que conoceríamos a algunos niños en la zona que habían sido apadrinados por miembros de nuestra iglesia, y dio la casualidad de que Juan, un niño al que estábamos ayudando y seguimos ayudando, vivía en esa comunidad. Dijeron que podía pasar tiempo con él, conocer a su familia e, incluso, visitar su casa. Lo esperaba con emoción, pero la verdad de que yo era su padrino aún no me había traspasado el corazón.

Cuando conocí a este niño, descubrí que solo tenía un padrino: la familia Harney. Le pregunté a uno de los líderes: "¿Todos los niños reciben cartas?". Me respondió: "Solo si su padrino las envía". Me quedé impactado. Resulta que Sherry y yo no estábamos, como yo en secreto sospechaba, recibiendo cartas generadas por ordenador escritas como si vinieran de

Juan. Cada imagen enviada la había dibujado él. La lista de cosas favoritas que nos envió era su lista real de sueños y gustos. Cuando la carta decía "Gracias por ser mi padrino. Te quiero", eran las palabras de Juan. Y el niño que nunca había recibido ninguna carta de su padrino ahora estaba sentado frente a mí. Me rompí y lloré, y yo no lloro con facilidad. Había estado dando dinero, pero ahora estaba preparado para dar mi corazón.

Desde entonces, hemos escrito cartas y nos hemos dedicado de todo corazón a la vida de estos niños. Les contamos todo sobre nuestra familia, nuestras pasiones, nuestra iglesia y, sobre todo, sobre Jesús. Los animamos a orar y a buscar a Dios. Seguimos las pautas establecidas por la organización, pero tenemos el privilegio de ayudar a estos niños a caminar hacia Jesús. Buscamos tomar su mano y ayudarlos a avanzar con fe. El acto de generosidad abre la puerta para compartir el evangelio en la vida de estos niños y discipularlos.

Los actos generosos invitan a la presencia de Dios y ayudan a las personas a ver a Jesús. Cada vez que un seguidor de Jesús es generoso en nuestro mundo egoísta, mostramos el corazón de nuestro Dios. Si la gente se queda atónita o sorprendida por alguien que da con alegría contagiosa, se abre la puerta a conversaciones espirituales.

"¿Por qué das en la manera en que lo haces? ¿No te importa el dinero?", "Siempre eres rápido para dar a los demás, ¿por qué eres así?". Cualquiera que sea la pregunta, tenemos una respuesta. Seguimos a un Salvador que nos dio todo. A través de la fe en Jesús, se nos promete que seremos bendecidos "con toda clase de bienes espirituales en el cielo" (Efesios 1, 3). Tenemos el cielo como nuestro hogar y la eternidad asegurada por la generosidad de Dios. ¿Cómo podríamos no ser generosos?

Cuando somos generosos y lo hacemos de manera alegre, las personas verán a Jesús en nosotros. Harán preguntas. Podemos compartir nuestras historias sobre la bondad y la provisión de Dios. A medida que maduramos en este indicador de crecimiento, Dios abrirá puertas al evangelio que podrían no abrirse de ninguna otra manera.

Tuve una experiencia divertida cuando Dios abrió la puerta para una nueva amistad, después conversaciones espirituales y, finalmente, mi nuevo amigo se convirtió en evangélico. Y todo vino de mi intento de darle al gobierno 25 $.

Me presenté para servir como jurado y pasé la mitad de mi lunes en el juzgado. Cuando nos soltaron, dijeron que ya habíamos acabado por esa semana. La mujer que nos dio las instrucciones finales explicó que podíamos retomar un vale por nuestro tiempo y para algunos de nuestros gastos de gasolina. Levanté la mano y le pregunté si podía firmar el comprobante de devolución al condado. Supuse que necesitaban el dinero más que yo.

Mientras salía, un tipo llamado Bill se me acercó y me dijo: "¿Por qué demonios le devolverías dinero al gobierno?". Esto llevó a una breve charla en la que le dije que realmente no me importaba mucho el dinero. Él estaba sorprendido, pero intrigado. Le dije que ya tenía todo lo que realmente importaba en la vida. Ahora estaba aún más interesado. Cuando me preguntó qué quería decir, le conté todo lo que Jesús me había dado y todo lo que había hecho por mí. Le aseguré: "¡Soy infinitamente rico!". Esto le pareció fascinante y preguntó si podíamos hablar más.

Esto llevó a un desayuno semanal en un restaurante. Hablamos sobre la vida, los negocios y lo que significa seguir a Jesús. Finalmente, Bill decidió que quería conocer al Salvador y recibir la gracia de Jesús. Una mañana, durante el desayuno, Bill se convirtió en mi hermano en la fe mientras oraba para recibir a Jesús. Un simple acto de generosidad alegre en un edificio del juzgado abrió la puerta a una amistad y, finalmente, Bill escuchó y recibió el evangelio.

Las vidas egocéntricas comprometen nuestro testimonio del Dios que lo dio todo. De la misma manera que la generosidad abre las puertas al evangelio, una vida egocéntrica que se fija en la acumulación y el consumo de cosas cierra la puerta de golpe. La vida de un discípulo está destinada a reflejar al Señor que seguimos. ¿Cómo podemos mostrar a Jesús al mundo cuando nuestro primer amor es el dinero y las cosas del mundo? ¿Qué mensaje enviamos cuando el egoísmo impulsa nuestras decisiones y corrompe nuestros motivos?

Los no creyentes no tienen una idea clara de cómo se supone que es un evangélico. Pero tienen una intuición de lo que no deberíamos ser. El egoísta está cerca de la parte superior de esa lista tácita pero común. Mucha gente no sigue a Jesús ni lo reconoce como Salvador. Pero estas mismas personas tienen la sensación de que Jesús fue bueno, bondadoso, misericordioso y generoso. Esperan que las personas que llevan el nombre de Cristo sean como las que dicen seguir.

Dar muestra al mundo de que no somos dueños de las cosas. Mucha gente en nuestra cultura está sumida en deudas y consumida por el consumo. Dentro y fuera de la iglesia, hay muchas personas cuya fuerza motriz es ganar dinero, adquirir cosas, mantener lo que poseen y mejorar su estilo de vida. Esta es una especie de esclavitud a las cosas que creemos que poseemos.

Cuando nos liberamos de los enredos del consumismo, y cuando usamos lo que tenemos para ser una bendición para los demás, enviamos un mensaje poderoso. No somos esclavos. No estamos en cautiverio. No nos impulsa la necesidad de adquirir más y más.

El mundo observa a los evangélicos. La gente quiere saber si existe un camino y un estilo de vida que les permita respirar tranquilamente, relajarse y disfrutar cada día. Si vivimos libres de los enredos de las posesiones, la gente querrá lo que tenemos. Entonces podremos hablarles de aquel que ha satisfecho nuestras almas y necesidades y nos ha dado herencias en el cielo que nunca podrán ser quitadas.

PARTE 6

Comunidad consistente

El poder de la unión en un mundo polarizado

D ios existe en la eterna comunidad trinitaria perfecta. Jesús hizo de
las relaciones una prioridad cuando caminó sobre esta tierra y llamó
a sus discípulos a vivir en una comunidad amorosa constante. Cuando
caminamos en compañerismo amoroso con Dios y con los demás, el
mundo verá que tenemos lo que sus corazones anhelan. Esto atrae a las
personas hacia el único que puede sanar sus corazones, vendar sus heridas
y satisfacer su hambre de pertenencia.

CAPÍTULO 19

Dios no necesitaba nada, pero nos invitó a ser sus amigos

C isnes de cristal. Jarras de salsas. Recuerdos deportivos. Libros viejos. Camisetas *vintage*. ¿Qué se le da a la persona que lo tiene todo? Es una pregunta extraña que se hace solo en culturas ricas y entre personas que tienen tantos recursos que pueden adquirir más de lo que necesitan e, incluso, más de los que desean. Entonces empiezan a coleccionar cosas. En algunos casos, empiezan una colección para que la gente tenga algo que regalarles en Navidad y en los cumpleaños. ¡Es difícil regalar algo a una persona que lo tiene todo!

¿Qué le das al Dios que hizo todo, que gobierna el universo y que es todopoderoso? ¿Qué puedes ofrecerle a quien es eternamente autosuficiente y no tiene necesidades? ¿Hay algo que puedas ofrecerle al perfecto ser trinitario que ha existido en una comunidad virgen por la eternidad? La respuesta es sí. ¡Puedes darte a ti mismo!

191

En un sentido real y teológico, Dios no necesita nada. Los teólogos han escrito páginas y páginas sobre la naturaleza, la soberanía y la inmutabilidad (naturaleza inmutable) de Dios y sobre la realidad de que a nuestro Creador no le falta nada. Sin embargo, de alguna manera misteriosa e incomprensible, nuestro Padre celestial quiere una relación con sus hijos. El creador del cielo y de la tierra desea conectarse con sus seres creados. El soberano Señor de la eternidad disfruta de llamarnos amigos. El discipulado se trata de parecerse cada vez más a Jesús. Nuestro Señor amaba la comunidad y reveló el corazón del Padre cuando se trató de relaciones. Si queremos saber cómo crecer en madurez espiritual, podemos mirar a Dios encarnado, el Mesías, Jesús de Nazaret.

Jesús llamó a la gente a seguirlo y a estar con él. En la iglesia primitiva, había algunos grupos que no podían comprender el hecho de que Dios se encarnara y se volviese humano. No creían que existiera como Dios caminando entre nosotros. El docetismo fue una herejía que imaginaba que Jesús parecía ser humano pero que no vivía realmente en la carne. Los docetistas eran conocidos por decir cosas como: "Jesús no dejó huellas". La idea era que solo parecía ser un hombre en cuerpo, pero en realidad era un espíritu. Todo en los Evangelios señala en contra de este tipo de pensamiento. Jesús caminó un día por el mar de Galilea, dejando huellas reales detrás de él. Este era Dios en carne humana, completamente divino pero completamente hombre. En esta caminata en particular, Jesús se encontró con dos hombres, Pedro y Andrés. Estaban trabajando, haciendo lo que hacían casi cada día: lanzar una red al agua. Jesús les hizo una invitación:"Síganme"(Mt.4, 19).Inmediatamente, estos dos hombres soltaron sus redes y volcaron sus vidas. Siguieron al rabino, Jesús. Un poco más adelante en la orilla, el Señor vio a dos hermanos más, Jacobo y Juan. Estaban en la misma línea de trabajo. Cuando Jesús los llamó, dejaron su ocupación, su padre y su vida segura para seguir al Señor. Su grupo de discípulos estaba creciendo.

Mientras viajaban, Jesús se encontró con un recaudador de impuestos llamado Mateo y le planteó la misma invitación: "Sígueme" (Mt. 9, 9), ¡y lo hizo! Lo siguiente que vemos es que Jesús estaba en casa de este hombre, que era odiado y despreciado por el pueblo judío. Los recaudadores tenían fama de traidores, ladrones y extorsionadores. Sin embargo, Jesús honró a Mateo entrando en su vida, conociendo a sus amigos y compartiendo el compañerismo en la mesa. El nivel de intimidad era tan profundo que los líderes religiosos no podían categorizar este comportamiento, salvo declararlo de incorrecto.

Los relatos de los evangelios cuentan la historia del viaje de Jesús con este grupo de discípulos, compartiendo comidas con ellos, enseñándoles, dándoles una misión y mucho más. Nada en las cuatro biografías bíblicas de Jesús insinúa la idea de que nuestro Salvador era un espíritu incorpóreo que parecía ser una persona real. Jesús llamó a los discípulos a estar con él y a compartir la vida en toda su gloria y dolor. Invitó a sus seguidores a experimentar lo peatonal y lo sublime. Los discípulos siguieron los pasos de Jesús y pudieron ver cada huella que dejó.

Jesús llamó a la gente a su misión. Seguir a Jesús es más que pasar el rato. Sí, los discípulos estuvieron con Jesús durante tres años y compartieron diferentes experiencias, pero había un propósito en todo lo que Jesús hizo. Cuando llamó a Pedro y a Andrés, presentó la razón por adelantado: "Los haré pescadores de hombres" (Mateo 4, 19). Lo que quiso decir con esto se desarrolló en los siguientes años a medida que escuchaban sus enseñanzas, observaban su vida, se entristecían por su muerte y se glorificaban en su resurrección. La enseñanza posterior a su resurrección añadió el florecimiento final y les dio una dirección innegable (Mt. 28, 18-20; Hechos 1, 7-8). La pesca de personas tenía similitudes con la pesca de peces, pero era radicalmente diferente.

Los discípulos fueron llamados a ir por todo el mundo y compartir el mensaje de esperanza, vida, limpieza y significado que llega a través de Jesucristo. Los primeros seguidores del Salvador caminaron con él para que pudieran conocer la verdad de las buenas nuevas. El Dios perfecto y santo que hizo los cielos y la tierra quiere relacionarse con nosotros. Estos primeros discípulos recibieron la misma llamada que escucha cada seguidor de Jesús: "Id y haced discípulos de todas las naciones". La misión está clara. Toda mujer, hombre o niño merece saber que es amado, valorado y que necesita un Salvador. "La cosecha es abundante, pero los trabajadores son pocos" (Mt. 9, 37). Todos estamos llamados a orar para que el amoroso Dios del universo envíe trabajadores a su misión. Mientras oramos, debemos levantar la mano y decir: "Dios, elígeme. Envíame. Ayúdame a ser fiel a tu misión".

Jesús amaba a las personas

Estábamos en una conferencia nacional de evangelización en el área de Chicago y yo (Kevin) estaba dando una charla de evangelización con un buen amigo y socio en el evangelio, Mark Mittelberg. Al final de nuestra conferencia, se invitó a la gente a acercarse a un micrófono y a hacer preguntas. Un hombre se levantó y presentó su problema: "Tengo un vecino con el que realmente no me llevo bien. Sé que se supone que debo evangelizarlo, pero tenemos poco en común y no disfruto de estar cerca de él. ¿Qué debería hacer?"

En retrospectiva, mi respuesta fue un poco dura, pero sentí que era necesario decirlo. "Mantente alejado de él". Continué: "Ora para que Dios envíe a otra persona para que comparta a Jesús con él. Luego ora para que el amor crezca en tu corazón. Si te acercas a él como un proyecto o un deber religioso, él lo sentirá, lo olerá, lo sabrá. Hasta que no tengas amor por él, es mejor dejar la divulgación a otra persona". Puedes estar de acuerdo o en desacuerdo con mis palabras a este hombre, pero de cualquier manera, cuando buscamos compartir las buenas nuevas y el amor de Jesús con las personas, siempre es útil si realmente las amamos. Ese fue el punto de partida de Jesús en cada encuentro humano.

Jesús amó a todo tipo de personas. Jesús fue, y es, el cordero de Dios sin pecado. Sus atributos son idénticos a los del Padre y el Espíritu Santo. Jesús es santo, santo, santo, Señor Dios Todopoderoso. Sin embargo, amó y se deleitó con la gente normal. Había una familia que vivía en la ciudad de Betania: María, Marta y su hermano Lázaro. Cuando le dijeron a Jesús que Lázaro estaba enfermo, las palabras fueron: "El que tú amas está enfermo" (Juan 11, 3). Y las Escrituras nos dicen que Jesús tenía un amor en su corazón por María, Marta y Lázaro (Juan 11, 5).

Jesús lloró por las personas que amaba (Juan 11, 35-36). Juan fue llamado "el discípulo a quien Jesús amaba" (Juan 21, 20). Cuando Jesús se sentó en la Última Cena con sus seguidores, se nos dice que los amó hasta el final (Juan 13, 1). En una declaración amplia y contundente, Jesús mismo dijo: "No hay amor más grande que dar la vida por los amigos" (Juan 15, 13). Entonces Jesús hizo exactamente eso, ¡por ti y por mí! El amor de Jesús fue profundo y amplio y trascendió todas las barreras humanas.

Jesús amó a los "indeseados". En todos los tiempos y culturas, hay personas a las que parece difícil amar. Jesús se propuso llegar a esas personas. Uno de sus amigos más cercanos y socios ministeriales de confianza era un recaudador de impuestos. Ese tipo de persona era odiada, digna de sospecha y causaba desconfianza a la gente de esa época. Aun así, Jesús amó a Mateo y lo llamó a seguirlo (Mt. 9, 9-13). El Señor sin pecado pasó tiempo con recaudadores de impuestos, prostitutas y pecadores (Mateo 11, 19; Marcos 2, 15-16; Lucas 15, 1-7) y los profesionales religiosos de la época estaban molestos porque estas personas amaban a Jesús y él los amaba a ellos.

El Salvador llamó a sus seguidores a amar a sus enemigos (Mt. 5, 44). Las mujeres pecadoras se sintieron libres de acercarse a Jesús y de expresar su amor, y él las recibió (Lucas 7, 36-38). Zaqueo, el "hombrecito" del que se canta en una canción infantil, era un "indeseado" a quien Jesús abrazó con gracia y dignidad. Los cuatro evangelios están repletos de relatos del amor de Jesús por aquellos a quienes la mayoría de las personas religiosas y de buenos modales evitaban.

Jesús amó a los desprotegidos y vulnerables. En el mundo antiguo, no existían programas de servicios sociales ni redes de seguridad para quienes sufrían y estaban necesitados. Ciertos grupos de personas eran vulnerables y corrían el peligro de ser olvidados. Las viudas (y las mujeres en general), los huérfanos, los niños, las personas con enfermedades (como la lepra) y otros grupos estaban en constante peligro y, a menudo, sobrevivían en las afueras de la sociedad. Jesús siempre estaba cuidando a estas personas, su corazón se rompía por ellas y, claramente, las amaba. Jesús dirigió su mirada hacia los márgenes de la sociedad para ver si había personas olvidadas y marginadas que necesitaran un toque de su amor. Si tuviéramos que hacer un estudio del cuidado amoroso de Jesús hacia estas personas, podría escribir un libro completo. Al leer los Evangelios, fíjate en la atención de Jesús a los marginados y olvidados. Deja que su ejemplo abra tus ojos y tu corazón a estas personas hoy, y procura amarlas como lo hace Jesús.

Vida real y relaciones reales

Ya que Jesús vino como uno de nosotros y caminó entre nosotros, su vida relacional y la comunidad que compartía con la gente eran tan real como la nuestra. Podemos aprender observando el compromiso de Jesús con una comunidad coherente.

Jesús tenía diferentes conexiones relacionales. Al estudiar la vida de Jesús, vemos que nuestro Salvador se relacionaba con personas en un amplio espectro de entornos y grupos. Amaba las multitudes y pasaba mucho tiempo enseñando, compartiendo comidas y disfrutando de estar con grupos muy amplios de personas (Mt. 12, 15; 46; 13, 34). También tenía una extensa red de más de setenta seguidores a quienes envió en misión (Lucas 10, 1-4). Eran personas con las que pasaba tiempo y en las que se volcaba. También está claro en las Escrituras que estaba particularmente cerca de una familia de hermanos: Lázaro, María y Marta. Esta familia ofreció hospitalidad a Jesús y tuvo una relación especial con él.

A medida que los círculos concéntricos relacionales se acercan a Jesús, encontramos a los doce apóstoles (Marcos 3, 13-19. Este es el grupo relacional que las personas más identifican con el Salvador. Estos hombres caminaron con Jesús, recibieron una intensa enseñanza, observaron de cerca su ministerio y experimentaron su amistad personalmente. Jesús los envió a predicar su mensaje, luchar contra las fuerzas espirituales y ministrar en su nombre. Fueron los que se reunieron con Jesús en la Última Cena cuando el Señor les lavó los pies, partió el pan, derramó el cáliz y los llamó a un servicio radical (Juan 13, 1-17).

Dentro de este grupo de amigos y socios ministeriales, había una compañía todavía más pequeña de discípulos. Pedro, Santiago y Juan recibieron una formación más intensa y fueron invitados a algunos de los momentos más significativos e íntimos de la vida de Jesús. Fueron estos tres a los que el Salvador llevó consigo al Monte de la Transfiguración cuando aparecieron Moisés y Elías y Yahvé pronunció las palabras: "Este es mi Hijo muy querido, en quien tengo puesta mi predilección: escúchenlo" (Mt. 17, 5). Cuando Jesús fue a resucitar a una joven, les pidió a los tres que se unieran a él (Marcos 5, 37-40). En su momento de gran agonía espiritual preparándose para cargar la cruz por nuestros pecados, fueron

Pedro, Santiago y Juan a quienes Jesús llevó consigo al huerto de Getsemaní (Mt. 26, 36-46). El Señor quería que sus amigos más cercanos estuvieran con él y oraran.

Cuando miramos la vida de nuestro Salvador, no vemos un ser espiritual desconectado y desapasionado flotando a una pulgada del suelo. Nos encontramos con alguien completamente humano, pero sin pecados, que amaba a las personas e hizo de la comunidad una parte central de su vida.

Las relaciones rotas rompían el corazón de Jesús. Nuestro Señor no solo se deleitaba con las amistades, sino que también lamentaba cuando la gente se separaba y las relaciones de rompían. En el Sermón del Monte, Jesús dejó claro que la curación de una relación rota es motivo para abandonar un servicio de adoración con el propósito de buscar la reconciliación (Mt. 5, 23-24). Cuando una hermana o un hermano nos ha hecho daño, es algo tan importante para Jesús que nos dio un proceso con varios pasos para buscar la restauración (Mt. 18, 15-17). Cuando el veneno de la falta de perdón devasta el amor comunitario y familiar, debemos perdonar como Dios nos perdonó y extender la gracia celestial hasta setenta veces siete (Mt. 18, 21-22). Nuestro Señor enseñó a sus seguidores a guardar sus palabras y nunca llamar a alguien tonto o "cabeza hueca". Una de las razones por las que Jesús vino a nuestro mundo fue para destruir barreras basadas en la raza y las diferencias humanas y unir a las personas como una sola familia (Efesios 2, 11-18). Debemos tener cuidado cuando nos veamos tentados a convertirnos en jueces, jurados y verdugos de aquellos que nos injurian (Mt. 7, 1-2). Una y otra vez, Jesús nos llama a caminar en unidad, y lo deseaba tan profundamente que oró por ello (Juan 17, 11).

Jesús sintió el cuchillo del abandono y las relaciones rotas. Nuestro Señor era tan humano que sintió lo que sentimos, física, emocional y espiritualmente, en todos los sentidos. Jesús se permitió acercarse tanto a la gente que su traición dolía. Cuando Judas, uno de sus doce amigos más cercanos, lo vendió por un metal precioso, Jesús sintió el corte (Mt. 26, 14-16). Cuando Pedro lo negó pública y repetidamente, el Señor estaba allí escuchando y viendo cómo se desarrollaba todo (Lucas 22, 54-62). Debe de haber sentido esos golpes en el estómago. En un momento de gran necesidad, mientras lo arrestaban, todos lo abandonaron y huyeron

(Marcos 14, 50). No podemos fingir que esto no lastimó a nuestro Salvador. Aquel cuyo corazón se rompió cuando vio relaciones rotas debe de haber sentido el dolor del abandono, la traición y la negación.

El misericordioso Señor resucitado llamó a sus seguidores para que volvieran a él. Jesús llama a sus seguidores y cuando lo niegan, dudan de él y desaparecen, él los vuelve a llamar. Cuando Pedro negó a Jesús, pensó que el sueño había terminado y su invitación a seguir y servir al Señor había sido revocada. Cuando el Señor resucitado vino a buscar a Pedro, lo encontró pescando, volviendo a la vida y al trabajo de antes de que Jesús lo encontrara por primera vez a orillas del mar de Galilea hacía tres años. Jesús le pidió que volviera (Juan 21, 15-19) y le dio libertad para afirmar su devoción una y otra vez. A continuación, dijo estas palabras: "Tú sígueme" (Juan 21, 22). Imagina la libertad y la esperanza que trajeron esas palabras. Jesús le estaba diciendo a Pedro: "Todavía somos amigos. Todavía me puedes seguir. Todavía tienes una misión, mi misión. Sé lo que hiciste, pero nuestra relación puede incluso superar esto. Continúa siguiéndome y sigamos adelante".

Jesús nos dice lo mismo cuando tropezamos y caemos. La comunidad significa tanto para Jesús que nos llama a caminar con él y nos pide que volvamos cada vez que nos alejamos.

CAPÍTULO 20

Mejor juntos: por qué nosotros > yo

Yo (Sherry) nunca conocí la vida fuera de la comunidad de la familia de Dios. No fui hija de un pastor, pero se podría decir que crecí en la iglesia. Estábamos en la iglesia todos los domingos por la mañana para adorar y luego para la escuela dominical y, por la noche, toda nuestra familia volvía a la iglesia para pasar otro tiempo de adoración y escuchar el segundo sermón del día. El miércoles por la noche, estábamos con la familia de Dios para las clases de mitad de semana. También había grupos de jóvenes y eventos especiales. La comunidad de la gente de Cristo era el aire que respirábamos y era algo que me encantaba.

Hubo muchos domingos en los que mi familia era una de las últimas en irse porque me estaban esperando. Me encantaba hablar con la gente de mi iglesia. Sentí la fuerza y la bondad de ser parte de la familia de Dios. Desde mi más tierna infancia, tuve la convicción de que los evangélicos se pertenecen los unos a los otros y que juntos son más fuertes, más sanos y mejores.

Fuimos hechos para la comunidad

Años más tarde fui a una gran universidad cristiana y luego a un seminario. En mis cursos de Biblia y teología, aprendí los fundamentos teológicos de por qué, como pueblo de Dios, somos más fuertes como grupo de lo que somos solos.

El imago Dei. Dios existe en una comunidad eterna y perfecta en la Deidad. Los evangélicos somos monoteístas, lo que significa que creemos en un solo Dios. Sin embargo, este Dios no existe aislado. Dios existe como tres personas eternas: Padre, Hijo y Espíritu Santo. Uno en ser, existiendo en perfecta unidad como tres personas: Dios es una comunidad perfecta.

Cuando leemos sobre la creación de la humanidad por parte de Dios, no debería sorprendernos que también estemos hechos para la comunidad. "Entonces Dios dijo: 'Hagamos al hombre a nuestra imagen, según nuestra semejanza; y que le estén sometidos los peces del mar y las aves del cielo, el ganado, las fieras de la tierra, y todos los animales que se arrastran por el suelo'. Y Dios creó al hombre a su imagen; lo creó a imagen de Dios, los creó varón y mujer. Y los bendijo, diciéndoles: 'Sean fecundos, multiplíquense'" (Gn. 1, 26-28).

En este breve pasaje, leemos tres veces que Dios nos hizo a su imagen. Parte de esa imagen (el *imago Dei*) es nuestra naturaleza comunitaria. Hombres y mujeres, juntos, reflejan la imagen de Dios en comunidad unos con otros.

Recuerda la primera orden de Dios inmediatamente después de crear a las personas. ¡Es una indicación comunitaria para hacer más personas (Génesis 1, 28)! Adán y Eva fueron llamados a crear. En íntima comunión entre ellos (la relación del matrimonio), debían formar una comunidad creciente para la gloria de Dios.

Nosotros > yo. A lo largo de las Escrituras, aprendemos que Dios logra más para su gloria a través de su pueblo unido que si están desconectados. Cuando el apóstol Pablo fundó iglesias en todo el mundo antiguo, enseñó a los primeros evangélicos que su misión y llamamiento se cumplirían solo si funcionaba como un cuerpo (Rom. 12, 3-8; 1 Cor. 12, 12-31). Cada persona es necesaria y valiosa. Nadie puede decir: "No me importa" o "No haces falta".

La conexión entre el pueblo de Dios es mayor de lo que la mayoría de nosotros creemos. En el clímax de la enseñanza de Pablo sobre la iglesia, Pablo escribe: "¿Un miembro sufre? Todos los demás sufren con él. ¿Un miembro es enaltecido? Todos los demás participan de su alegría" (1 Cor. 12, 26). Como un cuerpo físico con un sistema nervioso central que une todas las partes, los miembros de la familia de Dios están conectados entre sí. Es una hermosa realidad espiritual.

El Gran Mandamiento. Cuando los líderes religiosos de la época de Jesús trataron de atrapar a Jesús y pintarlo en un rincón teológico, le preguntaron "¿Cuál es el mandamiento más importante?". De todas las cosas que Jesús podría haber dicho, y había muchos mandamientos para elegir, se centró en una idea. Si lo destilamos a una palabra, sería *comunidad.* Jesús les recordó los mandamientos de amar a Dios y amar a las personas. Lo que más importa son las relaciones, tanto en vertical como en horizontal (Marcos 12, 29-31). El Gran Mandamiento está relacionado con vivir en una comunidad vital con nuestro Creador y sus seres creados.

¿Por qué la comunidad es tan compleja?

Si Dios existe en perfecta comunidad eterna y estamos llamados a buscar relaciones saludables por encima de todo, ¿por qué es tan difícil? Si una comunidad coherente es uno de los indicadores principales de que estamos caminando de cerca con Jesús, ¿por qué es tan complicado?

No podemos ignorar la triste realidad del pecado. Todos somos pecadores. Cada ser humano está manchado por su propio quebrantamiento. En Jesús encontramos la gracia y por su Espíritu podemos aprender a amar y perdonar, pero es una batalla que dura toda la vida. En este lado de la eternidad, todas las personas, incluidos los seguidores de Jesús, deben reconocer su potencial para el mal y luchar contra él.

Yo (Kevin) he sido pastor durante más de tres décadas. Tengo muchos amigos que sirven a la iglesia. Y no he conocido a un solo líder de la iglesia que no haya sido atacado y herido por uno o más miembros de su iglesia durante sus años de ministerio. Marshall Shelley escribió un libro hace muchos años titulado *Well-Intentioned Dragons: Ministering to Problem People in Your Church (Dragones bien intencionados: ministrando a personas problemáticas en tu iglesia).* Hasta el día de hoy, es uno de los mejores libros ministeriales que he leído. Aborda la realidad de que algunas personas piensan que están ayudando, pero terminan haciendo un gran daño a sus pastores o a otros líderes y miembros de la iglesia.

Creo que Shelley podría haber escrito un libro complementario titulado *Líderes bien intencionados: ministrando a pastores problemáticos en tu iglesia.* Mira, todos los pastores que conozco también admitirían que tomaron malas decisiones, se enfadaron e hirieron a personas de su congregación. La triste realidad es que todos somos pecadores que estamos siendo transformados por la gracia de Dios. Estamos creciendo en santificación, pero aún no hemos llegado. Si no tenemos cuidado, cortamos a otros con nuestros bordes afilados. Cuando vivimos con otras personas (incluso en la iglesia), siempre existe el peligro de lastimarnos. Si buscamos deslizarnos por la vida sin dolor, tendremos que evitar todo contacto humano, incluso el contacto en la iglesia.

Vivimos en una cultura de aislamiento. La gente solía mantener un contacto visual ininterrumpido mientras conversaba. Las familias y los amigos salían a cenar e interactuaban exclusivamente con las personas de su mesa. Durante toda una comida, la única interrupción era cuando el camarero venía a tomar nota del pedido. Hace años las salas de estar estaban dispuestas de modo que todos los muebles formaran un cuadrado o un círculo para que todas las personas estuvieran frente a frente. Todo eso ha cambiado.

La tecnología ha creado un aislamiento masivo. Durante la mayoría de las conversaciones, nuestra atención se dirige intermitentemente hacia las pantallas de los dispositivos que llevamos en las muñecas. El contacto visual se rompe y las conversaciones se fragmentan. Las cenas fuera están invadidas por tuits, correos electrónicos, llamadas y anuncios que zumban y emiten pitidos. Las salas de estar están dispuestas con los muebles orientados hacia una gran pantalla diseñada para canalizar el entretenimiento. Podríamos ocupar el mismo espacio en una sala de estar, pero con frecuencia nos centramos en los medios y no en la conexión humana.

Gran parte de la tecnología que tenemos tiene un gran valor, pero la construcción de comunidades no es una de ellas. La conexión de vida a vida, cara a cara y de corazón a corazón puede romperse a medida que nos convertimos en esclavos de las herramientas que deberían ayudarnos. Tenemos más "conexiones" pero menos intimidad. Tenemos amigos virtuales, pero poca gente que nos recoja en el aeropuerto a medianoche. El aislamiento es un enemigo de la comunidad, y la cultura de los medios que llama nuestra atención conduce a la soledad, incluso cuando no estamos solos.

Todos hemos sentido el dolor de una comunidad rota. El dolor pasado causa una respuesta refleja de alejarse. Solo un tonto toca un sartén hirviendo y luego extiende la mano para agarrarlo de nuevo. De la misma manera, cuando hemos sentido el dolor de la traición y la ruptura de la comunidad, es natural distanciarnos de los demás. Cuando ese dolor proviene de personas que llevan el nombre de Jesús y que se llaman a sí mismos la familia de nuestra iglesia, es fácil alejarnos reflexivamente de esa comunidad.

Satán odia la comunidad coherente y vital. Para empeorar las cosas, Satanás conoce el poder de la comunidad cristiana que cambia el mundo. Odia las iglesias saludables, los grupos pequeños amorosos, los ministerios juveniles acogedores y los cuerpos dinámicos de creyentes. Los poderes del infierno se enfurecen contra el ministerio y la vida comunitaria de una iglesia. El mentiroso y Padre de Mentiras hace todo lo que puede para evitar que estemos conectados, solidarios, atentos y enamorados de la familia de Dios en nuestras iglesias.

Dedicarnos a una comunidad coherente

Dios Todopoderoso ama a su iglesia, la novia, la familia, el cuerpo del Señor Jesucristo. Sabiendo esto, y siendo profundamente conscientes de la complejidad de construir congregaciones saludables, los discípulos de Jesús deben comprometerse a hacer todo lo posible para que la comunidad crezca en la familia de la fe.

Esto puede suceder en entornos eclesiásticos formales o en el ritmo de la vida diaria.

El poder de la mesa. Jesús conocía la intimidad y la gloria de una buena comida compartida con otros. Cerca del comienzo de su ministerio, en el advenimiento del primer milagro público de Jesús, el Señor de la Gloria estaba en una fiesta (Juan 2, 1-11). Esta recepción nupcial creó lugar para compartir la vida, la celebración y el disfrute del buen vino y los buenos amigos. Cerca del final de su vida, Jesús partió el pan y derramó el cáliz con sus amigos más cercanos mientras compartían la comida de Pascua (Mt. 26, 17-30). En la mesa, Jesús enseñó sobre el servicio, el futuro y el significado de su sacrificio. Después de su resurrección, Jesús preparó una comida a orillas del lago y conversó con algunos de sus seguidores. Esta comida al aire libre fue una oportunidad para la restauración y preparación para el futuro (Juan 21, 9-24).

En un mundo agitado y ocupado, los evangélicos deben redescubrir el poder de demorarse en una comida con hermanos y hermanas de fe. Comparte la vida orando por otras personas, contando historias, riendo y llorando juntos. El compañerismo es la mesa que crea un lugar para pasar de una charla informal a una conversación profunda. Si los discípulos de Jesús vamos a vivir como él, tenemos que pasar más tiempo en la mesa compartiendo comida y vida.[29]

La alegría de un buen paseo. Jesús también participó en una comunidad vital con otros mientras caminaba con ellos. En algún momento, haz un estudio sobre todo lo que ocurrió mientras Jesús caminaba. ¡Es asombroso! Al comienzo del ministerio público de Jesús, llamó a sus seguidores mientras caminaba a lo largo del mar de Galilea (Mt. 4, 18-22). Lo primero que hicieron fue empezar a caminar con él. Después de su resurrección, Jesús se unió a un par de hombres que estaban dando un paseo y hablando. El Señor de Gloria resucitado, que acababa de destruir el poder del infierno, consiguió la victoria sobre Satanás y compró nuestra salvación con su vida, fue a dar un paseo y tuvo una rica conversación (Lucas 24, 13-35).

Los discípulos deben hacer esta pregunta que cambia la vida con más frecuencia que nosotros: "¿Podemos dar un paseo?" y, al hacerlo, aparece Dios. Preferiblemente, haremos esto con nuestros teléfonos silenciados o apagados (sí, eso se permite). Uno de los mejores lugares para tener conversaciones espirituales es cualquier lugar donde podamos dar un paseo. Podemos hacerlo con los creyentes más jóvenes a medida que los ayudamos a crecer en la fe. También podemos hacerlo con personas que nos han tomado la mano con gracia y nos están ayudando a crecer para amar más a Jesús. *El don vital de la bendición.* Las palabras de bondad y aliento construyen comunidad. Las palabras irreflexivas pueden arder como el fuego. Como seguidores de Jesús podemos hablar de gracia, extender el perdón y construir a las personas con la bondad hablada en el nombre de nuestro Señor.

Las personas, incluso las grandes pecadoras, se sintieron atraídas por el Salvador. Una razón es que sus palabras hablaban de vida y esperanza. Cuando una mujer pecadora fue sorprendida en acto de adulterio y anticipó el juicio en forma de palabras, miradas y piedras, Jesús habló vida. "Yo tampoco te condeno [...] Vete, no peques más en adelante" (Juan 8, 11). Cuando un recaudador de impuestos odiado respondió a la gracia de Jesús, nuestro Salvador declaró: "Hoy ha llegado la salvación a esta casa" (Lucas 19, 9). Imagina la curación que estas palabras trajeron a su alma. Cuando un criminal de toda la vida usó uno de sus últimos alientos para pedirle a Jesús que se acordara de él, nuestro Señor crucificado declaró: "Hoy estarás conmigo en el paraíso" (Lucas 23, 43). Cuando Pedro creyó que había caído de la gracia y ya no estaba calificado para ser discípulo, el Señor resucitado le dijo: "Tú sígueme" (Juan 21, 22).

Los que seguimos a Jesús debemos dominar el arte de bendecir. Cada vez que tenemos la oportunidad, podemos pronunciar palabras que elevan y sanan. En un mundo que se derrumba, podemos construir. La comunidad coherente no consiste solo en estar juntos, se trata de cómo nos relacionamos entre nosotros. ¡Las palabras tienen poder! El compromiso de bendecir a los demás con lo que decimos desata la gracia y la presencia de Jesús.

La belleza de todos. En el cielo, estaremos todos juntos. Deja que esta imagen bíblica llene tu mente y corazón: "Después de esto, vi una enorme muchedumbre imposible de contar, formada por gente de todas las naciones, familias, pueblos y lenguas. Estaban de pie ante el trono y delante del Cordero, vestidos con túnicas blancas; llevaban palmas en la mano y exclamaban con voz potente: '¡La salvación viene de nuestro Dios, que está sentado en el trono, y del Cordero!'" (Ap. 7, 9-10).

Nuestra eternidad será una reunión asombrosamente hermosa de nuestros hermanos y hermanas de todos los grupos étnicos del mundo. Necesitamos buscar y abrazar esta imagen de la familia de Dios en nuestras vidas e iglesias. Mientras lo hacemos, el mundo mirará a la iglesia y verá el tipo de diversidad amorosa y armoniosa que muchos dicen querer, pero que tan pocos parecen ser capaces de encontrar. Los evangélicos deberían ver la belleza de todo porque miramos a través de los ojos de Jesús. Unamos nuestros corazones y vidas en esta búsqueda santa antes de ir al cielo.

La gloria de la unidad tenaz. Nuestro mundo está polarizado, asediado y amargado. Las familias están separadas y las personas con diferentes puntos de vista tienen dificultades para hablar, escucharse y entenderse entre sí. Las tensiones raciales están aumentando, los desacuerdos políticos están creciendo y la ira está hirviendo a medida que los medios avivan el fuego cada vez que tienen la ocasión. La iglesia de Jesús debe ser un ejemplo de unidad y comunidad, incluso cuando vemos las cosas con diferentes puntos de vista. Todavía podemos amarnos los unos a los otros. De todas las personas del mundo, el grupo que debería ser un ejemplo de unidad tenaz, incluso cuando vemos las cosas de manera diferente, es el cuerpo de Jesús. Cuando el mundo mira a los evangélicos, debería ver a personas de todas las tribus, naciones y grupos de personas que se aman como una familia, porque eso es lo que somos. El mundo debería ver un cuerpo de personas comprometidas a amarse mutuamente y a caminar en unidad sin importar las batallas culturales que se estén librando.

Esta unidad trasciende nuestro círculo de amigos evangélicos y las congregaciones donde adoramos y servimos. La unidad que honra a Jesús nos llama a amar a los hermanos y hermanas de otras comunidades cristianas en nuestras comunidades, naciones y mundo. Honramos a Jesús y enviamos un mensaje al mundo cuando Oramos, servimos y amamos a otras congregaciones de seguidores de Jesús.

El vientre de la madurez cristiana. La comunidad del pueblo de Dios es donde crecemos en la fe. La madurez nace en la comunión con otros creyentes que aman a Jesús y buscan caminar en sus pasos. Los servicios de la iglesia, los grupos pequeños de creyentes, las familias cristianas amorosas, las amistades centradas en Jesús y las relaciones de discipulado son incubadoras que Dios usa para ayudarnos a crecer en la fe.

No importa cuál sea nuestro temperamento o necesidad percibida de estar cerca de otras personas, fuimos hechos para la comunidad. Cuando llegamos a la fe en Jesús, escuchamos su llamada a amar y ser amados en la familia de Dios. Los nuevos creyentes y los seguidores de Jesús desde hace mucho tiempo necesitan que alguien los agarre de la mano y los ayuda a avanzar en la fe. También debemos hacer lo mismo por alguien que esté detrás de nosotros en este glorioso viaje de seguir a Jesús. Esto puede suceder solo cuando nos involucramos en una comunidad coherente con la familia de Dios.

Desafío de las 4 generaciones (2-2-2)

A través de los altibajos de mi vida, Dios me ha rodeado (Sherry) de mujeres piadosas que se han convertido en una comunidad de amor y gracia. Son personas con las que puedo ser yo misma y sé que aun así me querrán. Tengo la bendición de tener varias mujeres piadosas que me han dado la mano y me están ayudando a experimentar la vida comunitaria del cuerpo de Cristo. Ellas me conocen, me quieren y son un modelo de comunidad cristiana de una manera que me ayuda a crecer como discípula. En mi vida son mi generación uno.

Yo soy discípula de segunda generación, influenciada por estas mujeres piadosas. Soy responsable de vivir en comunidad en la iglesia y con los creyentes en todas partes. Mi Señor me llama a ocuparme de mi participación en la comunidad cristiana y a asegurarme de no alejarme debido a la multitud de desafíos propios de la vida de la iglesia. Solo yo puedo asociarme con el Espíritu Santo para discernir dónde se pueden usar mis dones y energías para construir una comunidad saludable.

Sería fácil parar aquí y decir "Tengo gente que me ayuda a crecer en comunidad y estoy haciendo mi parte para involucrarme en la vida de la familia de Dios. ¡Así es suficiente!", pero, como ya sabrás, la historia no termina ahí. Soy llamada por el Señor para volver atrás y agarrarle la mano a alguien que también necesite crecer en una comunidad coherente.

Una de esas personas en las que Kevin y yo pudimos centrarnos era una mujer llamada Kata. Vino a nuestra iglesia mientras vivía en las calles, en una caravana. Durante su primer año en Shoreline, la ayudamos a caminar hacia Jesús. Oramos con ella, escuchamos sus historias y compartimos el mensaje del amor y de la gracia de Dios una y otra vez. La amábamos y queríamos que supiera que era bienvenida en nuestra iglesia. Durante ese tiempo, nos dijo que no era atea, pero que todavía estaba empezando a conocer el budismo, el taoísmo, el judaísmo y el misticismo. Tenía curiosidad por la fe cristiana y estaba intrigada por Jesús. Aunque Kata no era cristiana, estaba abierta al evangelio. En un par de ocasiones habló de convertirse en cristiana, pero su deseo era en realidad añadir a Jesús a su creciente variedad de sistemas y figuras religiosas.

Algunas otras mujeres en nuestra iglesia también tomaron de la mano a Kata y caminaron con ella hacia Jesús. Se convirtió en parte de nuestra iglesia y participó en todo tipo de ministerios y oportunidades de compañerismo. Comenzó a asistir a todo lo que pudo. Ella no creía en Jesús, pero era parte de la familia de la iglesia con docenas de personas que la agarraban de la mano y caminaban con ella. ¡Fue precioso!

Finalmente, llegó al punto en que estaba lista para recibir a Jesús y jurarle lealtad solo a él como su Señor. Después de aceptar el generoso amor del Salvador, Kata continuó en la comunidad de nuestra iglesia. Varias mujeres la ayudaron a progresas en su crecimiento espiritual. Su amor por la adoración y su gozo por la bondad de Dios eran contagioso.

Al final, alquiló una habitación en una casa, consiguió un buen trabajo y, a lo largo de los años, se acercó a muchas personas de nuestra comunidad a las que otros no podían llegar. Ella tomó sus manos y los ayudó en su camino hacia Jesús. Un domingo después de una semana lluviosa, Kata nos dijo que había ido a Home Depot® y que había comprado unas lonas y había instalado zonas de carpas para algunos de sus amigos que todavía vivían en la calle. Dijo:

¡Tengo mucho y me encanta ayudar a las personas que no tienen lo que yo tengo!". Estaba agarrando sus manos y caminando lentamente con ellos hacia Jesús, tal y como yo y algunas otras mujeres de Shoreline habíamos hecho con ella.

¿Has captado la imagen? Cuatro generaciones de manos y corazones unidos creciendo en una comunidad coherente. Este es el discipulado orgánico.

CAPÍTULO 21

El mundo sabrá que somos evangélicos por la forma en que nos amamos... ¡y a ellos!

Algunas historias se clavan en tu mente y se quedan contigo para siempre. Esta es una de esas. Nuestro querido amigo Nabeel Qureshi lo compartió con nosotros cuando habló sobre cómo los evangélicos pueden ayudar a los musulmanes a comprender a Jesús y la fe de sus seguidores. Es una historia que nos rompió el corazón, un relación de comunidad perdida.

Un joven musulmán se mudó a Estados Unidos para estudiar, Llegó con solo dos maletas. En una estaba su ropa y los artículos esenciales que necesitaba para sus años de estudio en este nuevo e intrigante lugar. En la otra, había una colección de regalos de su tierra de origen. Trajo muchos artículos que hablaban de su herencia, de su cultura y de su hogar.

¿Por qué uso la mitad del espacio que tenía para traer estos artículos? Eran regalos para todas las personas que lo invitaran a sus casas y compartieran su vida con él. Cada uno fue elegido personalmente y tenía su propia historia. Estos artículos serían una forma de agradecer y honrar a las personas por abrir sus hogares y corazones a un joven que había venido de un mundo lejano. Iniciarían una conversación mientras compartían una comida juntos. En su cultura, llevar un regalo al entrar a un hogar por primera vez era una práctica común. Estaba emocionado por ver quién recibiría cada uno de los regalos que había traído.

Unos años después, este mismo hombre, ahora un poco menos joven y un poco más cansado, hizo las maletas para regresar a su tierra de origen. Una vez más, tenía dos maletas. Una era para guardar su ropa. Y la otra estaba llena con los mismos regalos que había traído con él años atrás. No había dado ni un solo regalo porque nadie lo había invitado a su casa. La comunidad que su corazón anhelaba nunca se hizo realidad. Las amistades nunca se forjaron y los regalos quedaron sin ser dados.

¿A cuántos evangélicos conoció este joven durante sus años en los Estados Unidos? ¿Docenas? ¿Cientos? ¿Qué tan profundamente anhelaba la comunidad? ¿Qué habría pasado si los seguidores de Jesús lo hubieran invitado a sus hogares y corazones?

Cada persona que conocemos tiene hambre de comunidad. Es un deseo universal. Si aprendemos del ejemplo de Jesús y abrazamos una comunidad coherente, esto puede convertirse en un conducto para el evangelio de maneras poderosas y transformadoras.

Las personas se sienten atraídas por los evangélicos comprometidos en comunidad coherente

¡Jesús era magnético! La gente pecadora gritaba su nombre. Los líderes poderosos lo buscaban. Las personas marginadas se sentían seguras con él. Las masas se sentían atraídas por su enseñanza y ministerio. Jesús nunca trató de levantar multitudes o de presionar a la gente para que se le acercara. Simplemente amaba a las personas y ellas lo sentían. Ellas también lo amaban. Multitudes reunidas. La gente se acercaba al Salvador.

Los evangélicos están llenos del Espíritu de Dios. Somos seguidores del Salvador. El amor de nuestro Padre celestial está vivo en nuestros corazones. Si levantamos a Jesús y lo seguimos, atraerá a la gente hacia él, hacia sus discípulos, cerca de nosotros.

Como sus seguidores, podemos hacer espacio para definir una comunidad con amigos, familiares y nuevos conocidos que aún no son creyentes en Jesús. Podemos abrir nuestros corazones, horarios y hogares e invitar a la gente a entrar. Hay personas con las que nos cruzamos regularmente y que se parecen mucho al joven musulmán que deseaba encontrar el regalo de la comunidad y dar un regalo a cambio. Están esperando a que alguien les diga: "¿Te gustaría venir?", ¿Puedo prepararte la cena?", "Vamos a dar una vuelta y conocernos". El mundo quiere lo que los evangélicos tienen: una comunidad constante y amorosa. La pregunta es, ¿la ofrecemos?

Con demasiada frecuencia el miedo nos mantiene a distancia, el ajetreo prevalece y perdemos las citas divinas para extender la comunidad. Como evangélicos, tenemos este increíble regalo. Compartámoslo con los demás. Si la gente va a ver a Jesús, necesita acercarse a aquellos que conocen al Señor y hacen brillar su luz. La disponibilidad y la atención son clave para la comunidad. Tenemos que reducir la velocidad y tener en cuenta a las personas que Dios coloca en nuestras vidas. No podemos estar tan ocupados sirviendo a la iglesia o saliendo con otros evangélicos que perdamos la oportunidad de pasar tiempo significativo con personas que están lejos de Jesús.

Los hogares llenos de la presencia de Jesús brillan en Su luz

Los hogares evangélicos pueden ser refugios en nuestro mundo lleno de pecados. Al construir una comunidad amorosa justo donde vivimos, podemos mostrarles a los demás la esperanza de Jesús. No tenemos que ser perfectos, ninguna familia lo es. Lo que podemos hacer es ejemplificar el amor, el respeto y el cuidado dentro de una familia. Cuando Jesús está presente, la gente se siente atraída. Imagina hogares en cada vecindario en los que la gracia, el amor y el perdón se vean claramente. La gente se dará cuenta y Jesús se revelará. Este es el deseo del corazón de Dios. Hace años, escribimos un libro titulado *Organic Outreach for Families: Turning Your Home into a Lighthouse* (Divulgación orgánica para familias: convertir tu hogar en un faro). La idea es que cada hogar donde Jesús sea bienvenido y gobierne como Señor, pueda ser un faro de luz en el mundo oscuro. Cada matrimonio y familia cristiana que buscan vivir y amar como Jesús pueden tener una repercusión masiva en los evangelios. Cuando existe una comunidad amorosa en un hogar y una familia, otros en ese vecindario la verán y se sentirán atraídos hacia la comunidad que sus corazones anhelan.

Las iglesias que acogen a las personas en la comunidad honran a Dios

Yo (Kevin) tuve el privilegio de formar a líderes de iglesias en El Salvador. Nuestro enfoque estaba en cómo hacer crecer iglesias que amasen a los perdidos y que compartiesen el evangelio de forma agradable y acogedora. Durante el evento, hablé sobre cómo deberíamos atomar a las personas allí donde estén y de cómo desarrollar una cultura de "ven como seas" en la iglesias. Ofrecí algunos ejemplos y observé las caras de los líderes para tener una idea de lo bien que se estaban conectando con el concepto. Tenía un equipo de tres traductores que entraban y salían cada treinta minutos. Compartían un pensamiento y luego miraba las caras de los líderes de la iglesia mientras uno de los traductores comunicaba lo que yo acababa de decir.

En un momento determinado, supe que había tocado un nervio. Dije: "Si una mujer entra a tu iglesia y lleva unos vaqueros y una camiseta, deberías recibirla con alegría y atomarla con amor". El fin de semana anterior, me había dado cuenta de que todos en los servicios eclesiásticos estaban vestidos de manera formal. Pude ver por las expresiones de algunos rostros, que esta era una idea cuestionable. Incluso vi algunos ceños fruncidos en señal de desacuerdo.

Durante el descanso, algunas de las mujeres líderes se acercaron a mí. Una de ellas dijo: "Si una mujer venía a nuestra iglesia y no estaba vestida apropiadamente, le pedíamos que se fuera". Esperé. Otra de las mujeres preguntó, con lágrimas en los ojos: "Eso está mal, ¿no?". Claramente estaban teniendo una lucha. En El Salvador, existían fuertes normas culturales sobre qué aspecto debe tener y cómo debe vestirse una persona cuando entra a la casa del Señor. No estaba intentando alterar sus costumbres y prácticas de la iglesia, sino que quería ayudarlos a llegar al corazón de Dios por las personas perdidas.

Este encuentro condujo a una gran conversación sobre cómo se debe tratar a los no creyentes en su camino hacia Jesús.

¿Podemos atomarlos tal y como son? ¿Qué haría Jesús en esta situación? ¿Alguna vez apartó a alguien por cómo vestía o por el aspecto que tenía? ¿Puede la iglesia ser un lugar de comunidad para aquellos que todavía se encuentran en el pecado, lejos de Dios, o simplemente desconocen cómo hacemos las cosas los miembros de la iglesia?[30]

Imagina lo que podría suceder si cada seguidor de Jesús sirviera de ejemplo para una comunidad amorosa y acogiera a personas que aún no han conocido a Jesús como Salvador. Luego, imagina si cada hogar donde viven los creyentes buscara reflejar la comunidad coherente y llena de gracia que Jesús vino a ofrecer. Finalmente, sueña con lo que podría ocurrir si cada iglesia cristiana se comprometiese a dar la bienvenida a las personas en su compañerismo, vida comunitaria y corazones mucho antes de que depositaran su fe en el Salvador.

El poder y el testimonio de una comunidad coherente

¿Cómo puede la comunidad en nuestras vidas, hogares e iglesias atraer a las personas a Jesús y abrir la puerta al evangelio? Cuando invitamos a los buscadores espirituales a nuestras vidas, pueden ver a Jesús obrando. Las mentiras del enemigo se eliminan y pueden experimentar el amor, la gracia y la presencia de Dios de primera mano.

En comunidad, la gente encontrará el amor en acción. Es difícil ver el amor con un telescopio. Es mejor observarlo de cerca y en persona. Cuando invitamos a personas perdidas a la comunidad, pueden ver cómo los evangélicos se aman unos a otros, y esto envía un mensaje poderoso.

Jesús lo expresó de esta manera: "Les doy un mandamiento nuevo: ámense los unos a los otros. Así como yo los he amado, ámense también ustedes los unos a los otros. En esto todos reconocerán que ustedes son mis discípulos: en el amor que se tengan los unos a los otros" (Juan 13, 34-35).

Pregúntate: "Si invito a un amigo no creyente a mi vida, mi hogar o mi iglesia, ¿se sorprenderá del amor que ven entre los evangélicos?".

Este es uno de los aspectos más importantes de nuestro testimonio al mundo. Se nos llama para que amemos a los creyentes que Dios pone en nuestras vidas. Tómate un tiempo para expresar tu cariño a quienes viven en tu hogar. Sed una iglesia que rebosa bondad y en la que se preocupan unos por otros. Ama a los creyentes que son parte de otras comunidades cristianas en tu ciudad y habla sobre lo que significan para ti. Son familia. El mundo necesita ver cómo nos amamos los unos a los otros. Entonces sabrán que somos evangélicos.

En comunidad, la gente verá el perdón en acción. Una de las cosas más contraculturales que puede hacer un evangélico es extender el perdón. Cuando invitamos a los buscadores espirituales a la comunidad, consiguen un asiento en primera fila en la vida de los perdonados y perdonadores. El apóstol Pablo llamó al pueblo de Jesús a un estilo de vida de gracia y misericordia. "Sean mutuamente buenos y compasivos, perdonándose los unos a los otros como Dios los ha perdonado en Cristo" (Ef. 4, 32). Cuando los no creyentes se involucran en una comunidad de personas que perdonan libre y constantemente, ven la presencia y el poder de Jesús en acción.

Pregúntate: "¿Estoy comprometido con el perdón a un nivel tan profundo que se nota? ¿O soy rápido para juzgar y lento para dejar ir las heridas?". Los evangélicos son una comunidad de personas perdonadas radical y divinamente. ¡Somos lavados, amados y limpiados! Nuestra respuesta reflexiva debe ser gracia y perdón. Si no es así, debemos pasar algún tiempo al pie de la cruz, mirando el rostro de nuestro Salvador, que gritó: "Padre, perdónalos, porque no saben lo que hacen" (Lucas 23, 34). Crea una comunidad de perdón e invita a que la gente vea lo que ofrece Jesús.

En comunidad, la gente verá la unidad en la diversidad. Es fácil mirar nuestro mundo y sentir que la polarización y la división son lo peor que jamás haya existido. Si pudiéramos remontarnos al siglo primero, cuando Jesús caminó sobre este planeta, encontraríamos una época en la que el conflicto humano era profundo y demoníaco a muchos niveles. El abismo entre judíos y gentiles era mayor que el Gran Cañón. Los esclavos y las personas libres vivían en mundos diferentes. Hombres y mujeres sintieron que la brecha del género se hacía cada vez más amplia. En esta situación conflictiva, Jesús vino a destruir "el muro de enemistad que los separaba" (Efesios 2, 14).

Inspirado por el Espíritu Santo de la paz, el apóstol Pablo escribió estas palabras: "Porque todos ustedes son hijos de Dios por la fe en Cristo Jesús, ya que todos ustedes, que fueron bautizados en Cristo, han sido revestidos de Cristo. Por lo tanto, ya no hay judío ni pagano, esclavo ni hombre libre, varón ni mujer, porque todos ustedes no son más que uno en Cristo Jesús" (Gal. 3, 26-28).

Tres de las mayores divisiones en el mundo antiguo, como se menciona en este pasaje, fueron derribadas y eliminadas por Jesús. De todos los lugares del mundo, la iglesia y la comunidad cristiana deberían ser un modelo de personas de todos los ámbitos de la vida que viven en unidad. Nuestras iglesias deberían parecerse a nuestra comunidad, en toda su diversa belleza.

Mira tu vida, tu hogar y tu iglesia. ¿Qué puedes hacer para crear unidad en medio de un mundo en conflicto? ¿Cómo puedes colaborar con Jesús para derribar muros? ¿Cómo puedes asegurarte de que todos sepan que son bienvenidos porque lo son? ¿Qué palabras puedes decir? ¿A quién puedes amar? ¿Dónde tienes que arrepentirte? Cuando buscamos caminar en unidad, incluso con diferencias profundas, creamos una atmósfera donde el evangelio cobra vida y la gente ve la presencia del Salvador.

En comunidad, las personas verán el servicio colaborativo.

¿Dónde verás a los directores ejecutivos ayudar a colocar las sillas o dando clases gratis a niños? ¡En la iglesia! ¿Dónde encontrarás grupos de personas que trabajan juntas para alcanzar una causa común en una ciudad o pueblo? Cualquier lugar en el que las iglesias hayan aprendido a servir juntas en el nombre de Jesús. Hace algunos años, un grupo de iglesias cristianas de todo el condado de Monterrey decidió unirse para servir a la comunidad. Establecieron un movimiento llamado Love Our Central Coast.

En diferentes momentos del año, estas congregaciones trabajan unidas en el nombre de las escuelas públicas, agencias gubernamentales, departamento de parques, empresas y cualquier persona que necesite algo de ayuda. Estos seguidores de Jesús no solo trabajan juntos, sino que se asocian con personas de la comunidad para amar y servir a los necesitados.

Imagina un equipo de limpieza del parque formado por bomberos, niños de la comunidad que juegan en ese parque, adolescentes curiosos que se acercan para ver qué ocurre y un grupo de seguidores de Jesús de diferentes iglesias de la comunidad. Juntos examinan cada metro cuadrado de arena y eliminan todos los cristales rotos, objetos metálicos afilados y basura de todo tipo. Se pintan los columpios, los toboganes y el equipamiento de juego con nuevas capas de pintura. Se arreglan los bancos rotos. Se crean amistades. Estalla la risa y surgen conversaciones a medida que las personas trabajan unidas. Quienes viven en esa comunidad preguntan: "¿Por qué estáis aquí limpiando nuestro parque?", "¿Os pagan por hacer esto?", "¿De dónde sois?". Cada pregunta es un conducto para historias del amor, la presencia y la gracia de Dios.

En comunidad, la gente verá la presencia y el poder del Espíritu Santo. La mayoría de los no creyentes no tienen ni idea de que Dios está presente y realmente obrando en la vida de las personas. Cuando los invitamos a la comunidad, podemos compartir lo que Dios está haciendo. Nuestras historias de testimonio muestran las acciones del Espíritu Santo en la vida de la gente común. Imagina a un ateo o a un agnóstico que escucha historias sobre vidas, familias y matrimonios que han sido curadas con un toque del Espíritu. ¿Cómo responderán cuando los evangélicos hablen de la oración respondida? Los evangélicos tienen historias que contar sobre recibir indicaciones, esperanza en tiempos difíciles, significado en el vacío de la vida y objetivos que los hacen levantarse cada mañana. No podemos compartir estos relatos de la obra de Dios desde lejos. Necesitamos estar cerca, en comunidad.[31]

La gente perdida anhela más cosas. Están hechos para la comunidad y tenemos lo que sus corazones anhelan. Jesús nos llama a vivir en una comunidad coherente y a invitar a la gente a unirse a nosotros. Pueden ser amistades personales, una invitación a nuestros hogares o conexiones en la vida de la iglesia. Cuando las personas espiritualmente curiosas se involucran en la comunidad del pueblo de Dios pueden ver, escuchar y experimentar la presencia del Señor de Gloria resucitado.

PARTE 7

Evangelismo Orgánico

Ama como yo te he amado

El primero en acercarse es siempre Dios. Tanto amó al mundo que dio a su único Hijo. Cuando Jesús caminó sobre esta tierra, extendió su gracia a todas las personas que conoció. Los que seguimos a Jesús debemos amar a las personas como él lo hizo. Cada discípulo lleva las mejores noticias de la historia de la humanidad. Se nos llama a compartir el amor y el evangelio de Jesús con libertad, en el poder del Espíritu. Al asociarnos con el Salvador, él atrae a las personas hacia él y solo él recibe la gloria.

CAPÍTULO 22

El evangelista de todos los evangelistas

Jesús tenía una misión clara

Muchas organizaciones pueden identificarse con unas pocas palabras o una frase corta. Las imágenes te vienen a la mente cuando escuchas un eslogan o un dicho. "Just Do It!" "The Happiest Place on Earth." "Semper Fi." "Think Different." "The Quicker Picker Upper." "I'm Lovin' It." "Pollo, pollo" "Busca y salva lo perdido." ¿Cuántos de estos puedes identificar? Aquí tienes una pista rápida: Nike®, Disney®, US Marine Corps®, Apple®, Bounty®, McDonald's®, KFC®. ¿Pero puedes identificar el ejemplo final? No es una corporación ni una organización sin ánimo de lucro moderna. Es la declaración de misión de Jesucristo.

Después de que Jesús entró en el hogar y la vida del recaudador de impuestos Zaqueo, este extorsionista se transformó. Su corazón y sus acciones cambiaron cuando quedó bajo el señorío de Jesús. En respuesta, nuestro Salvador dijo estas palabras: "Hoy ha llegado la salvación a esta casa" (Lucas 19, 9). Entonces Jesús hizo una poderosa declaración sobre sí mismo. Con frecuencia, cuando nuestro Señor se refería a sí mismo, usaba el título de Hijo del Hombre. En este caso, Jesús fue tajante cuando dijo: "El Hijo del Hombre vino a buscar y a salvar lo que estaba perdido" (Lucas 19, 10).

Esta era la misión de nuestro Señor. Todo lo demás parecía conectarse con esta vocación y pasión. Desde el principio, cuando Adán y Eva se rebelaron fueron esclavizados por su pecado, el Hijo de Dios se comprometió a salvar a la humanidad enferma por el pecado. Por eso el Verbo se hizo carne y caminó entre nosotros (Juan 1, 14). Los mensajeros angelicales lo sabían y declararon que la misión de Jesús era ser nuestro Salvador (Lucas 2, 8-12). Para los profetas antiguos y para los que presenciaron al bebé acostado en el pesebre, estaba claro que el que vino tenía la misión de salvar a los perdidos. Después de una vida de espera, Simeón fue al patio del templo en el momento exacto en que José y María llegaron con su hijo. Simeón sostuvo al niño Jesús en sus brazos y dijo estas palabras:

"Ahora, Señor, puedes dejar, que tu servidor muera en paz,
como lo has prometido, porque
mis ojos han visto la salvación
que preparaste delante de todos los pueblos: luz para
iluminar a las naciones paganas
y la gloria de tu pueblo Israel."

—Lucas 2,29–32

¿Quién era este Jesús?

A lo largo de los Evangelios, Jesús dijo quién era. Otros agregaron sus voces y se convirtieron en un coro de testigos que proclamaban que el Rey Salvador había venido. Muchos de los nombres y descripciones aclararon la misión y el plan de Jesús para el mundo. Los que nos llamamos discípulos necesitamos saber exactamente quién era él. Cuando lo hacemos, tenemos claridad sobre a quién servimos y cómo quiere que vivamos.

El Mesías. Mucha gente en el primer siglo estaba esperando la llegada del Mesías, aquel que los salvaría. La gente esperaba la llegada del Ungido, su Salvador, pero algunos esperaban un conquistador político y militar. Otros pensaban que traería la libertad religiosa. Nadie se dio cuenta de la gloria, el poder y la victoria absoluta que Jesús, el Mesías, obtendría a través de su vida, muerte y resurrección.

En medio de la conversación teológica de Jesús con una mujer samaritana, registrada en el Evangelio de Juan, la mujer tocó este tema. Ella le explicó a Jesús (imagina la ironía) que estaba segura de que el Mesías vendría algún día. Ella le dijo que el Mesías aclararía todos los malentendidos. Jesús respondió con una claridad inquebrantable: "Soy yo, el que habla contigo" (Juan 4, 26). Nuestro Señor no podría haber sido más claro. Jesús es el Mesías, nuestro Mesías, y la salvación ha llegado. La liberación está aquí.

El Pan del Cielo. En el Antiguo Testamento, Dios dio maná, pan del cielo, para sostener a su pueblo y revelar su gloria, provisión y amor (Éxodo 16). Cuando Jesús habló a sus seguidores, les dijo que él era pan celestial y que participar de él los llevaría a la vida eterna (Juan 6, 48-58). Con audacia y precisión, Jesús declaró que aquellos que se deleitan con él, vivirán para siempre.

El Agua Viva. Todos sabemos que la comida y el agua son esenciales para la vida. Corta el suministro de cualquiera de los dos el tiempo suficiente e incluso las personas más fuertes se debilitarán y finalmente morirán. Jesús se puso de pie el último día de una fiesta en Jerusalén y alzó la voz: "El que tenga sed, venga a mí y beba" (Juan 7, 37). Prometió no solo que él saciaría su sed, sino que estarían tan llenos que se desbordarían con ríos y agua viva. ¿Qué estaba diciendo Jesús? En una tierra desértica donde el agua era esencial para mantenerse con vida, estaba señalándose como fuente de tanto refrigerio y vida que tendrían más que suficiente.

La Luz del Mundo. En un mundo de oscuridad, tenemos una luz. Su nombre es Jesús. No tenemos que vivir con miedo. Podemos decirles a los demás que hay una luz que puede iluminar su camino. En el Evangelio de Juan, vemos una conexión directa entre recibir la luz de Jesús, creer en su nombre y convertirse en parte de la familia de Dios (Juan 1, 12-13).

Nosotros, que caminamos en su luz, también iluminamos esa luz allá donde vayamos.

El Cordero de Dios. Cuando Juan el Bautista vio a Jesús, su respuesta fue: "Este es el Cordero de Dios" (Juan 1, 29). Pero no se detuvo ahí. Juan añadió: "Que quita el pecado del mundo". Las personas que escucharon estas palabras se habrían imaginado exactamente lo que Juan quiso decir. Es nuestras mentes hoy, imaginamos un cordero bonito y esponjoso, quizás como el que verías en un libro bíblico para niños, saltando por un hermoso prado. Si haces una búsqueda de imágenes en Google para "Cordero pascual", verás que la mayoría de las imágenes son sosas y suavizadas.

Pero ¿qué le habría venido a la mente al individuo medio en las calles en la época de Jesús y Juan el Bautista? Probablemente un recuerdo de un cordero de Pascua sacrificado. Habrían pensado en la sangre de un cordero matado como recordatorio de la protección y salvación de Dios de la esclavitud en Egipto. Habrían reconocido que Juan estaba señalando a Jesús y diciendo: "Este morirá por nuestros pecados, como un sacrificio por nosotros".

El Buen Pastor. Podría parecer extraño escuchar que Juan el Bautista llamó a Jesús Cordero de Dios y, luego, Jesús se llamó a sí mismo el Buen Pastor. A primera vista, podría parecer confuso: ¿es Jesús pastor o cordero? la respuesta es ¡ambos! Ambas son bonitas imágenes de palabras que se dan para ayudar a nuestras mentes limitadas a comprender la inmensidad de su gloria. Jesús no solo murió como un cordero de sacrificio, sino que también protege como pastor amoroso.

Jesús dijo: "Yo soy el buen Pastor. El buen Pastor da su vida por la ovejas" (Juan 10, 11). Es una imagen de amor y de protección diligente. Es una visión del cuidado pastoral y una promesa del máximo sacrificio. Podemos vivir con la confianza siempre presente de que nuestro Buen Pastor nos ama tanto que morirá para protegernos. En ambas imágenes de palabras, Jesús como pastor y Jesús como cordero, el final es el mismo: nosotros estamos vivos porque él dio su vida. ¡Toda alabanza a Jesús por su indescriptible gracia!

La Puerta. Demos otro paso hacia el mundo de los pastores y las ovejas. En la época de Jesús, proteger a las ovejas de ser devoradas, robadas o perdidas era un trabajo a tiempo completo.

Mucha gente estaba en el negocio del cuidado de las ovejas. Todos sabían que una de las mejores formas de evitar que las ovejas se perdieran, fueran devoradas o robadas era acorralarlas y cerrar la puerta. Una puerta segura, disuadía a los depredadores, a los ladrones y a los asaltantes.

De nuevo, Jesús llega hasta su cultura y entendimiento común y hace una comparación: "Les aseguro que yo soy la puerta de las ovejas" (Juan 10, 7-10). Dice: "El que entre por mí, se salvará". Céntrese en esta poderosa imagen. Él es la puerta protectora que se abre e invita a las personas (ovejas) a entrar en su lugar de protección y vida.

La Resurrección y la Vida. Si haces una lectura reflexiva de los cuatro evangelios, verás muchos más nombres para Jesús. Muchos de ellos se relacionan con su poder salvador y amor. Para nuestro estudio aquí, solo veremos un título descriptivo más de Jesús. Se llamó a sí mismo "la Resurrección y la Vida" (Juan 11, 25). Hizo esta declaración justo antes de sacar a Lázaro de la tumba después de que Lázaro llevara enterrado cuatro días (Juan, 38-44). Los que caminamos con Jesús, conocemos al que resucitó de la tumba y que promete resucitarnos con él. También sabemos que nuestro Salvador tiene el poder de levantar a todos los que depositan su fe en él.

¿Qué hay en un nombre? ¿Estos títulos realmente importan en nuestras vidas? En el mundo antiguo, los nombres y los títulos importaban, y todavía importan hoy. Al pensar en compartir el mensaje y las buenas nuevas de Jesús, recuerda que él es el Mesías, el Pan del Cielo, el Agua Viva, la Luz del Mundo, el Cordero de Dios, el Buen Pastor, la Puerta y la Resurrección y la Vida. Nosotros, que conocemos sus nombres salvadores, deberíamos compartirlos con los demás.

¿Por qué vino Jesús?

Al igual que el *quién* importa, también importa el *por qué*. Nos hemos tomado el tiempo de aclarar quién es Jesús. Ahora nos centramos en la pregunta "¿por qué vino?". Ese *por qué* se conecta con un *quién*. A lo largo de los Evangelios, Jesús y otros revelan el motivo por el que vino. Aunque hubo muchas razones para la encarnación, lo realmente importante es un quién. ¡Y ese quién eres tú!

Por supuesto, no se trata solo de ti. Jesús vino por todos los que creyeran y recibieran su gracia. Pero el Señor de la Gloria, que se despojó de sí mismo para venir como uno de nosotros, lo hizo por la gente. Por sus seres queridos. Por ti.

Jesús vino a revelar el amor y la gracias de Dios. Como evangélicos trinitarios, entendemos que el Padre, el Hijo y el Espíritu están unidos en el ser. Esto significa que el amor que vemos en Jesús es un reflejo perfecto de nuestro Padre celestial. En él, posiblemente, más familiar pasaje de la Biblia, Juan 3, 16, se nos recuerda que el iniciador del plan de salvación es Dios Padre. "Dios amó tanto al mundo, que entregó a su Hijo único para que todo el que cree en él no muera, sino que tenga Vida eterna". ¿Por qué vino Jesús? ¡Dios nos ama!

Jesús vino a predicar y traer las buenas nuevas del reino. Jesús era un rey, y allá donde fuera, su reino estaba allí. Cuando vino a nuestro mundo, su reino, de alguna forma, vino con él. Jesús predicó sobre su reino una y otra vez (Mt. 4, 17; 6, 33; 19, 14;

Marcos 1, 15; Lucas 12, 32; Juan 3, 3). Muchas de sus parábolas se centraban en su reino. Gran parte de su predicación se centraba en las buenas nuevas del reino que estaba trayendo.

Justo después de que Jesús fuera tentado por el diablo en el desierto, fue a la ciudad de Nazaret, donde se había criado. El sábado, Jesús fue a la sinagoga. Cuando se puso de pie para leer las Escrituras, le entregaron el rollo de Isaías. Jesús ojeó el texto hasta que encontró el lugar en el que estaban escritas estas palabras:

> "El Espíritu del Señor está sobre mí,
> Él me envió a llevar
> la Buena Noticia a los pobres,
>
> a anunciar la liberación a los cautivos y la vista a los ciegos,
> a dar libertad a los oprimidos,
> y proclamar un año de gracia del Señor".
> —Lucas 4,18–19

Buenas noticias para los pobres, libertad para los presos, vista para los ciegos, libertar para los oprimidos y el favor de Dios. Esto da una idea del tipo de reino que vino a traer Jesús.

Jesús vino a llamar a la gente al arrepentimiento. Nuestro Señor se deleita en derramar bendiciones más allá de nuestra comprensión. Sin embargo, nunca mirará para otro lado ni ignorará nuestro pecado. Jesús no barre nuestra rebelión y la mete debajo de la alfombra celestial y actúa como si no hubiésemos caído. Como padre amoroso, confronta nuestros errores y nos llama a apartarnos de ellos. Ofrece un nuevo camino de vida, salud y alegría. Tenemos que decidir si aceptamos su invitación y caminamos en sus caminos. Al final del primer sermón de Jesús después de su tentación en el desierto leemos que comenzó a predicar: "Arrepentíos, porque el Reino de los Cielos está cerca" (Mt. 4, 17). Cuando un padre amoroso ve a su hijo corriendo hacia una calle abarrotada de gente, grita: "¡Para!". Cuando un Dios amoroso ve a su amados hijos destruyendo sus hijos y la eternidad en el pozo negro del pecado, grita: "¡Arrepentíos! ¡Volved! ¡Seguid mis pasos!".

Jesús vino a salvar a los pecadores. Jesús no vino por la gente pura, prístina y perfecta de este mundo (por cierto, ¡no existen esas personas!). Nuestro Señor vino por las personas normales pecadoras, rebeldes, atrapadas, desesperadas y amargadas como tú y como yo. El apóstol Pablo declaró enfáticamente que "todos han pecado y están privados de la gloria de Dios" (Rom. 3, 23). Y como han dicho muchas personas antes de nosotros, "Todo significa todo, o no significa nada en absoluto". Todo ser humano que camina por este mundo, excepto Jesús, ha sido infectado por el virus del pecado.

Una reseña informal de las personas a las que Jesús se acercó amó y perdonó deja claro que vino por todos los que lo recibirán. ¡Recaudadores de impuestos y pecadores, sois bienvenidos! (Mt. 9, 9-13).

¡Pecadores y desanimados, poneos de pie, caminad y sed perdonados! (Lucas 5, 17-26) ¡Mujer pecadora expulsada de la agradable sociedad, acércate y queda limpia de tu sórdido pasado! (Lucas 7, 36-50). ¡Mujer con cinco matrimonios fallidos que vives con otro hombre, ven y adórame, aquí y ahora! (Juan 4, 1-26) Mírate en el espejo: Jesús ama a ese pecador.

Piensa en amigos y familiares que tengan un corazón duro y que estén lejos del Salvador, ¡Jesús también vino por ellos!

Jesús vino a sufrir y a morir. Los profetas revelaron la verdad mucho antes de que el Hijo de Dios se encarnada. Sería quebrantado, traspasado y aplastado y nuestras iniquidades se amontonarían sobre él (Is. 53, 4-6). Nuestro amable Salvador y el que más nos ama vino a ofrecerse como un sacrificio definitivo por nuestros pecados. Cada vez que participamos de la comunión, recordamos esta realidad espiritual. El cáliz se derrama como señal de su sangre derramada. Desde el lugar de su flagelación, a través de las calles de Jerusalén, hasta la colina llamada Calvario, y en la cruz, Jesús derramó su vida por nosotros. El pago fue suficiente por todos nuestros errores. El pan de comunión nos recuerda su cuerpo golpeado, perforado y desfigurado para que pudiera volver a unir las piezas de nuestras vidas. Su vida por las nuestra. Un sacrificio infinito, ofrecido por un Salvador infinito, para cubrir nuestras ofensas contra un Dios infinito.

Jesús vino a conquistar el pecado, la muerte, el infierno y al enemigo. La resurrección es el signo de exclamación divino después de la crucifixión. Todo lo que Jesús prometió fue autentificado cuando se levantó y salió de la tumba. "¿Dónde está, muerte, tu victoria? ¿Dónde está tu aguijón?" (1 Cor. 15, 55). En Jesucristo, y mediante su resurrección, ¡la muerte está muerta! El enemigo ha sido derrotado. El aguijón del pecado se ha ido. Clamamos con el apóstol: "Demos gracias a Dios, que nos ha dado la victoria por nuestro Señor Jesucristo" (1 Cor. 15, 57). La resurrección de Jesús lo cambia todo.

Jesús vino a llamar a los discípulos. En Cristo, la salvación es nuestra, el poder del pecado se ha roto y el cielo es nuestro hogar. ¡Toda alabanza a Dios! Pero la historia no termina ahí. Jesús vino a construir su iglesia, a formar una familia y a traer su luz al mundo. Esto ocurre cuando escuchamos la llamada de Jesús: "El que quiera venir detrás de mí, que renuncie a sí mismo, que cargue con su cruz y me siga. Porque el que quiera salvar su vida, la perderá; y el que pierda su vida a causa de mí, la encontrará" (Mt. 16, 24-25). La salvación llega cuando aceptamos el regalo de la gracia ofrecido por Jesús a través de su sacrificio en la cruz. La santificación es un viaje que dura toda la vida con Jesús, entregándonos a su voluntad en cada momento del día.

Si vamos a unirnos a Jesús en su misión de buscar y salvar a los perdidos de este mundo, primero debemos confesar nuestros pecados y recibir su gracias. ¡Jesús se convierte en nuestro Salvador! Luego tomamos su mano, seguimos sus caminos, obedecemos su Palabra y crecemos para parecernos más a él. Se convierte en nuestro Señor.

CAPÍTULO 23

Palmas sudadas y boca seca: enfrentarse al miedo

Dan y Sheila aman a Jesús. Creen en la Biblia y oran con regularidad por sus amigos y vecinos que todavía no han sido salvados por la gracia de Dios. Uno de sus mayores deseos es que las personas lleguen a la fe de Jesús. Una de sus alegrías más profundas se da cuando los miembros de su familia y sus amigos finalmente reciben la gracia de Dios y regresan a casa a través de la fe en el Salvador.

Sheila es audaz, verbal y tiene conversaciones espirituales con los no creyentes con frecuencia y de forma natural. Dan se toma en serio su fe y vive de acuerdo a ella. Al mismo tiempo, hablar sobre lo que cree y entablar conversaciones sobre Jesús lo ponen nervioso.

Después de un servicio religioso en el que el tema era compartir la fe con los demás, Dan y Sheila se sentaron para comer y hablar del sermón. Sheila dijo: "Dan, sé lo profunda que es tu fe. Sé que crees en el evangelio. Puedo ver cuánto amas a las personas y cómo quieres que conozcan a

Jesús. Después del sermón de hoy, ¿te sientes preparado para hablar más sobre tu fe?"

Dan pensó un momento y contestó: "Estoy preparado. Me siento equipado, preparado y comprometido para participar en conversaciones reflexivas sobre Jesús". Continuó: "Pero cada vez que estoy a punto de contar mi historia de venir a Jesús o de preguntarle a alguien sobre su viaje de fe, ocurre algo. Cada vez que siento que el Espíritu Santo me empuja a hablar sobre Jesús o a compartir el evangelio, la boca se me seca como algodón y me sudan las palmas".

Sheila tuvo en cuenta el dilema de Dan y, a continuación, una gran sonrisa iluminó su rostro. "¡Tengo una solución! Cuando se te seque la boca y te suden las manos, lame tus manos y empieza a hablar de Jesús".[32]

La verdad que casi todo el mundo se pone nervioso cuando llega el momento de abrir la boca y hablar sobre la fe. Varias encuestas y estudios revelan que entre el uno y el tres por ciento de los evangélicos están dotados para la evangelización. Si haces cálculos, del 97 al 99 por ciento de los evangélicos siente algún tipo de miedo, nerviosismo o precaución a la hora de tener conversaciones espirituales o compartir el mensaje de Jesús.

Jesús llamó a sus seguidores a compartir sus buenas nuevas

Dios nos creó y nos conoce mejor de lo que nos conocemos a nosotros mismos. Podemos confiar en él. Los evangélicos están llamados a ser como nuestro Salvador: llevamos su nombre. Debemos seguir su ejemplo y responder a su llamada en nuestras vidas. Jesús envió a sus discípulos a compartir el mensaje de su gracia y ejemplificar el poder y la presencia de Dios en este mundo. Los doce apóstoles fueron enviados a proclamar el reino de Dios y a compartir las buenas nuevas (Lucas 9, 1-9). Cuando nuestro Salvador envió a setenta y dos de sus seguidores, dijo que "la cosecha es abundante, pero los trabajadores son pocos" (Lucas 10, 2). Antes de despedirlos, Jesús los "consoló" con estas palabras: "Yo los envío como a ovejas en medio de lobos" (Lucas 10, 3). ¡Habla sobre el potencial de tener la boca seca y las palmas sudadas! Jesús sabe que la misión es peligrosa, costosa, temerosa, pero aun así nos envía.

Jesús pintó imágenes poderosas de quiénes somos

El mundo intenta definir quiénes somos y el enemigo de nuestras almas quiere sembrar mentiras y engaños. Jesús contrarrestó esto pintando imágenes que se fijarán en nuestras mentes y que calmarán nuestras almas. Mientras creces en tu compromiso de seguir a Jesús en su gran misión, recuerda quién eres.

Eres un pescador de personas. Los primeros discípulos escucharon la llamada, y nosotros también. Los seguidores de Jesús están en las aguas de este mundo con el objetivo de ver a las personas atrapadas en el amor, gracias y gloria de Dios (Mt. 4, 18-22; Marcos 1, 16-20). Podemos pasar nuestros días haciendo todo lo posible para descubrir cómo responderá la gente a la invitación que Jesús propone a todas las personas perdidas. Si rechazan lo que se ofrece, no renunciaremos. Hacemos nuevas preguntas, compartimos historias frescas de la gracia de Dios y oramos por nuevas oportunidades para tener conversaciones espirituales.[33]

Ofreces agua viva. Vivimos en un mundo lleno de gente que se muere de sed. Cuando alguien está tan sediento que no puede soportarlo más, beberá casi cualquier cosa. La gente se traga los asquerosos "refrescos" que ofrece el mundo y ni siquiera se da cuenta de que los están matando. Jesús ofrece agua viva, pura y limpia. Aquí está la pasmosa verdad: el agua de Jesús fluye a través de ti (Juan 4, 13-14). Cuando se convirtió en tu Salvador y líder, tu sed espiritual quedó saciada. Además de eso, te convertiste en un conducto de su agua viva. Deléitate de ser una fuente rebosante del refresco que solo Jesús puede ofrecer.

Eres luz en este mundo. La luna refleja la luz del sol. En una noche oscura, hay momentos en los que es tan brillante, que podemos caminar con seguridad sin linterna. Jesús es la Luz del Mundo. Él nos llena y refleja tanto que su luz puede verse en nuestro mundo oscuro. Jesús dijo que su luz puede brillar tanto a través de nosotros que el mundo verá y dará gloria a Dios en el cielo (Mt. 5, 14-16).

Cuando piensas en ti mismo, no creas las mentiras del enemigo. Recuerda que Jesús dijo: "Vosotros sois la luz del mundo".

Tú eres la sal de la tierra. ¡La sal provoca sed! Es por eso que los restaurantes dan palomitas de maíz, nueces y patatas fritas "gratis". Estos aperitivos son una forma sigilosa de introducir sal en la boca. El objetivo es provocar sed para que compres bebidas. Jesús es el Agua Viva y cuando sus discípulos están en el mundo, crean sed de Jesús. Nuestro Señor dijo: "Ustedes son la sal de la tierra" (Mt. 5, 13). A medida que vivas tu fe con transparencia y felicidad, otros tendrán sed del refresco que solo se puede encontrar en Jesús.

¿Quién soy? Haz esa pregunta con valentía. Luego deja que Jesús la responda. Eres un pescador de personas, un conducto de agua viva, la luz del mundo y la sal de la tierra. ¡Nunca lo olvides!

¡Puedo hacerlo!

Jesús no solo afirmó quiénes somos como sus discípulos, sino que también dio una indicación convincente para lo que estamos llamados a hacer. Cuando se trata del evangelio y de ayudar a las personas perdidas de maneras naturales, Jesús lo dejó claro. Hay algunas cosas que todos podemos hacer.

Tenemos que esparcir la semilla del evangelio. Jesús compartió una parábola para ayudarnos a comprender nuestro papel como sembradores de semillas (Mt. 13, 1-23). Lo fascinante es que el sembrador de esta historia no era como ningún agricultor de la época de Jesús. La semilla era algo caro y valioso. Era plantada de manera estratégica y cuidadosa. ¡Sin embargo este granjero esparció las semillas por todas partes! Terreno lleno de maleza: esparce unas cuantas semillas. Caminos estrechos: esparce. Lugares rocosos: echa unas cuantas semillas. Buen suelo: tira semillas.

¿Por qué daría Jesús esta extraña historia como un ejemplo de cómo compartir las buenas nuevas del reino? Porque no somos lo suficientemente inteligentes como para decidir cuál es el suelo correcto o el momento perfecto. Jesús quita esos obstáculos. Nos llama a esparcir la semilla del evangelio en todos los lugares a los que vayamos, siempre, sin importar las condiciones del suelo. Esto acaba con nuestra necesidad de averiguar cuándo debemos esparcir la semilla. ¡Siempre es el momento adecuado!

Debemos unirnos a Jesús en la búsqueda de la oveja perdida. Jesús contó otra parábola que nos ayuda a ver cómo un discípulo lo sigue a la práctica de la divulgación orgánica (evangelismo). Dios desea que nadie perezca. Estamos llamados a identificar las ovejas errantes. Esta es cualquier persona que todavía no haya abrazado a Jesús como su Salvador y líder. Debemos ver a estas personas errantes y unirnos a Jesús en su misión de encontrarlas con su amor (Mt. 18, 10-14). Haz una lista de las ovejas perdidas que conozcas y ora pidiendo valor para asociarte con el Buen Pastor en su búsqueda.

Debemos amar a nuestro prójimo. Primero nos llaman a amar a Dios con todo lo que tenemos y somos. A continuación, Jesús dejó en claro que amar a las personas como queremos ser amados debe ser de suma importancia para un discípulo (Mt. 22, 39). La divulgación orgánica se basa en la seguridad de que Dios ama a toda oveja descarriada. Una vez que nuestro Pastor nos encuentra, aprendemos a amar a las personas como él. Haz una pausa para invitar al Espíritu Santo a hacer crecer tu amor por las personas de tu vida que están lejos de Jesús. Incluso las personas difíciles, reticentes y hostiles.

Pregúntate: "¿Puedo aprender a esparcir la semilla del evangelio como un estilo de vida? ¿Estoy dispuesto a ver a las personas como ovejas perdidas, solitarias y amadas, como lo hace Jesús? ¿Tendré el valor de amar a mis prójimos, incluso cuando actúen de manera desafortunada?". Estas son cosas que todo evangélico puede hacer mientras caminamos en el poder y la indicación del Espíritu.

Formas prácticas de lamerse las palmas (sin lamerlas realmente)

Podemos saber quiénes somos en Cristo e identificar lo que quiere que hagamos y, aun así, no actuar en la invitación de Jesús a convertir en discípulos a todas las personas. Lo que necesitamos es dar unos pasos sencillos para avanzar en el alegre viaje de compartir la fe.

Nombra y enfréntate a tus miedos. "No quiero quedar mal". "Me preocupa cometer errores y decir algo equivocado". "Esto me podría costar una amistad". "Los demás podrían rechazarme si hablo demasiado sobre mi amor por Jesús". La lista continúa. Una manera de avanzar a la hora de compartir nuestra fe es reconocer nuestros miedos. Si no lo hacemos, el diablo mentirá, hinchará nuestros miedos y nos paralizará. Cuando reconocemos nuestros miedos a los demás evangélicos, nos pueden dar perspectiva, compartir sabiduría y ofrecerse a ayudarnos con la valentía evangelista.

Acepta tus miedos. Durante la mayor parte de la historia, la gente ha sabido que escapar de los miedos no es buena idea. Ignorar o evitar el miedo no nos hace más maduros. La gente sabia agarra la mano de Dios y cumplen su voluntad, incluso si les da miedo.

Imagina el pueblo de Israel mientras estaba en la orilla del río Jordán mientras estaba en la fase de inundación (Josué 3). Dios les dio instrucciones explícitas. Los líderes debían entrar en el río crecido mientras cargaban el arca maciza y pesada de la alianza. Esto podría haber parecido una sentencia de muerte. Dios prometió detener las aguas después de que entraran, no antes. Si no sabes cómo termina la historia, léela. Te inspirará.

Comprueba tu teología. Algunos han adoptado una teología errada que vende un universalismo suave. Se consuelan con la falsa creencia de que todas las personas irán al cielo. Ignoran pasajes que confirman claramente a Jesús como único camino hacia la salvación (Juan 14, 6). Evitan la enseñanza bíblica sobre el infierno y el juicio. Si has caído en una teología comprometida que da la impresión de que Dios barrerá a cada persona al cielo, tómate un tiempo para leer alguna enseñanza bíblica que te moverá hacia fuera con el mensaje del amor, la verdad y gracia de Jesús.

Deja pasar la pelota. "No soy evangelista". "Sirvo a Jesús y a su iglesia de otras maneras". "Dejaré la divulgación a los más capaces". "Soy demasiado tímido y callado". Es fácil esperar que Dios use a alguien más para compartir las buenas nuevas de Jesús. El problema es que Dios nos ha colocado a cada uno de nosotros justo donde estamos. Tienes un viaje personal único hacia Jesús y con él. Tienes un carácter perfecto para llegar a determinadas personas. Tienes una llamada para ser sal y luz. Decide hoy. No pases más la pelota. Comprométete a participar en la misión épica de Dios de alcanzar la oveja perdida.

Consulta tu horario. Mira la próxima semana y el próximo mes de tu vida. Si tienes mucho tiempo para estar con amigos y familiares que no sean evangélicos, ¡genial! Si estás ocupado con las responsabilidades de la iglesia y todo tu tiempo lo dedicas a otros seguidores de Jesús, cancela algunas cosas. Asegúrate de tener tiempo todas las semanas para estar con las personas a las que Dios quiere llegar con su gracia. Luego ora para que tu tiempo con cada persona dé la oportunidad de que Dios aparezca y brille con su luz a través de ti.

Busca un mentor de divulgación orgánica. Tómate tu tiempo esta semana para identificar a alguien que conozcas que esté lejos de vivir el crecimiento de la divulgación orgánica. Pregúntale si agarraría tu mano, de manera formal o informal, y si te enseñaría lo que sabe sobre compartir el amor de Dios y el mensaje de Jesús. Mira a esa persona, aprende de ella y sigue su ejemplo. Si te atreves, invítala a orar contigo para tener la oportunidad de conectarte más estrechamente con los no creyentes. Haz que te mantengan responsable de seguir adelante mientras caminas con Jesús en su misión de buscar y salvar a los perdidos.

Cuenta el coste. Pídele a Dios que te ayude a ver que cualquier coste que tengas que pagar para compartir la verdad y gracia de Jesús ¡vale la pena! Jesús les dijo a sus seguidores que nadie que dejara a sus seres queridos y la seguridad de su ocupación por el bien del evangelio dejaría de recibir cien veces en esta vida y en la eternidad (Marcos 10, 29-32). Es difícil saber exactamente qué significa esto, pero está claro que Jesús quería que sus seguidores supieran que todo valdría la pena. Mientras Jesús se acercaba al final de su ministerio en esta tierra, les dijo a sus seguidores que el camino sería difícil. Él habló de persecución, prisión, confrontación política, traición de familiares y amigos e, incluso, martirio (Lucas 21, 5-28). También les prometió estar con ellos y les dijo: "Gracias a la constancia salvarán sus vidas" (Lucas 21, 19).

Todos tendremos momentos en los que se nos seque la boca o nos suden las manos. La llamada a compartir las buenas nuevas de Jesús siempre tiene un costo. Esto no debería sorprendernos: le costó la vida a nuestro Señor. Pero no hay mejor aventura, ni mayor llamada, ni felicidad más grande que ver a una oveja perdida regresar a casa con el Buen Pastor.

Desafío de las 4 generaciones (2-2-2)

En mi familia (Kevin), vi la belleza de la divulgación orgánica a través de cuatro generaciones de personas. Tres de esas generaciones eran hermanos. Por última vez, observa el poder de los evangélicos, qué se dan la mano y se toman en serio la llamada al discipulado. Cuando mi hermana Gretchen se convirtió en seguidora de Jesús, cambió. Por supuesto, aún era tímida, pero tenía una nueva valentía. oró por sus padres y hermanos. Intentó ser testigo de su fe y se convirtió en pescadora de personas, luz, sal y cañería del agua viva de Jesús. ¡Realmente lo hizo! Me invitó a su grupo de jóvenes una y otra vez, incluso cuando le di respuestas negativas duras y mezquinas. Gretchen siguió mostrándome el amor de Jesús. Me dio la mano incluso cuando la rechazaba y no me daba cuenta de lo que estaba pasando. Con el tiempo, su influencia, junto con algunos jóvenes piadosos que me presentó, dio sus frutos. Las semillas que esparcieron Gretchen y sus amigos echaron raíces. Me hice evangélico.

Inmediatamente, me uní a Gretchen en la búsqueda de agarrar las manos de nuestros otros hermanos y ayudarlos a llegar a Jesús. Nuestro hermano pequeño, Jason, se resistió mucho. Durante los siguientes años, rechazó nuestros esfuerzos con cada vez más argumentos intelectuales y hostilidad ocasional. Pero Gretchen y yo, junto con muchos otros, seguimos orando por Jason. Compartimos nuestra fe con él con tanta frecuencia como pudimos. Le dimos libros sobre apologética, compartimos música con un mensaje evangélico y extendimos muchas invitaciones a lugares donde se podía escuchar el evangelio y conocer algunas seguidores fantásticos de Jesús. Finalmente comenzó a salir con una joven cristiana llamada Mindy, y ella se unió a nosotros en el viaje de ayudar a Jason a aprender sobre Jesús y abrir su corazón al Salvador. Con el tiempo, por la gracia de Jesús y el poder del Espíritu Santo, Jason se convirtió al cristianismo.

Por supuesto, la historia no acaba ahí. Jason y Mindy tienen seis preciosos hijos. Están dándose la mano y compartiendo el amor y las buenas nuevas de Jesús. Ha sido un placer ver a Jason y a Mindy construir una vida y un hogar centrados en Jesús. No imponen (y no pueden imponer) la fe a ninguno de sus hijos. Pero son ejemplo de ello, la enseñan y oran fielmente para que cada uno de sus hijos llegue a amar y seguir a Jesús.

¿Puedes ver cómo las manos juntas en el discipulado pueden cambiar el mundo? Gretchen se me acercó (de hermano a hermano), yo me asocié con mucho otros para acercarme a Jason (de hermano a hermano), Jason y Mindy están estrechando fielmente las manos de cada uno de sus hijos y disimulándolos (de padres a hijos). Son cuatro generaciones de manos unidad en un discipulado orgánico.

CAPÍTULO 24

Lo que decimos que valoramos más, lo hacemos menos

En las últimas tres décadas, hemos tenido el honor de formar a los líderes de la iglesia en la divulgación orgánica. En todo Estados Unidos y en todo el mundo, la gente nos dice lo mismo. En nuestros viajes, formación y asociación con los líderes de la iglesia global, dos temas surgen continuamente.

1. "Creemos en el evangelio y queremos llegar a la gente y ver cómo vienen a la fe en Jesús". Esto es casi universal. Desde líderes confesionales en los Estados Unidos hasta líderes de movimientos en Nueva Zelanda, pastores en El Salvador y evangélicos apasionados en todo el mundo; el mensaje es el mismo. Creemos en la evangelización. Estamos comprometidos

con ella. Deseamos ver las buenas nuevas de Jesús transformar vidas ahora y por la eternidad.

2. "¡Simplemente no divulgamos muy bien!". En algunos casos, el mensaje es: "No evangelizamos en absoluto". Desde miembros individuales de la iglesia hasta pastores, pasando por líderes confesionales y globales, hemos perdido la cuenta del número de conversaciones desgarradoras que hemos tenido y la cantidad de confesiones que hemos escuchado. Los líderes nos dejan a un lado y admiten que en lo que más creen es también lo que menos hacen. Esto generalmente se aplica a sus vidas personales, así como a los ministerios que dirigen o sirven.

¿Cómo es posible que tantos seguidores files de Jesús no se involucren en compartir las buenas nuevas que los salvaron y cambiaron sus vidas? ¿Por qué tantas iglesias tienen una declaración de misión que manifiesta su compromiso con la evangelización, pero no la practican? ¿Cómo podemos tomar medidas para alinear nuestras acciones con nuestras creencias sobre la evangelización?

¡Este es el principal objetivo de este libro! El buen discipulado lleva a un estilo de vida de divulgación evangélica. Cunado miramos a Jesús y vemos cómo amaba las Escrituras, oraba con pasión, promovía la adoración, servía con humildad, daba con generosidad, nutría a la comunidad y llamaba a las personas a la fe, tenemos un modelo de vida cristiana. Luego, cuando nos involucramos en cada uno de estos aspectos del crecimiento espiritual, maduramos y llegamos a ser más como nuestro Salvador. A medida que esto ocurre, nos acercamos más, compartimos nuestra fe con más valor y hacemos espacio en nuestro día para relacionarnos con los que necesitan conocer la increíble gracia de Jesús.

Cuando Walt Bennett dejó el mundo de los negocios para convertirse en el director ejecutivo de Organic Outreach International, él y su mujer, Liz, se dieron cuenta de que necesitaban involucrarse en una divulgación más personal. Eran seguidores fieles y comprometidos de Jesús, pero su cada vez mayor discipulado no los estaba llevando a un estilo de vida de divulgación. Walt quería vivir lo que iba a liderar y Liz estaba emocionada por asociarse con su marido para explorar nuevas maneras de llegar allí donde vivían. Llevaban viviendo en su vecindario seis años y solo conocían a tres familias de las veintidós que vivían allí. La verdad era que no conocían a sus vecinos y no estaban teniendo un impacto espiritual en su vecindario. Walt y Liz entendieron que su llamada como evangélicos era más que ir a la iglesia, leer la Biblia y orar. Fueron llamados a alcanzar el lugar perdido donde Dios los colocó. Sabían que algo debía cambiar. Con esto en mente, y después de orar y conversar, Walt y Liz llamaron a la puerta de dieciocho de las veintidós casa que los rodeaban (las otras cuatro no estaban ocupadas porque los dueños venían solo estacionalmente). Invitaron a cada vecino a una barbacoa en su casa, explicando que llevaban viviendo en el vecindario seis años y que no conocían a casi nadie, y sospechaban que la mayoría de los demás estaban en la misma situación. Al menos una persona de cada una de las dieciocho casas se presentó el día del evento, Algunos de sus vecinos se estaban conociendo por primera vez a pesar de llevar viviendo en el mismo vecindario muchos años y, en un caso, ¡más de veinticinco años!

Este solo era el primer paso. Continuaron estableciendo el viernes de hogueras. Una o dos veces al mes, invitaban a todos a que pasaran por su casa, donde tenían una hoguera portátil al final de su camino de entrada con todo tipo de perritos calientes. Todo el mundo era bienvenido en cualquier momento entre las 17:30 y las 21:00. Durante los siguientes años, estas reuniones se convirtieron en el punto focal del vecindario y Walt y Liz forjaron relaciones profundas y duraderas con todos los que asistieron.

Cada una de estas relaciones se desarrolló de manera diferente, pero en cada una, Walt y Liz compartieron el amor de Cristo con sus vecinos a través de historias, ánimos y acciones. Walt fue capaz de animar a un marido a compartir a Jesús una última vez con su esposa, que estaba muriendo de cáncer. Este vecino vino a buscar a Walt dos semanas después para decirle que su mujer acababa de fallecer, pero sabía que la vería en el cielo. Walt tuvo el privilegio de presidir su servicio conmemorativo y, a petición suya, de compartir el evangelio con los que asistieron. Es asombroso lo que Dios puede hacer cuando buscamos relaciones auténticas y hacemos brillar la luz de Jesús de maneras orgánicas.

¡Acepta la llamada personalmente!

Todo evangélico, líder eclesiástico y ejecutivo confesional necesita escuchar la misión de Jesús como una llamada para él personalmente. Con demasiada frecuencia afirmamos el evangelio de Jesús en un sentido vago y general y nos sentimos convencidos de que los evangélicos deben participar de la evangelización. Lo que no conseguimos hacer es reconocer que Jesús nos llama a cada uno de nosotros a hacer brillar su luz, esparcir su semilla, ser la sal de la tierra y a poner nuestra fe en palabras que afirmen nuestras acciones. Observa lo que Jesús resucitado les dijo a sus seguidores justo antes de ascender al cielo: "Acercándose, Jesús les dijo: 'Yo he recibido todo el poder en el cielo y en la tierra. Vayan, y hagan que todos los pueblos sean mis discípulos, bautizándolos en el nombre del Padre y del Hijo y del Espíritu Santo, y enseñándoles a cumplir todo lo que yo les he mandado. Y yo estaré siempre con ustedes hasta el fin del mundo'" (Mt. 28, 18-20).

Fíjate cómo Jesús comienza y termina este Gran Encargo. Empieza donde deberíamos: centrándonos en su gloria y autoridad. Jesús tiene todo el poder y autoridad en la tierra y en el cielo. Acaba asegurándonos que estará con nosotros ahora y en la eternidad. Debemos reconocer lo que viene en medio de este encargo. Nosotros. Discípulos de Jesús.

Sí, Jesús tiene toda la autoridad. Absolutamente, él está siempre con nosotros. Seguros de estas dos cosas, debemos ir y hacer discípulos de todas las naciones. Tenemos que bautizar a los nuevos creyentes. Tenemos que enseñar todo lo que Jesús ordenó. Tenemos que ir en misión con Jesús y ser socios en el evangelismo y el discipulado.

Un camino al cielo, pero muchas formas de compartir el evangelio

Uno de los mayores obstáculos para los evangélicos que participan en la divulgación orgánica es la creencia equivocada de que solo hay una manera de evangelizar. La mayoría de los evangélicos que piensas de esta manera no se ven a sí mismos encajando en este molde estrecho.

¡Nada más lejos de la realidad! Solo hay un evangelio, un Salvador y un camino hacia el cielo. Pero hay innumerables formas de caminar con una persona hacia el Salvador. El propio Jesús fue un modelo poderoso de esta realidad.

En el Evangelio según San Juan, Jesús se encontró con dos personas totalmente diferentes en capítulos consecutivos. En el capítulo 3, el Señor pasa tiempo con un hombre llamado Nicodemo. En el capítulo siguiente, Jesús tiene una extensa conversación teológica con una mujer en un pozo. Estas dos personas vivían en mundos muy diferentes. Sin embargo, los dos pusieron su fe en Jesús y lo aceptaron con su Mesías.

Nicodemo era un hombre poderoso. Era judío. Sirvió en el tribunal supremo de Israel y era rico e influyente. Se le veía como justo y como un ejemplo de pureza religiosa. Se encontró con Jesús por la noche. La mujer del capítulo 4 del Evangelio según San Juan era una samaritana, sin poder, pobre, marginada y conocida por su estilo de vida pecaminoso. Se encontró con Jesús al calor del día. Estas dos personas no podían haber sido más diferentes.

Al leer sobre las intenciones de Jesús con estas dos personas espiritualmente hambrientas, queda claro que el Salvador no usó ninguna escritura religiosa memorizada. Claramente, no había recibido clases para "una fácil conversión en seis pasos". Cada conversación era tan única como las persona con la que hablaba. Nuestro Señor no se lanzó a un discurso, sino que entabló una conversación reflexiva. Los intereses y deseos de Nicodemo y de la mujer eran diferentes, pero lo que las conversaciones no fueron las mismas.

Lo que es importante que reconozcamos es que Jesús habló de fe con ambos. Cada conversación terminó revelando quién era Jesús y la necesidad de salvación. Tanto Nicodemo como la mujer encontraron a alguien que los escuchó. Jesús les permitió hacer sus preguntas, compartir sus necesidades y expresar sus anhelos. Deberíamos aprender a hacer lo mismo.

La divulgación orgánica se trata de compartir la fe de una forma que sea natural para nosotros. También debe ser cómodo para la gente con la que estamos hablando. Compartir el mensaje de Jesús no debería asustarnos ni alejar a los buscadores espirituales. Cada encuentro es único y podemos amar, escuchar, orar y compartir de una forma que se adapte a la persona y a la situación.

Hemos escrito y creado una serie de recursos para ayudar a los evangélicos a hacer exactamente eso.[34]

El poder de tu historia

Una de las formas más orgánicas de compartir nuestra fe es contar nuestras historias. Cada uno de nosotros tiene una historia de nuestra conversión. Esto le dice a otra persona cómo llegamos a la fe en Jesús y la diferencia que él ha marcado en nuestras vidas. Cuando hacemos esto, hablamos de quién es Jesús, qué hizo por nosotros en la cruz, cómo resucitó de entre los muertos y por qué recibimos su gracia y el perdón de los pecados. También comunicamos cómo nuestra relación con Jesús ha transformado nuestras vidas para mejor. Cuando las personas escuchan nuestras historias, escuchan el evangelio.

Además de nuestras historias de conversión, tenemos historias de la presencia y del poder de Dios en nuestras vidas. Estas historias son frescas y nuevas todo el tiempo. Ya que Dios es real, está vivo y presente, todos tenemos historias frescas sobre cómo se está moviendo en este momento.

A media que leemos los cuatro evangelios, aprendemos sobre personas que llegaron a la fe en Jesús, fueron transformadas y luego contaron sus historias. La mujer que se encontró con Jesús en el pozo lo aceptó como el Mesías y Salvador. Luego se apresuró a regresar a su ciudad para decirles a todos que vinieran a conocer al que "Me ha dicho todo lo que hice" (Juan 4, 39). Su historia de encontrar la gracia de Jesús y la aceptación tuvo un impacto en los demás, que también depositaron su fe en él. Un hombre al que Jesús liberó de la posesión demoníaca (Marcos 5, 1-20) fue y le dijo a la gente de su ciudad lo que Jesús había hecho por él. Un ciego que había sido tocado por el poder sanador de Jesús tuvo que enfrentarse con los líderes religiosos. Tenían una visión distorsionada de Jesús y lo llamaban pecador porque sanó en el día equivocado de la semana. El hombre sanado dijo: "Yo no sé si es un pecado; lo que sé es que antes yo era ciego y ahora veo" (Juan 9, 25).

Lo interesante de todas estas personas que comparten su testimonio es que lo hicieron en cuestión de horas o días después de convertirse en seguidores de Jesús. Muchas veces creemos que es necesario tomar clases y formarnos para compartir nuestra fe. Aunque somos admiradores de la formación para la evangelización, cualquier seguidor de Jesús puede contar su historia de fe.

Lo interesante en un evangélico que comparte su testimonio es que se trata de su experiencia con Jesús. En nuestro mundo de hoy en día, la gente se suele alejar de la verdad absoluta y objetiva. Aunque los evangélicos creen en absolutos y tienen mucha verdad para compartir, nuestras historias son relatos de lo que nos ocurrió. Esto se refleja en mucha gente. A medida que contamos nuestras historias con valentía, la mayoría de la gente se sentirá fascinada y curiosa.

Cuando un evangélico comparte: "Estaba solo y no me sentía querido, pero cuando recibí a Jesús como mi Salvador, todo cambió. ¡Ahora sé que le pertenezco, soy amado y tengo una familia!". ¿Quién puede discutir eso? Cuando un seguidor de Jesús dice: "No tenía un objetivo real en mi vida ni una pasión que me motivara a levantarme cada mañana. Pero ahora tengo sentido y dirección, y me despierto con entusiasmo y alegría", ¿quién puede cuestionarlo? Cuando un creyente de mucho tiempo explica: "En mi época de necesidad e incertidumbre, Dios apareció y proveyó de maneras asombrosas y milagrosas", la gente se vuelve curiosa y se pregunta si Dios podría ser real.

Si has puesto tu fe en Jesús, tienes una historia que contar sobre su poder salvador, amor y presencia contigo. Cuenta esa historia y comparte cómo recibir a Jesús como el que perdona tus pecados y dirige tu vida ha marcado la diferencia en el mundo. Cuenta muchas historias sobre oraciones respondidas, provisión celestial sorprendente, consuelo en tiempos difíciles y dirección en la oscuridad. Cada uno de estos ayuda a las personas a ver que Dios se mueve y que está presente en este mundo y en tu vida.

El poder de su historia

A la gente le encantan las historias. Como seguidor de Jesús, tienes una historia que contar que todo el mundo necesita escuchar. Es la mejor noticia de la historia del mundo. Es verdad. Esta historia puede transformar vidas, sanar corazones, eliminar el pecado, infundir esperanza y cambiar el mundo. Es la historia de Jesús.

Cada discípulo debe estar listo y ser capaz de articular el mensaje sencillo de Jesús de manera que sea memorable y tenga sentido para cualquier niño, adolescente o adulto que desee escuchar. Hemos resumido la historia de Jesús en pocas palabras. Si puedes recordar estas palabras, podrás contar la historia más convincente de la historia de la humanidad. Aquí están, con breves explicaciones:

- *El amo* de la gracia de Jesús y a ser salvados.

Por supuesto, estas palabras no cuentan toda la historia. Simplemente nos ayudan a organizar nuestros pensamientos mientras les contamos a otros las buenas nuevas de Jesús. Podríamos escribir muchos capítulos para expandir estas ideas y ayudarte a aprender a contar la historia de Jesús con claridad, pasión y convicción. Hemos ofrecido fuentes de los mejores lugares para profundizar en este tema.[35] De momento, te animamos a memorizar estas palabras (no te debería llevar más que unos minutos), y luego practicar la articulación de la historia de Jesús usando estas cuatro sencillas ideas como tu camino a través de ella.

Tómate la formación en serio. Si tu iglesia ofrece una experiencia de aprendizaje sobre cómo comprender el evangelio y compartir tu fe, ¡apúntate! No lo dudes. El apóstol Pedro exhorta a los discípulos de Jesús a estar "siempre dispuestos a defenderse delante de cualquiera que les pida razón de la esperanza que ustedes tienen" (1 Pedro 3, 15). Si quieres estar preparado para compartir tu fe de manera bonita con la gente a la que quieres, ofrecemos vídeos y recursos gratuitos en la página web de Organic Outreach International.[36] No hay nada más importante que conocer la historia de Jesús y estar preparado para compartirla con claridad, convicción y gracia.

Mantén conectados el evangelismo y el discipulado. Mientras oran pidiendo oportunidades para compartir tus historias y las buenas nuevas de Jesús, prepárate para caminar con la gente hacia la cruz y más allá. El evangelismo y el discipulado están casados en el corazón de Dios. Agarra la mano de alguien que se encuentre lejos de Jesús y empieza a ayudarlos a caminar hacia el Salvador. Cuando, por el poder del Espíritu de Dios, llegan a la fe, ese no es el final del viaje. Es el comienzo de un nuevo capítulo.

Estate preparado para seguir agarrándolo de la mano y para ayudarlo a avanzar en los siete indicadores de crecimiento espiritual. A medida que ves a este nuevo creyente ir creciendo en la fe, invítalo a agarrar la mano de otra persona para que pueda experimentar el gozo de ayudar a otra persona a caminar hacia Jesús. No hay mejor forma de vivir. Este es el viaje de un discípulo. *Sin crédito y sin culpa*. A medida que seguimos a Jesús e intentamos llegar a las personas que están lejos del Salvador, tenemos que recordar que no tenemos el poder de salvar a nadie. Jesús vino del cielo, dio su vida en la cruz, murió por nosotros y resucitó de la tumba. Solo él puede salvar. Tenemos el honor y el privilegio de esparcir la semilla del evangelio, contar su historia, orar con pasión e invitar a la gente a conocer a Jesús.[37]

Cuando alguien llega a la fe, no obtenemos el crédito. Eso le pertenece a Jesús. Tampoco vivimos con el peso de la culpa si una persona sigue teniendo el corazón duro y rechaza la gracia de Dios. Somos socios de Jesús en su Gran Encargo, ¡pero él siempre es el socio principal!

Recuerda, nunca es demasiado tarde. ¡No te rindas! Si has estado orando por alguien para que abra su corazón a Jesús durante un mes, un año, una década o cuarenta y cuatro años, no te rindas. Dios está trabajando y desea su salvación más de lo que la puedas desear tú. Sigue amando. Nunca dejes de servir en el nombre de Jesús. Eleva oraciones apasionadas. Di palabras de bendición. Cuenta la historia de Jesús. Ora un poco más. Abre tu corazón, brazos, horario, hogar e iglesia a la gente que se encuentra lejos de Dios. Si alguna vez te sientes cansado, lee estas palabras de las Escrituras y continúa, por la gloria de Dios y por el bien del mundo: "Pero ustedes, queridos hermanos, no deben ignorar que, delante del Señor, un día es como mil años y mil años, como un día. El Señor no tarda en cumplir lo que ha prometido, como algunos se imaginan, sino que tiene paciencia con ustedes porque no quiere que nadie perezca, sino que todos se conviertan" (2 Pedro 3, 8-9).

Pensamientos finales

*El feliz viaje de un discípulo: hacia arriba,
hacia dentro, hacia fuera*

Nada es más significativo ni está más lleno de alegría que acercarse al Dios que nos hizo y nos ama. Cuando el fruto del Espíritu crece en nosotros y forma nuestro carácter, nos volvemos más como Jesús. A medida que nos unimos a la gran procesión de evangélicos a través de la historia y nos damos la mano con las personas que están frente a nosotros y detrás de nosotros, nos convertimos en verdaderos discípulos. Aprendemos de los que son más maduros. Damos pasos constantes de crecimiento. Ayudamos a otros a profundizar en la fe. Y les enseñamos a tomar la mano de la próxima generación y a hacer lo mismo. Este es el camino de los discípulos orgánicos.

Cada día, nuestro viaje es hacia arriba, hacia Dios como adoradores; hacia dentro, hacia su familia en comunidad y hacia fuera, al mundo con el evangelio. Cada uno de los indicadores de madurez espiritual nos conecta con Dios, nos hace más como Jesús y nos impulsa a amar a la oveja perdida que Jesús vino a salvar.

Sigue a Jesús. Disfruta el ascenso. Nunca viajes solo. ¡Junta las manos y sigue adelante para la gloria de Dios!

A través de la formación, el entrenamiento y la provisión de recursos, Organic Outreach International se compromete a ayudar a las denominaciones, grupos nacionales, movimientos regionales, organizaciones para eclesiásticas e iglesias de todo el mundo a infundir el ADN de sus ministerios y congregaciones con una pasión por el evangelismo natural. Ofrecemos sesiones de formación en línea y presenciales que van desde seminarios introductorios de medio días hasta formaciones intensivas de dos días. Para las iglesias y los movimientos que participan directamente en la divulgación orgánica, proporcionamos una experiencia de mentoría colaborativa para grupos reducidos (cohortes) de pastores y líderes de equipos de influencia de divulgación a través de una combinación de trabajo en línea y videoconferencias mensuales.

Para las iglesias y organizaciones que participan en actividades de divulgación orgánica, ofrecemos recursos gratuitos en nuestra página web. Mientras navega por esta biblioteca, encontrará varios años de agendas de reuniones de equipos de influencia de nivel 3 a nivel 4, una descripción del ministerio del líder del equipo de influencia de divulgación, vídeos informativos y de capacitación, y mucho más. Estamos continuamente actualizando y añadiendo estas herramientas, así que revíselas con frecuencia.

Puede ponerse en contacto con el equipo de OOI a través de la página web (www.OrganicOutreach.org) o por correo electrónico (info@ OrganicOutreach.org).

Organic Outreach International es un ministerio de Shoreline Community Church in Monterey, California.

Organic Outreach for Churches DVD	9780310537694	29,99 $
Organic Outreach for Ordinary People DVD	9780310531197	29,99 $
Organic Outreach for Ordinary People Book	9780310566106	16,99 $
Organic Outreach for Churches Book	9780310566076	16,99 $
Organic Outreach for Families Book	9780310273974	16,99 $

Formas simples y naturales de compartir su fe

Notas

1   Para obtener más información sobre este tema, consulta el libro *Organic Outreach for Ordinary People: Sharing Good News Naturally.*

2   Para saber más acerca de compartir la fe con tu familia, lee *Organic Outreach for Families: Turning Your Home into a Lighthouse*

3   *Organic Outreach for Churches*, cap. 1, "Loving God: Without This, Nothing Else Matters."

4   Puedes consultar la sección de la Biblia en Zondervan.com para encontrar Biblias de un año, Biblias cronológicas y otros recursos.

5   Puedes encontrar recursos para The Big Picture of the Bible en la sección *Organic Disciples* de la página web de Organic Outreach: organicoutreach.org.

6   Puedes encontrar recursos para *The Story* en Zondervan.com y en Shoreline.church. (Consulta los recursos para sermones de *The Story*.

7   Puedes encontrar una lista de preguntas en la sección *Organic Disciples* de la página web de Organic Outreach: organicoutreach.org

8   Para más información sobre la Voz de los mártires y la historia de Richard Wurmbrand, ve a https://www.persecution.com/

9   Lee *Organic Outreach for Churches*, cap. 2, "Loving the World: What Are You Willing to Sacrifice?"

10 Para obtener más infrmación sobre el Dr. Charles Van Engen, consulta las páginas web de Latin American Ministries y Fuller Theological Seminary.

11 Un gran recurso para un estudio más profundo es Norman L. Geisler and Frank Turek, *I Don't Have Enough Faith to be an Atheist* (Wheaton, IL: Crossway, 2004), www.backtothebible.org

12 No solo *Praying with Eyes Wide Open* es un libro (Grand Rapids, Baker: 2017), sino que también hay disponibles recursos ministeriales gratuitos en https://sherryharney.com/.

13 Consigue más información leyendo el libro de Sherry y Kevin Harney, *Praying with Eyes Wide Open: A Life-Changing Way to Talk with God* (Grand Rapids: Baker, 2017), cap. 10, "Honest to God."

14 Consulta https://BlessEveryHome.com.

15 Consigue más información sobre la formación de Organic Outreach International en línea y presencial en organicoutreach.org.

16 Puedes encontrar recursos para una Oración de salvación en la sección *Organic Disciples* de la página web de Organic Outreach: organicoutreach.org.

17 Obtén más información sobre la trilogía de los libros Organic Outreach en zondervan.com o en organicoutreach.org.

18 *Organic Outreach for Ordinary People*, cap. 6, "The Unseen Work: Praying for People," y cap. 7, "The Wonder of Encounter: Praying with People."

19 El Credo de Atanasio se centra en las dos naturalezas de Cristo (completamente divino y completamente hombre) y en la Trinidad. No se usa con tanta frecuencia en los servicios de adoración a causa de su marco altamente teológico, pero es rico y vale la pena leerlo si no se está familiarizado con él.

20 *Organic Outreach for Ordinary People*, cap. 8, "Incarnational Living."

21 Puedes encontrar recursos para dirigir un Domingo del Evangelio de Nivel 4 en tu iglesia en la sección *Organic Disciples* de la página web de Organic Outreach: organicoutreach.org.

22 *Finding a Church You Can Love and Loving the Church You've Found*, de Kevin Harney y Sherry Harney. Es un recurso útil para

encontrar la iglesia correcta y luego aprender a ser parte del cuerpo de Cristo.

²³ *Organic Outreach for Ordinary People*, cap. 10, "The Work of the Holy Spirit."

²⁴ Encuentra ideas para compartir el evangelio de manera clara y práctica en la obra de Kevin G. Harney, *Organic Outreach for Ordinary People: Sharing Good News Naturally* (Grand Rapids: Zondervan, 2009), cap. 13.

²⁵ Encuentra ideas para el ministerio del Buen vecino en https://shoreline.church/the-good-neighbor/.

²⁶ *Reckless Faith*, cap. 4, "Reckless Generosity".

²⁷ Para conocer algunas de nuestras mejores ideas sobre crecer en generosidad, consulta la obra de Kevin G. Harney, *Seismic Shifts: The Little Changes That Make a Big Difference in Your Life* (Grand Rapids: Zondervan, 2008), caps. 13–15.

²⁸ Libros sobre satisfacción y finanzas: Jeff Manion, *Satisfied: Discovering Contentment in a World of Consumption* (Grand Rapids: Zondervan, 2014), y Dave Ramsey, *Financial Peace: Restoring Financial Hope to You and Your Family* (New York: Viking, 1997).

²⁹ Randy Frazee, en su libro *Making Room for Life: Trading Chaotic Lifestyles for Connected Relationships* (Grand Rapids: Zondervan, 2003), da algunas ideas estupendas para desarrollar la comunidad y la conversación alrededor de una mesa.

³⁰ Encuentra ideas para convertir tu iglesia en un lugar que sea acogedor para personas espiritualmente curiosas en la obra de Kevin G. Harney, *Organic Outreach for Churches: Infusing Evangelistic Passion in Your Local Congregation* (Grand Rapids: Zondervan, 2018).

³¹ *Organic Outreach for Churches*, cap. 12, "Telling Your Story".

[32] No sabemos si esta historia es verdadera. La hemos escuchado en diferentes contextos de divulgación y no conocemos la fuente, pero ¡es divertida y tiene razón!

[33] Gregory Koukl, *Tactics: A Game Plan for Discussing Your Christian Faith.*

[34] Puedes encontrar recursos en la sección *Organic Disciples* de la página web de Organic Outreach: organicoutreach.org.

[35] Puedes encontrar más recursos para el evangelio GOGO en la obra de Kevin G. Harney, *Organic Outreach for Ordinary People: Sharing Good News Naturally* (Grand Rapids: Zondervan, 2009), y en la sección *Organic Disciples* de la página web de Organic Outreach: organicoutreach.org.

[36] Organicoutreach.org.

[37] *Organic Outreach for Ordinary People*, cap. 10, "The Work of the Holy Spirit"

CPSIA information can be obtained
at www.ICGtesting.com
Printed in the USA
BVHW041151110723
667064BV00002B/390

9 781662 847370